DIREITO, LEGISLAÇÃO E LIBERDADE

F. A. HAYEK

DIREITO, LEGISLAÇÃO E LIBERDADE

Os equívocos das políticas de justiça social

Tradução
CARLOS SZLAK

COPYRIGHT © FARO EDITORIAL, 2023
COPYRIGHT © F. A. HAYEK 1973, 1976, 1979, 1982, 2013
FOREWORD © 2013 PAUL KELLY

Vol. 1 Rules and order first published 1973
Vol. 2 The mirage of social justice first published 1976
Vol. 3 The political order of a free people first published 1979

First published in one volume with corrections and revised preface in 1982 by Routledge and Kegan Paul Ltd.

Published 2019 by Routledge

All rights reserved

Authorised translation from the English language edition published by Routledge, a member of the Taylor & Francis Group

Todos os direitos reservados.

Avis Rara é um selo da Faro Editorial.

Nenhuma parte deste livro pode ser reproduzida sob quaisquer meios existentes sem autorização por escrito do editor.

Diretor editorial **PEDRO ALMEIDA**

Coordenação editorial **CARLA SACRATO**

Preparação **TUCA FARIA**

Revisão **BARBARA PARENTE E GABRIELA DE AVILA**

Capa e diagramação **OSMANE GARCIA FILHO**

Imagem de capa **R.CLASSEN | SHUTTERSTOCK**

Dados Internacionais de Catalogação na Publicação (CIP)
Jéssica de Oliveira Molinari CRB-8/9852

Hayek, Friedrich A. von (Friedrich August), 1899-1992
　　Direito, legislação e liberdade : os equívocos das políticas de justiça social / F. A. Hayek ; tradução de Carlos Szlak. — São Paulo : Faro Editorial, 2023.
　　192 p. : (Vol. 2)

　　ISBN 978-65-5957-281-6
　　Título original: Law, Legislation and Liberty, Volume 2: The Mirage of Social Justice: 002

　　1. Ciências sociais 2. Liberdade 3. Democracia 3. Justiça social 4. Política econômica I. Título II. Szlak, Carlos

23-0628　　　　　　　　　　　　　　　　CDD 320.01

Índice para catálogo sistemático:
1. Ciências sociais

1ª edição brasileira: 2023
Direitos de edição em língua portuguesa, para o Brasil, adquiridos por FARO EDITORIAL.

Avenida Andrômeda, 885 — Sala 310
Alphaville — Barueri — SP — Brasil
CEP: 06473-000
www.faroeditorial.com.br

SUMÁRIO

Apresentação — Volume II 9

VOLUME II — OS EQUÍVOCOS DAS POLÍTICAS DE JUSTIÇA SOCIAL

CAPÍTULO 7 — BEM-ESTAR GERAL E PROPÓSITOS PARTICULARES . . 13

Numa sociedade livre, o bem geral consiste principalmente em facilitar
a busca de propósitos individuais desconhecidos 13

O interesse geral e os bens coletivos 18

Normas e ignorância 20

A importância das normas abstratas como guias num mundo em que
grande parte das particularidades é desconhecida 23

Vontade e opinião, fins e valores, prescrições e normas, e outras
questões terminológicas 25

Normas abstratas atuam como valores últimos porque atendem
fins particulares desconhecidos 28

A falácia construtivista do utilitarismo 30

Todas as críticas ou aperfeiçoamentos válidos das normas de conduta
devem ocorrer no âmbito de um dado sistema dessas normas 37

"Generalização" e prova da universalizabilidade 41

Para desempenhar as suas funções, as normas devem ser aplicadas a longo prazo . 42

CAPÍTULO 8 — A BUSCA DA JUSTIÇA 44

A justiça é um atributo da conduta humana 44

A justiça e o direito 47

Em geral, normas de conduta justa são proibições de conduta injusta 48

Não apenas as normas de conduta justa como também a prova
da sua justiça são negativas 52

A importância do caráter negativo da prova de injustiça 56

A ideologia do positivismo jurídico 58

A "teoria pura do direito". 62

O direito e a moral 70

O "direito natural" 73

Direito e soberania 75

CAPÍTULO 9 — JUSTIÇA "SOCIAL" OU DISTRIBUTIVA **77**

O conceito de "justiça social" 77

A conquista da imaginação pública pela "justiça social". 80

A inaplicabilidade do conceito de justiça aos resultados

de um processo espontâneo 83

O fundamento lógico do jogo econômico em que somente o

comportamento dos participantes pode ser justo, mas não o resultado . . 85

A suposta necessidade de uma crença na justiça das recompensas 88

Não há "valor para a sociedade" 90

O significado de "social" 94

"Justiça social" e igualdade. 96

"Igualdade de oportunidade" 100

"Justiça social" e liberdade nos termos do direito 101

O âmbito espacial da "justiça social" 104

Reivindicações de compensação por trabalhos desagradáveis 108

O ressentimento em relação à perda de posições habituais 110

Conclusões. 113

APÊNDICE AO CAPÍTULO 9 — JUSTIÇA E DIREITOS INDIVIDUAIS . . **118**

CAPÍTULO 10 — A ORDEM DE MERCADO OU CATALAXIA **124**

A natureza da ordem de mercado 124

Uma sociedade livre é uma sociedade pluralista sem uma hierarquia

comum de fins particulares 126

Ainda que não seja uma única economia, a Grande Sociedade ainda

mantém a coesão devido sobretudo ao que vulgarmente é chamado

de relações econômicas 129

O objetivo da política governamental numa sociedade de homens livres
não pode ser um máximo de resultados conhecidos de antemão,
mas apenas uma ordem abstrata 131
O jogo da catalaxia 132
Ao julgar as adaptações às mudanças das circunstâncias, as comparações
da nova posição com a anterior são irrelevantes 138
As normas de conduta justa protegem apenas domínios materiais,
e não valores de mercado 140
A correspondência entre as expectativas é provocada pela frustração
de algumas delas. 142
As normas abstratas de conduta justa só podem determinar probabilidades,
e não resultados específicos 144
Prescrições específicas ("interferência") numa catalaxia criam desordem
e nunca podem ser justas 146
O objetivo da lei deveria ser aumentar igualmente as oportunidades de todos . . 148
A Boa Sociedade é aquela em que as oportunidades de qualquer pessoa
selecionada aleatoriamente tenderão a ser as melhores possíveis. 150

CAPÍTULO 11 — A DISCIPLINA DAS NORMAS ABSTRATAS
E OS SENTIMENTOS DA SOCIEDADE TRIBAL 151

A busca de objetivos inatingíveis pode impedir a realização do possível . . . 151
As causas do ressurgimento do pensamento organizacional tribal 152
As consequências imorais das iniciativas inspiradas pela moral 153
Na Grande Sociedade, a "justiça social" se torna uma força disruptiva 155
Da assistência aos mais desafortunados à proteção dos direitos adquiridos . . 157
As tentativas de "corrigir" a ordem de mercado levam à sua destruição. . . . 160
A revolta contra a disciplina das normas abstratas 161
A moral da sociedade aberta e da sociedade fechada 163
O velho conflito entre lealdade e justiça 166
O pequeno grupo da Sociedade Aberta 167
A importância das associações voluntárias 169

Notas 172

APRESENTAÇÃO — VOLUME II

Principal obra de filosofia política de Friedrich Hayek, *Direito, legislação e liberdade*, publicada em três volumes entre 1973 e 1979, constitui um grande tratado sobre direito e liberalismo, no qual temas que o autor abordou num trabalho anterior, *A constituição da liberdade*, são aprofundados e desenvolvidos de forma mais detalhada.

De acordo com Paul Kelly, da *London School of* Economics, A *constituição da liberdade*, principal contribuição de Hayek à teoria política liberal, foi vista como uma obra fora dos padrões considerados normais em 1960, ano de sua publicação, com Hayek dando a impressão de ser uma voz solitária ao recomendar cautela acerca do aumento constante do ativismo do estado na economia.

Porém, no final da década de 1960 e na década de 1970, a teoria política de Hayek passou da margem para o centro do debate político, em virtude da crescente demanda por liberalização econômica e privatização diante da estagnação econômica do período. A defesa de Hayek de um estado liberal forte proporcionou um modelo intelectual que estimulou as reformas de Thatcher e Reagan no início da década de 1980, impulsionando a globalização econômica desde então.

Toda a obra de Hayek gira em torno da busca pela liberdade, pois ela é o valor predominante em seu pensamento. Sempre se referindo à liberdade na vida do homem em sociedade, Hayek define a liberdade com muita clareza e de forma insofismável como sendo um valor uno e indivisível, já que existe apenas uma liberdade, especificamente a liberdade individual.

Não resta dúvida de que o objetivo principal de *Direito, legislação e liberdade* é a liberdade individual, pois para Hayek a liberdade é a fonte e o pré-requisito de todos os demais valores do homem. A liberdade só poderá se preservada se for tratada como um princípio supremo, que não deve ser sacrificado por conta de vantagens específicas.

Neste segundo volume, intitulado *Os equívocos das políticas de justiça social*, a assim chamada justiça social é o tema principal. Segundo Hayek, em suas primeiras tentativas de entender e criticar o conceito, ele logo se deu conta que a expressão "justiça social" não significava coisa alguma e que empregá-la era uma irreflexão ou uma fraude. Quanto mais ele se esforçava para lhe conferir um significado preciso, mais a expressão se desintegrava, mostrando-se irredutível a uma justificativa por uma norma geral, como exige a concepção de justiça.

Para Hayek, a universalidade da crença na "justiça social" não provava a realidade do seu objeto mais do que fazia a crença universal em bruxas ou na pedra filosofal. Tratava-se de uma fórmula ilusória, utilizada frequentemente pelos políticos para fazer com que uma determinada pretensão fosse considerada justificada sem que precisassem dar razões morais para a sua adoção. Sob a miragem de "justiça social", os governos se converteram em instituições de caridade expostas a uma chantagem incontível.

Ao afirmar que o culto da "justiça social" era desonesto e destruidor de todo o sentimento moral, Hayek esperava que os políticos, os escritores, os jornalistas e todos os pensadores responsáveis viessem a sentir "para sempre, total vergonha de empregar a expressão 'justiça social'".

A "justiça social" costuma ser tratada como sinônimo de "justiça distributiva" ao abordar os problemas resultantes da chamada "distribuição desigual de riqueza" entre os homens. Porém, como sustenta Hayek, numa sociedade aberta é impossível existir justiça distributiva porque nela ninguém distribui. Na sociedade aberta, funciona, isso sim, o jogo do mercado, que, como no caso de qualquer jogo, se as regras são conhecidas e respeitadas por todos, o resultado — que é função da aptidão, do esforço e da sorte dos participantes — pode ser sempre classificado de bom ou mau, mas nunca de justo ou injusto.

Carlos Szlak

VOLUME II
OS EQUÍVOCOS DAS POLÍTICAS DE JUSTIÇA SOCIAL

Numa sociedade livre, o estado não administra os negócios dos homens. Administra justiça entre os homens que conduzem os seus próprios negócios.

WALTER LIPPMAN, AN INQUIRY INTO THE PRINCIPLES OF A GOOD SOCIETY (BOSTON, 1937), P. 267

CAPÍTULO 7

BEM-ESTAR GERAL E PROPÓSITOS PARTICULARES

É evidente que se os homens ajustassem a sua conduta (...) segundo um interesse peculiar, público ou privado, eles se envolveriam em uma confusão incessante e tornariam todos os governos ineficazes em grande medida. O interesse privado de cada um é diferente; e embora o interesse público em si sempre seja um só e o mesmo, torna-se ainda assim fonte de grandes discordâncias devido às diferentes opiniões de pessoas específicas a seu respeito. (...) Se fôssemos atrás de benefícios idênticos atribuindo bens específicos a pessoas específicas, frustraríamos o nosso objetivo e perpetuaríamos a confusão que essa norma pretende evitar. Portanto, devemos proceder conforme normas gerais e nos ajustarmos por interesses gerais ao modificar a lei da natureza relativa à estabilidade dos bens.

DAVID HUME*

Numa sociedade livre, o bem geral consiste principalmente em facilitar a busca de propósitos individuais desconhecidos

Um dos axiomas da tradição associada à liberdade é que a coerção de indivíduos só é admissível quando necessária em favor do bem-estar geral ou do bem público. No entanto, embora seja evidente que a ênfase no caráter geral, comum ou público[1] dos objetos legítimos do poder governamental é dirigida contra o seu uso a serviço de interesses particulares, a imprecisão dos diferentes termos que têm sido empregados tornou possível considerar praticamente qualquer interesse como geral e fazer com que grandes grupos atendam a propósitos nos quais não estão minimamente interessados. Até o momento atual, o bem-estar comum ou o bem público permaneceu um conceito muito recalcitrante a qualquer definição precisa e, portanto, capaz de receber quase qualquer conteúdo proposto pelos interesses do grupo dominante.[2]

É provável que a principal razão para isso tenha sido que, em certo sentido, parecia natural supor que o interesse público fosse uma soma de todos os interesses privados,[3] e que o problema de agregar todos esses interesses privados parecesse insolúvel. O fato, porém, é que numa Grande Sociedade, em que os indivíduos devem ser livres para usar o seu próprio conhecimento em prol dos seus próprios intentos, o bem-estar geral que o governo deve visar não pode consistir na soma das satisfações particulares dos distintos indivíduos, pela simples razão de que nem essas nem todas as circunstâncias que as determinam podem ser conhecidas pelo governo ou por quem quer que seja. Mesmo nas modernas sociedades dos estados de bem-estar social, a grande maioria das necessidades diárias das grandes massas, e as mais importantes delas, são satisfeitas como resultado de processos cujas particularidades o governo desconhece e não é capaz de conhecer. O mais importante bem público para o qual se requer a administração governamental não é, portanto, a satisfação direta de quaisquer necessidades específicas, mas a garantia de condições em que os indivíduos e os grupos menores tenham oportunidades favoráveis de prover mutuamente as suas respectivas necessidades.

O fato de que o principal interesse público não deve ser dirigido para as necessidades particulares conhecidas e sim para as condições favoráveis à preservação de uma ordem espontânea que permita aos indivíduos suprir as suas necessidades de maneiras desconhecidas pela autoridade foi bem compreendido durante quase toda a história. Para aqueles autores antigos, cujas ideias fornecem sobretudo os fundamentos do ideal moderno de liberdade — os estoicos e Cícero —, a utilidade pública e a justiça eram a mesma coisa. E nas frequentes ocasiões em que, durante a Idade Média, geralmente a *utilitas publica* foi invocada, ela queria dizer simplesmente a preservação da paz e da justiça. Mesmo para autores do século XVII, como James Harrington, o "interesse público (...) nada mais era do que o direito comum e a justiça, excluindo toda parcialidade ou interesse privado" e, portanto, idêntico ao "império das leis, e não dos homens".[4]

Nesse momento, o nosso interesse se limita a querer saber se as normas de conduta individual que atendem o bem-estar geral podem visar algum conjunto de resultados particulares conhecidos ou simplesmente a criação de condições propensas a melhorar as chances de todos na busca dos seus objetivos. Além de os objetivos particulares perseguidos pelos diferentes indivíduos serem em grande parte desconhecidos por aqueles que estabelecem ou aplicam as normas, também não faz parte do interesse geral que todo desejo privado seja satisfeito. A ordem da Grande Sociedade se baseia e deve se basear na constante frustração não intencionada de alguns esforços — esforços que não deveriam ter sido feitos, mas que só poderão ser desencorajados pelo fracasso entre os homens livres. O interesse de alguns indivíduos sempre será que alterações na estrutura social — tornadas necessárias por mudanças nas circunstâncias às quais, no interesse geral, essa estrutura deve se adaptar — não possam ocorrer. No processo de investigação em que cada indivíduo examina os fatos que conhece quanto à sua adequação aos seus próprios usos, a necessidade de abandonar pistas falsas é tão importante quanto a adoção de meios mais eficazes quando esses se tornam de conhecimento geral. A escolha do conjunto apropriado de normas tampouco pode ser orientada pela equilibração relativa ao conjunto de normas alternativas, considerando os efeitos particulares previsíveis favoráveis em comparação com os efeitos particulares previsíveis desfavoráveis e, em seguida, selecionando o conjunto de normas para o qual o resultado positivo líquido é maior; pois grande parte dos efeitos da adoção de um conjunto de normas em vez de outro sobre pessoas específicas não é previsível. Só seremos capazes de comparar tipos de interesses, e não interesses de pessoas específicas; e a classificação dos interesses, para esse fim, em diferentes tipos dotados de diferentes graus de importância não se baseará na importância desses interesses para aqueles diretamente envolvidos, mas será realizada segundo a importância da busca eficaz de certos tipos de interesses para a preservação da ordem geral.

Além disso, enquanto a concordância não é possível no que se refere à maioria dos fins particulares, que não serão conhecidos exceto por aqueles que os perseguem, e seria ainda menos possível se os efeitos últimos da decisão sobre interesses particulares fossem conhecidos, a concordância a respeito dos meios pode, em grande medida, ser obtida justamente porque se desconhece a que fins particulares eles atenderão. Entre os membros de uma Grande Sociedade, que em geral não se conhecem, não haverá concordância sobre a importância relativa dos seus respectivos fins. Não existiria harmonia, mas sim conflito manifesto de interesses, se fosse necessária concordância quanto aos interesses particulares que deveriam ter preferência. O que viabiliza a concórdia e a paz nessa sociedade é que os indivíduos não precisam concordar quanto aos fins, mas somente quanto aos meios capazes de atender a uma grande variedade de propósitos e que cada um espera que irá ajudá-lo na busca dos seus próprios propósitos. De fato, a

DIREITO, LEGISLAÇÃO E LIBERDADE

possibilidade de se estender uma ordem de paz, para além do pequeno grupo que poderia concordar sobre fins particulares, aos membros da Grande Sociedade que poderiam não concordar com eles deve-se à descoberta de um método de colaboração que exige concordância apenas no que concerne aos meios, e não aos fins.

A descoberta de que uma ordem definível apenas por certas características abstratas ajudaria na obtenção de grande multiplicidade de diferentes fins foi que persuadiu as pessoas que buscavam fins totalmente diferentes a concordar sobre certos instrumentos multifuncionais que tendiam a ajudar a todos. Essa concordância se tornou possível não só apesar de os resultados particulares que produziria não poderem ser previstos, mas também por isso. É só porque não podemos prever o resultado real da adaptação de uma determinada norma que podemos supor que ela aumenta as oportunidades de todos igualmente. O desconhecimento do futuro resultado é, portanto, o que possibilita a concordância quanto às normas que servem como meios comuns para uma variedade de propósitos, e isso é reconhecido pela prática, em muitos casos, de tornar deliberadamente o resultado imprevisível para possibilitar a concordância sobre o procedimento: sempre que concordamos em realizar um sorteio, substituímos deliberadamente a certeza quanto a qual parte se beneficiará do resultado por probabilidades iguais para as diferentes partes.[5] Mães, que nunca concordariam sobre qual criança gravemente doente deveria ser atendida primeiro pelo médico, de imediato aceitariam, antes de o atendimento ocorrer, que seria do interesse de todas que ele atendesse as crianças em alguma ordem regular que aumentasse a sua eficiência. Quando, ao concordar com tal norma, dizemos "é melhor para todos nós...", isso não significa que temos certeza de que ela, no final, nos beneficiará a todos, mas que, com base no nosso atual conhecimento, ela dará a todos uma melhor chance, embora alguns certamente acabarão por ficar em piores condições do que ficariam se uma norma diferente tivesse sido adotada.

Numa Grande Sociedade, as normas de conduta que prevalecem não são concebidas para produzir benefícios particulares previstos para pessoas em particular, mas instrumentos multiuso desenvolvidos como adaptações para certos *tipos* de ambiente porque ajudam a lidar com certos *tipos* de situações. E essa adaptação a um tipo de ambiente ocorre por meio de um processo muito distinto daquele em que poderíamos decidir quanto a um procedimento concebido para alcançar resultados particulares previstos. Baseia-se não na expectativa de necessidades particulares, mas na experiência

CAPÍTULO 7 • BEM-ESTAR GERAL E PROPÓSITOS PARTICULARES

passada de que certos tipos de situações tendem a ocorrer com variados graus de probabilidade. E o fruto dessa experiência passada adquirida por tentativa e erro é preservado não como uma recordação de determinados eventos, ou como conhecimento explícito do tipo de situação propenso a ocorrer, mas como uma noção da importância da observância de certas normas. O motivo de uma norma em vez de outra ter sido adotada e transmitida será porque o grupo que a adotou provou ser mesmo o mais eficaz, e não porque os seus membros previram os efeitos que teria a adoção da norma. O que se preservaria seriam apenas os efeitos das experiências passadas na seleção das normas, e não as experiências em si.

Assim como um homem, ao sair para uma caminhada na floresta, levaria consigo algo como um canivete não para um uso específico previsto, mas para estar equipado para possíveis eventualidades ou para ter condições de enfrentar os tipos de situações que poderiam vir a ocorrer, as normas de conduta desenvolvidas por um grupo não são meios para propósitos particulares conhecidos, e sim adaptações a tipos de situações que a experiência passada mostrou repetirem-se no tipo de mundo em que vivemos. Como o conhecimento que induz alguém a levar consigo o seu canivete, o conhecimento incorporado nas normas é o conhecimento de certas características gerais do ambiente, e não o conhecimento de fatos particulares. Em outras palavras, as normas de condutas apropriadas não resultam do conhecimento explícito dos eventos concretos com que vamos nos deparar; pelo contrário, são uma adaptação ao nosso ambiente, adaptação essa que consiste em normas que desenvolvemos e para cuja observância geralmente não conseguiremos apresentar razões adequadas. Na medida em que essas normas prevaleceram porque o grupo que as adotou foi mais bem-sucedido, ninguém precisa saber por que esse grupo foi bem-sucedido e por que, em consequência, as suas normas foram adotadas em geral. De fato, a razão pela qual essas normas foram inicialmente adotadas e o motivo por que provaram tornar esse grupo mais forte podem ser bastante diferentes. E embora possamos nos esforçar para descobrir que função desempenha uma determinada norma no âmbito de um dado sistema de normas, e julgar até que ponto ela desempenhou essa função, e possamos, consequentemente, aprimorá-la, só o podemos fazer no contexto de todo o sistema das demais normas que, em conjunto, determinam a ordem de ação naquela sociedade. Porém, jamais podemos reconstruir racionalmente da mesma maneira todo o sistema de normas, porque carecemos do conhecimento de todas as experiências que participaram da sua formação. Portanto, a totalidade do sistema de normas nunca pode ser reduzida a uma construção intencional para propósitos conhecidos, mas deve subsistir para nós como o sistema herdado de valores norteadores daquela sociedade.

Nesse sentido, o bem-estar geral atendido pelas normas de conduta individual consiste no que já vimos ser o propósito das normas jurídicas, especificamente aquela ordem abstrata do todo que não visa a obtenção de resultados particulares conhecidos, mas é preservada como um meio para auxiliar na realização de grande variedade de propósitos individuais.

O interesse geral e os bens coletivos

Embora a manutenção de uma ordem espontânea da sociedade seja o requisito primordial do bem-estar geral dos seus membros, e o significado dessas normas de conduta justamente em que estamos interessados, devemos, antes de examinar mais detalhadamente essas relações entre normas de conduta individual e bem-estar individual, considerar brevemente outro elemento do bem-estar geral que deve ser distinguido daquele em que estaremos mais interessados. Há muitos tipos de serviços que os homens desejam, mas que, uma vez que sejam prestados, não podem ser limitados àqueles dispostos a pagar por eles; ou seja, só podem ser fornecidos se os recursos forem arrecadados compulsoriamente. Caso exista um instrumento de coerção e, em particular, se for dado o monopólio da coerção a esse instrumento, é evidente que ele também será incumbido de fornecer os recursos para o fornecimento desses "bens coletivos", como os economistas chamam esses serviços que só podem ser prestados a todos os membros de diversos grupos.

Mas ainda que a existência de um instrumento capaz de suprir essas necessidades coletivas seja claramente de interesse geral, isso não quer dizer que seja do interesse da sociedade em sua totalidade que todos os interesses coletivos sejam satisfeitos. Um interesse coletivo se tornará um interesse geral apenas na medida em que todos considerarem que a satisfação dos interesses coletivos de grupos particulares, com base em algum princípio de reciprocidade, significará para eles um ganho superior ao ônus que terão de suportar. Embora o desejo de um bem coletivo particular seja um desejo comum dos que dele se beneficiam, raramente será geral para o conjunto da sociedade que determina a lei, e só se torna um interesse geral na medida em

CAPÍTULO 7 • BEM-ESTAR GERAL E PROPÓSITOS PARTICULARES

que as vantagens mútuas e recíprocas dos indivíduos se contrabalançam. Porém, assim que se espera que o governo satisfaça esses interesses coletivos particulares, embora não verdadeiramente gerais, surge o risco de que esse método seja utilizado a serviço de interesses particulares. Costuma-se sugerir erroneamente que todos os interesses coletivos são interesses gerais da sociedade; no entanto, em inúmeros casos, a satisfação dos interesses coletivos de determinados grupos pode ser decididamente contrária aos interesses gerais da sociedade.

Toda a história do desenvolvimento das instituições populares é uma história da luta contínua para impedir que grupos particulares abusem da máquina governamental para benefício do interesse coletivo desses grupos. Sem dúvida, essa luta não terminou com a tendência atual de definir como interesse geral qualquer coisa que seja decidida por uma maioria formada por uma coalizão de interesses organizados.

Na atualidade, a proeminência alcançada por esse serviço — parte das atividades governamentais que visam as necessidades de grupos particulares — é fruto do fato de que é com serviços específicos que os políticos e os servidores públicos se ocupam principalmente, e que é mediante o fornecimento deles que os políticos conseguem conquistar o apoio dos seus eleitores. É lamentável que um serviço destinado ao bem-estar verdadeiramente geral ganhe pouco crédito porque ninguém se sente especialmente beneficiado por ele, e poucos nem sequer sabem como isso os afetará. Para o representante eleito, um regalo específico nas suas mãos é muito mais interessante e um meio mais eficaz para alcançar o poder do que quaisquer benefícios que possa proporcionar indiscriminadamente a todos.

No entanto, o fornecimento de bens coletivos para grupos particulares não costuma ser do interesse geral da sociedade. Uma restrição de produção, ou alguma outra limitação, muitas vezes será um bem coletivo para todos os membros de um determinado setor, mas com certeza não será do interesse geral que esse bem coletivo seja fornecido.

Enquanto a ordem espontânea abrangente atendida pelo direito seja uma precondição para o sucesso da maioria das atividades privadas, os serviços que o governo pode prestar, além da aplicação das normas de conduta justa, não são apenas suplementares ou subsidiários[6] às necessidades básicas contempladas pela ordem espontânea. São serviços que se avolumarão conforme aumentem a riqueza e a densidade populacional, mas são serviços que devem ser ajustados a essa ordem mais abrangente de iniciativas privadas que o governo não determina e nem pode determinar, e que devem ser prestados sob as restrições das mesmas normas jurídicas a que estão sujeitas as iniciativas privadas.

O governo, ao administrar um fundo de recursos materiais a ele confiado com o propósito de fornecer bens coletivos, está naturalmente obrigado a agir com justiça, e não pode se limitar a assegurar que os indivíduos não ajam injustamente. No caso de serviços destinados a grupos particulares, a justificativa para financiá-los por meio da tributação é a de que só assim podemos fazer com que os beneficiários paguem pelo que recebem; da mesma forma, a justiça exige claramente que aquilo que cada grupo recebe do fundo comum seja mais ou menos proporcional ao que é realizado de contribuição. Nesse caso, uma maioria tem a obrigação de ser justa; e se confiamos decisões desse tipo a um governo democrático ou majoritário, fazemos isso porque esperamos que esse governo seja mais propenso a atender o interesse público nesse sentido. Porém, seria obviamente uma distorção desse ideal se definíssemos o interesse geral como aquilo que a maioria deseja.

Tanto quanto for possível no contexto deste livro, em que, por razões de espaço, grande parte dos problemas de finanças públicas deverá ser deixada de lado, mais adiante teremos de considerar as relações entre o que é geralmente designado como setor privado e setor público da economia (no Volume III). Neste momento, examinaremos mais detalhadamente apenas aqueles aspectos do bem-estar geral atendidos pelas normas de conduta justa individual. Assim, retornamos à questão do objetivo, não das normas de organização governamental (o direito público), mas daquelas normas de conduta individual necessárias para a formação da ordem espontânea.

Normas e ignorância

Para prosseguirmos com essa tarefa, devemos recordar mais uma vez o fato fundamental enfatizado no início deste estudo: a impossibilidade de alguém conhecer todos os fatos específicos em que se baseia a ordem geral das atividades numa Grande Sociedade. Trata-se de uma das curiosidades da história intelectual que, nas discussões acerca das normas de conduta, esse fato crucial tenha sido tão pouco considerado, embora só ele torne inteligível o significado dessas normas. As normas são um recurso para lidarmos com a ignorância que nos constitui. Não haveria necessidade de normas entre pessoas oniscientes que

CAPÍTULO 7 • BEM-ESTAR GERAL E PROPÓSITOS PARTICULARES

estivessem de acordo no referente à importância relativa de todos os diferentes fins. Qualquer exame de ordem moral ou jurídica que não leve esse fato em consideração deixa escapar o problema central.

A função das normas de conduta como meio para superar o obstáculo representado pela nossa ignorância dos fatos particulares que determinam a ordem geral é mais bem demonstrada pelo exame da relação entre duas expressões que temos regularmente empregado em conjunto para definir as condições da liberdade. Definimos essas condições como uma situação em que os indivíduos podem utilizar o próprio conhecimento para os próprios propósitos.[7] Sem dúvida, a utilização do conhecimento factual amplamente disperso entre milhões de indivíduos só é possível se eles puderem decidir sobre as suas ações com base em qualquer conhecimento que possuam. O que ainda deve ser demonstrado é que eles só poderão fazer isso se também puderem decidir para quais propósitos usarão o seu conhecimento.

Pois num mundo de incerteza, os indivíduos devem visar sobretudo não alguns fins últimos, mas obter meios que acreditam poder ajudá-los a satisfazer esses fins últimos; e a sua escolha dos fins imediatos, que são simplesmente meios em prol dos seus fins últimos, mas que são tudo o que eles podem escolher claramente num dado momento, será determinada pelas oportunidades que conhecem. O propósito imediato dos esforços de um homem será quase sempre obter meios a serem usados em prol de necessidades futuras desconhecidas — numa sociedade avançada, na maioria das vezes, será o meio generalizado (o dinheiro) que servirá para a obtenção de grande parte dos seus fins particulares. O que ele precisará para escolher com sucesso entre as possibilidades que conhece são sinais sob a forma de preços conhecidos que pode obter pelos serviços ou bens alternativos que é capaz de produzir. Diante dessas informações, ele poderá usar o seu conhecimento das circunstâncias do seu ambiente para selecionar o seu objetivo imediato ou a função pela qual espera os melhores resultados. Será mediante essa escolha de objetivos imediatos — para ele simplesmente um meio generalizado para alcançar os seus fins últimos — que o indivíduo usará o seu conhecimento particular dos fatos para atender às necessidades dos seus semelhantes; e é, portanto, graças à liberdade de escolha dos fins das suas atividades que se consegue a utilização do conhecimento disperso pela sociedade.

Portanto, essa utilização do conhecimento disperso também é possibilitada pelo fato de que as oportunidades para os diferentes indivíduos são

DIREITO, LEGISLAÇÃO E LIBERDADE

distintas. Porque as circunstâncias em que os diferentes indivíduos se encontram num dado momento são distintas, e porque grande parte dessas circunstâncias particulares são conhecidas apenas por eles, é que surge a oportunidade para a utilização de tanto conhecimento diversificado — uma função que é desempenhada pela ordem espontânea do mercado. A ideia de que o governo pode determinar as oportunidades para todos e, sobretudo, de que pode assegurar que sejam as mesmas para todos está, portanto, em conflito com todo o *fundamento lógico* de uma sociedade livre.

O fato de que, num dado momento, a posição de cada indivíduo na sociedade resulta de um processo anterior de investigação experimental, ao longo do qual ele ou os seus ancestrais, com variados êxitos, exploraram cada canto e recanto do seu ambiente (físico e social), e que, em consequência, as oportunidades criadas por qualquer mudança nas condições tenderam a ser postas em prática por alguém, é a base da utilização do conhecimento factual amplamente disperso em que se fundamentam a afluência e a adaptabilidade de uma Grande Sociedade. Porém, ao mesmo tempo, é a causa das desigualdades de oportunidade não intencionadas e inevitáveis que as decisões de uma geração criam para os seus descendentes. Que os pais, na sua escolha de um lugar para viver ou de suas profissões, costumem levar em consideração as consequências que as suas decisões terão sobre as perspectivas dos seus filhos é um fator importante na adaptação do uso dos recursos humanos para os acontecimentos futuros previsíveis. Porém, na medida em que o indivíduo dispõe de liberdade para tomar essas decisões, tais considerações serão levadas em conta só se o risco for assumido não apenas por quem decide, mas também pelos seus descendentes. Se fosse assegurado aos pais que, para onde quer que se mudassem ou independentemente das profissões que escolhessem, o governo teria que garantir oportunidades iguais aos seus filhos e que esses filhos teriam assegurados os mesmos recursos independentemente da decisão parental, um fator importante seria deixado fora de consideração naquelas decisões que, no interesse geral, deveriam orientá-los.

A realidade de que as oportunidades dos diferentes membros de uma população grande e amplamente distribuída — resultantes das circunstâncias que do ponto de vista do presente podem parecer acidentais — serão necessariamente diferentes está, portanto, inevitavelmente relacionada com a eficácia desse processo de descoberta constituído pela ordem de mercado. Basta simplesmente considerar os efeitos que seriam produzidos se o governo conseguisse igualar as oportunidades substantivas de todos para

CAPÍTULO 7 • BEM-ESTAR GERAL E PROPÓSITOS PARTICULARES

percebermos que ele com isso privaria todo o sistema do seu fundamento lógico. Para ter sucesso nisso, o governo precisaria fazer mais do que simplesmente assegurar que as condições que afetam as posições dos indivíduos fossem as mesmas para todos os que dependem necessariamente das suas ações. Precisaria controlar eficazmente todas as condições externas que influenciam o sucesso das iniciativas de um indivíduo. E, por outro lado, a liberdade de escolha perderia toda a importância se alguém tivesse o poder de determinar — e, portanto, conhecesse — as oportunidades dos diferentes indivíduos. Para tornar as oportunidades de diferentes indivíduos substantivamente iguais seria necessário compensar aquelas diferenças de circunstâncias individuais que o governo não consegue controlar diretamente. Como em alguns jogos que são disputados por prazer e não pelo resultado, o governo teria que prejudicar os diferentes indivíduos de modo a compensar vantagens ou desvantagens individuais. Entretanto, o resultado faria com que não valesse a pena para o indivíduo agir de acordo com o que é o fundamento lógico de todo o sistema, ou seja, aproveitar as oportunidades singulares que o acaso pôs no seu caminho, mas não no dos outros.

Quando entendemos que, na ausência de um corpo unificado de conhecimento de todas as particularidades a serem levadas em conta, a ordem geral depende do uso do conhecimento possuído pelos indivíduos e utilizado em prol dos seus propósitos, fica claro que o papel do governo nesse processo não pode ser determinar resultados específicos para indivíduos ou grupos específicos, mas tão só propiciar certas condições genéricas cujos efeitos sobre os diversos indivíduos serão imprevisíveis. O governo pode aumentar as probabilidades de que as iniciativas de indivíduos desconhecidos dirigidas a objetivos igualmente desconhecidos sejam bem-sucedidas exigindo a observância das normas de conduta abstratas que, em função da experiência passada, parecem ser as mais propícias à formação de uma ordem espontânea.

A importância das normas abstratas como guias num mundo em que grande parte das particularidades é desconhecida

Em geral, temos pouca consciência do grau em que somos guiados na maioria dos nossos planos de ação, não pelo conhecimento de fatos concretos específicos, mas pelo conhecimento dos tipos de conduta "apropriados" para

DIREITO, LEGISLAÇÃO E LIBERDADE

certos tipos de circunstâncias — não porque são meios para a obtenção de um determinado resultado desejado, e sim porque são uma restrição ao que podemos fazer sem perturbar uma ordem cuja existência todos levamos em conta para decidir sobre as nossas ações. O grau em que tudo isso é verdadeiramente social é necessariamente geral e abstrato numa Grande Sociedade e, como tal, limitará as nossas decisões, mas não as determinará inteiramente. Esse fato, porém, passa facilmente despercebido. Estamos acostumados a considerar o familiar e bem conhecido como o concreto e tangível, e requer algum esforço reconhecer que aquilo que temos em comum com os nossos semelhantes não é tanto um conhecimento das mesmas particularidades, mas sim um conhecimento de algumas características gerais e frequentemente muito abstratas de um tipo de ambiente.

Isso fica bastante claro apenas em raras ocasiões, como quando visitamos uma região do país natal que não conhecíamos. Ainda que nunca tivéssemos visto as pessoas que vivem nessa região, a sua *maneira* de falar, o seu *tipo* de fisionomia, o seu *estilo* de edificação, os seus *modos* de cultivo da terra, os seus *estilos* de conduta e os seus *valores* morais e estéticos serão familiares para nós. Em geral, não seremos capazes de definir o que reconhecemos e, uma vez que o reconhecemos "intuitivamente", raramente teremos consciência de que aquilo que reconhecemos são características abstratas dos objetos ou eventos. Em certo sentido, é óbvio que o que pode haver de comum nos pontos de vista e nas opiniões dos membros de uma Grande Sociedade será geral e abstrato. Somente na pequena "sociedade face a face", em que todos os membros se conhecem, serão sobretudo coisas particulares. Porém, quanto maior a sociedade, maior a probabilidade de que o conhecimento que os seus membros terão em comum sejam características abstratas de coisas ou ações; e na Grande Sociedade, ou Sociedade Aberta, o elemento comum no pensamento de todos será quase inteiramente abstrato. Não é o apego a coisas particulares, mas o apego às normas abstratas vigentes naquela sociedade que orientará as ações dos seus membros e será o atributo distintivo da sua civilização singular. O que chamamos de *tradição* ou de *caráter* nacional de um povo, e até os traços característicos antrópicos na paisagem de um país, não são particularidades, mas manifestações de normas que governam tanto as ações quanto as percepções[8] do povo. Mesmo onde essas tradições passam a ser representadas por símbolos concretos — um local histórico, uma bandeira nacional, um santuário simbólico, ou pela pessoa de um monarca ou de um líder —, esses símbolos "representam" concepções gerais

CAPÍTULO 7 • BEM-ESTAR GERAL E PROPÓSITOS PARTICULARES

que só podem ser expressas como normas abstratas que definem o que se faz e o que não se faz naquela sociedade.

O que torna os homens membros da mesma civilização e permite que eles vivam e trabalhem juntos em paz é que, na busca dos seus fins individuais, os impulsos monetários particulares que motivam as suas iniciativas em relação a resultados concretos são orientados e restringidos pelas mesmas normas abstratas. Se a emoção ou o impulso lhes diz o que eles querem, as normas convencionais lhes dizem como serão capazes de obter o que querem. A ação, ou o ato de vontade, envolve sempre um evento particular, concreto e individual, enquanto as normas comuns que o orientam são sociais, gerais e abstratas. Embora os homens individuais tenham desejos semelhantes no sentido de almejarem objetivos semelhantes, os objetivos em si serão, em geral, particularidades diferentes. O que concilia os indivíduos e os une num padrão comum e duradouro de uma sociedade é que, a essas diferentes situações particulares, eles reagem em conformidade com as mesmas normas abstratas.

Vontade e opinião, fins e valores, prescrições e normas, e outras questões terminológicas

À medida que aumenta o grupo de pessoas entre as quais é necessária alguma concordância para impedir o conflito, haverá inevitavelmente cada vez menos concordância sobre os fins particulares a serem alcançados; a concordância será cada vez mais possível apenas em relação a certos aspectos abstratos do tipo de sociedade em que querem viver. Isso resulta do fato de que quanto maior a sociedade se tornar, menor será o número de fatos particulares conhecidos (ou de interesses particulares partilhados) por todos os seus membros. As pessoas que vivem nos grandes centros urbanos e leem os jornais metropolitanos costumam ter a ilusão de que os fatos do mundo de que costumam tomar conhecimento são, em grande medida, os mesmos que chegam ao conhecimento da maioria dos seus conterrâneos; porém, para a maioria da população mundial, ou mesmo das diferentes regiões de um país de grande território, é provavelmente verdade que há pouquíssimos elementos comuns na variedade de fatos concretos particulares que chegam ao seu conhecimento. E o que é verdade em relação aos fatos particulares conhecidos por eles também é válido no que concerne aos objetivos particulares das suas atividades e dos seus desejos.

Porém, ainda que por essa razão possa existir pouca concordância entre eles no referente a atos concretos e particulares, ainda pode haver, se fazem parte da mesma cultura ou tradição, uma grande semelhança nas suas *opiniões* — uma concordância que não envolve fatos particulares concretos, mas sim certas características abstratas da vida social que podem predominar em diferentes lugares e em diferentes épocas. Mas evidenciar isso com clareza se torna difícil devido ao caráter vago das expressões à nossa disposição.

Nesse campo, a linguagem comum é tão imprecisa relativamente a alguns termos fundamentais que parece necessário adotar certas convenções no uso deles. Apesar de acreditar que o sentido em que os usarei está próximo do seu significado central, não resta dúvida de que nem sempre são utilizados com esse sentido e apresentam uma gama um tanto confusa de conotações, algumas das quais devemos excluir. Vamos considerar os termos principais em questão aos pares; o primeiro termo será sempre usado aqui para se referir a um fato particular ou único, enquanto o segundo designará características gerais ou abstratas.

O primeiro desses pares de termos a ser assim distinguido, e talvez o mais importante, ou pelo menos aquele que por desconsideração à distinção causou grande confusão na teoria política, é *vontade* e *opinião*.[9] Chamaremos de *vontade* apenas a aspiração referente a um resultado concreto específico que, juntamente com as circunstâncias particulares conhecidas do momento, bastará para determinar uma ação específica. Em contraste, chamaremos de *opinião* a visão acerca da conveniência ou não de diferentes formas de ação, ou de certos tipos de ação, que leva à aprovação ou desaprovação da conduta de determinadas pessoas segundo a conformidade ou não com essa visão. Tais opiniões, referentes apenas à maneira de agir, não seriam, portanto, plenamente suficientes para determinar uma ação específica, exceto em combinação com fins concretos. Um ato de vontade determina o que será feito num momento específico, ao passo que uma opinião nos diz simplesmente que normas cumprir quando surge a ocasião. A distinção está relacionada com aquela entre um *impulso* específico que evoca uma ação e uma simples *disposição* para agir de determinada maneira. Ao visar um determinado resultado, a vontade cessa quando o "fim" é alcançado, e, por sua vez, uma opinião, constituindo uma disposição duradoura,[10] orientará muitos atos de vontade específicos. E enquanto uma vontade sempre visa um propósito, teríamos toda razão em suspeitar da legitimidade de uma opinião se soubéssemos que foi determinada por um propósito.

CAPÍTULO 7 • BEM-ESTAR GERAL E PROPÓSITOS PARTICULARES

Da mesma forma, vamos distinguir entre *fins* particulares — isto é, efeitos específicos esperados que motivam ações específicas — e *valores*, termo que entenderemos como se referindo a classes genéricas de eventos, definidas por certos atributos e geralmente consideradas desejáveis. Nesse contexto, por "desejável" queremos dizer que mais do que uma ação particular é de fato desejada por alguém numa determinada ocasião; a palavra "desejável" é, assim, utilizada para designar uma atitude duradoura de uma ou mais pessoas em relação a um *tipo* de evento. Consequentemente, diremos, por exemplo, que o direito ou as normas de conduta justa não atendem a fins (concretos ou particulares), mas a valores (abstratos e genéricos), especificamente à preservação de um tipo de ordem.

Existe uma estreita relação entre a distinção no interior de cada um desses pares de termos e a distinção que discutimos anteriormente entre uma *prescrição* e uma *norma*. Uma prescrição visa geralmente um resultado particular ou resultados particulares previstos e, juntamente com as circunstâncias particulares conhecidas por aquele que emite ou recebe a prescrição, determinará uma ação específica. Em contraste, uma norma se refere a um número desconhecido de ocorrências futuras e ações de um número desconhecido de pessoas, enunciando apenas certos atributos que qualquer dessas ações deve possuir.

Por fim, a observância de normas ou a manutenção de valores comuns pode assegurar, como vimos, o surgimento de um padrão ou ordem de ações que apresentará certos atributos abstratos; mas não será suficiente para determinar a manifestação específica do padrão ou de qualquer evento ou resultado particular.

Pode ser útil, antes de deixar essas questões terminológicas, mencionar aqui brevemente alguns outros termos que têm sido utilizados a propósito dos problemas que estamos examinando. Em primeiro lugar, há a caracterização que é muito usada de uma sociedade livre como *pluralista*. Isso, é claro, pretende expressar que a sociedade livre é regida por uma multiplicidade de fins individuais, não ordenados em uma hierarquia específica vinculativa para os seus membros.

A multiplicidade de fins independentes também implica uma multiplicidade de centros de decisão independentes e, por consequência, tipos diferentes de sociedade são às vezes identificados como monocêntricos ou policêntricos.[11] Essa distinção coincide com aquela que já apresentamos entre uma organização (*taxis*) e uma ordem espontânea (*cosmos*), mas

27

parece enfatizar apenas um aspecto específico das diferenças entre os dois tipos de ordem.

Finalmente, dou-me conta de que o professor Michael Oakeshoot, em seu ensino oral, tem usado há muito tempo os termos *teleocrático* (e *teleocracia*) e *nomocrático* (e *nomocracia*) para destacar a mesma distinção. Uma ordem teleocrática, em que a mesma hierarquia de fins é obrigatória a todos os membros, é necessariamente uma ordem feita ou uma organização, ao passo que uma sociedade nomocrática constituirá uma ordem espontânea. Vez ou outra, empregaremos esses termos quando quisermos enfatizar o caráter regido por fins da organização ou o caráter regido por normas da ordem espontânea.

Normas abstratas atuam como valores últimos porque atendem fins particulares desconhecidos

As normas de conduta justa ajudam a resolver litígios acerca de particularidades na medida em que exista concordância em relação à norma aplicável no caso em questão, mesmo que possa não existir concordância quanto à importância dos objetivos particulares buscados pelas partes em litígio. Num litígio, quando se assinala uma norma que foi invariavelmente observada em ocorrências passadas com algumas características abstratas em comum com a ocorrência presente, o único recurso em aberto à outra parte é apontar para outra norma, também reconhecida como válida assim que enunciada e igualmente aplicável à ocorrência presente, norma que exigiria uma modificação das conclusões derivadas da primeira norma. Só se conseguirmos descobrir essa outra norma, ou formos capazes de mostrar que o nosso oponente não aceitaria a primeira norma em todas as ocorrências às quais ela se aplica, poderemos demonstrar que uma decisão baseada apenas na primeira norma seria incorreta. Toda a nossa concepção de justiça se baseia na crença de que diferentes pontos de vista acerca de particularidades são suscetíveis de resolução pela descoberta de normas que, uma vez enunciadas, imponham assentimento geral. Se não fosse o fato de que com frequência podemos descobrir que concordamos sobre os princípios gerais aplicáveis, ainda que inicialmente discordemos quanto aos méritos do caso particular, a própria ideia de justiça perderia o seu significado.

As normas aplicáveis definem as características pertinentes para decidir se um ato foi justo ou injusto. Devem ser ignoradas todas as características de

CAPÍTULO 7 • BEM-ESTAR GERAL E PROPÓSITOS PARTICULARES

um caso específico que não possam ser submetidas a uma norma que, uma vez enunciada, é aceita como definidora da conduta justa. Nesse caso, o importante não é que a norma tenha sido explicitamente enunciada antes, mas que, quando expressa, seja aceita como uma norma que corresponde ao uso geral. A formulação do que já vinha orientando o senso de justiça e, ao ser enunciada pela primeira vez, é reconhecida como expressão do que os homens há muito sentem é uma descoberta semelhante a uma descoberta científica — ainda que, como esta última, venha a ser muitas vezes apenas uma melhor aproximação do seu objetivo do que tudo que tenha sido expresso antes.

Para o nosso presente propósito, é de pouca relevância se essas normas gerais passaram a influenciar a opinião porque as vantagens a serem obtidas da sua observância foram reconhecidas ou porque os grupos que passaram a aceitar normas que os tornaram mais eficientes começaram a prevalecer sobre os outros que obedeciam normas menos eficazes. Uma questão mais importante é que as normas adotadas por causa dos seus efeitos benéficos na maioria dos casos só terão esses efeitos se tiverem sido aplicadas em todos os casos a que dizem respeito, independentemente de se saber, ou mesmo de ser verdade, que terão um efeito benéfico num determinado caso. Como disse David Hume na sua clássica exposição do fundamento lógico das normas de justiça:[12]

> (...) um ato de justiça isolado é muitas vezes contrário ao *interesse público*; e se ficar isolado, sem ser acompanhado por outros atos, poderá, em si mesmo, ser bastante prejudicial à sociedade (...) Tampouco qualquer ato de justiça isolado, considerado à parte, é mais propício ao interesse privado do que ao público; (...) Porém, por mais que atos de justiça isolados possam ser contrários ao interesse público ou privado, é certo que o plano ou esquema em seu todo é altamente propício, ou de fato absolutamente necessário, tanto para servir de suporte da sociedade quanto para o bem-estar de cada indivíduo.

Naturalmente, a solução desse aparente paradoxo é que a aplicação dessas normas abstratas serve à preservação de uma ordem igualmente abstrata, cujas manifestações particulares são imprevisíveis em grande medida, e que essa ordem só será preservada se existir a expectativa generalizada de que essas normas serão aplicadas em todos os casos, independentemente das consequências particulares que alguns possam antever. Isso significa que, embora essas normas atendam, em última análise, fins particulares (ainda que desconhecidos na sua maioria), elas só os atenderão se forem tratadas não como meios, mas como valores últimos, na verdade como os únicos valores comuns a todos e distintos dos fins particulares dos indivíduos. Este é o significado do princípio de que os fins não justificam os meios e de ditados como *fiat justitia*, *pereat mundus* (que a justiça prevaleça mesmo que o mundo pereça). Apenas quando aplicadas universalmente, sem levar em conta os efeitos particulares, essas normas servirão para a preservação permanente da ordem abstrata, um propósito intemporal que continuará a auxiliar os indivíduos na busca dos seus objetivos temporários e ainda desconhecidos. Essas normas que são valores comuns atendem à manutenção de uma ordem de cuja existência aqueles que as aplicam muitas vezes nem sequer têm conhecimento. E, por mais que com frequência possamos não gostar das consequências imprevisíveis da aplicação das normas num determinado caso, em geral, nem somos capazes de perceber todas as consequências imediatas, e menos ainda os efeitos mais remotos que serão gerados se não se espera que a norma será aplicada em todas as ocorrências futuras.

Portanto, as normas de conduta justa não se preocupam com a proteção de interesses particulares, e toda busca de interesses particulares deve estar sujeita a elas. Isso se aplica tanto às tarefas de governo na sua função de administrador dos meios comuns destinadas à satisfação de propósitos particulares quanto a ações de indivíduos. É por isso que o governo, quando está em causa o temporário e o particular, deveria estar submetido a uma lei que se ocupa do permanente e do geral; e é essa a razão por que aqueles cuja tarefa é formular normas de conduta justa não deveriam se ocupar dos fins temporários e particulares do governo.

A falácia construtivista do utilitarismo

Geralmente, a interpretação construtivista das normas de conduta é conhecida como "utilitarismo". Num sentido mais amplo, porém, o termo também é aplicado a qualquer exame crítico dessas normas e das instituições no que diz respeito à função que desempenham na estrutura da sociedade. Nesse sentido amplo, qualquer pessoa que não considerasse inquestionáveis todos os valores existentes, mas se dispusesse a perguntar por que deveriam ser mantidos, teria que ser considerada utilitarista. Assim, Aristóteles, Tomás de Aquino[13] e David Hume[14] deveriam ser considerados utilitaristas, e a presente discussão sobre a função das normas de conduta também poderia ser assim designada. Não resta dúvida de que o utilitarismo deve grande parte do seu atrativo a pessoas sensatas ao fato de que, interpretado desse modo, inclui todo o exame racional da adequação das normas existentes.

No entanto, desde o final do século XVIII, o "utilitarismo" tem sido usado na teoria moral e jurídica em um sentido mais restrito, e é assim que empregaremos o termo aqui. Em parte, esse significado especial é resultado de uma mudança gradual do significado do próprio termo "utilidade". Na origem, o termo "utilidade" expressava um atributo dos *meios*: o atributo de ser capaz de usos potenciais. Alguma coisa ser útil indicava que era capaz de usos em situações propensas a ocorrer, e o grau de utilidade dependia da probabilidade de ocorrência daquelas situações em que tal coisa pudesse ser útil e da importância das necessidades que tenderia a satisfazer.

Só em uma época relativamente recente é que o termo "utilidade" denotando um atributo dos meios passou a ser usado para designar um atributo supostamente comum dos diferentes fins atendidos por esses meios. Como até certo ponto os meios eram vistos como reflexo da importância dos fins, o termo "utilidade" passou a significar alguns desses atributos comuns dos fins, como o prazer ou a satisfação que estavam relacionados a eles. Embora antigamente tenha sido plenamente entendido que grande parte dos nossos esforços devia ser direcionada para a provisão de meios em prol de propósitos particulares imprevistos, o desejo racionalista de deduzir explicitamente a utilidade dos meios a partir dos fins últimos conhecidos levou à concessão a esses fins de um atributo mensurável comum, para o qual foi empregado tanto o termo "prazer" como o termo "utilidade".

A distinção que é necessário fazer em relação aos nossos propósitos é entre a utilidade de alguma coisa para fins particulares conhecidos e a sua utilidade para vários tipos de necessidades de ocorrência esperada num tipo de ambiente ou em prováveis tipos de situação. Apenas no primeiro caso a utilidade de um objeto ou de uma prática derivaria da importância de usos futuros particulares previstos, constituindo um reflexo da importância dos fins particulares. No segundo caso, a propriedade da utilidade seria julgada com base na experiência passada como uma propriedade instrumental que não é dependente de fins particulares conhecidos, mas como meio de lidar com uma variedade de situações propensas a ocorrer.

O utilitarismo estrito de Jeremy Bentham e sua escola[15] compromete-se a julgar a adequação da conduta pelo cálculo explícito do saldo entre prazer e

DIREITO, LEGISLAÇÃO E LIBERDADE

dor que causará. A inadequação desse cálculo foi por muito tempo camuflada pelos utilitaristas, que, na defesa da sua posição, recorreram a duas alegações diferentes e incompatíveis que só recentemente foram claramente distinguidas,[16] sendo que nenhuma delas por si só fornece uma explicação adequada da determinação das normas morais ou jurídicas. Dessas duas posições, entre as quais os utilitaristas constantemente oscilaram, a primeira é incapaz de justificar a existência de *normas* e, portanto, o fenômeno que normalmente denominamos moral e direito, enquanto a segunda é obrigada a supor a existência de normas não explicáveis por fatores utilitários e, assim, deve abandonar a alegação de que todo o sistema de normas morais pode ser deduzido da utilidade conhecida dessas normas.

A concepção de Bentham de um cálculo de prazer e dor pelo qual se determinaria o máximo de felicidade para o maior número de pessoas pressupõe que todos os efeitos individuais particulares de cada ação podem ser conhecidos pela pessoa atuante. Buscada a sua conclusão lógica, leva a um utilitarismo particularista ou "de atos" que prescinde totalmente de normas e julga cada ação individual conforme a utilidade dos seus efeitos conhecidos. É verdade que Bentham se protegeu contra essa interpretação recorrendo constantemente a afirmações como a de que toda ação (agora interpretada como qualquer ação de certo *tipo*) deveria ter a *tendência* de gerar *como um todo* um saldo máximo de prazer. Porém, pelo menos alguns dos seus seguidores perceberam claramente que a lógica da argumentação exigia que cada ação individual fosse decidida em função do pleno conhecimento das suas consequências particulares. Assim, Henry Sidgwick asseverava que "devemos, em cada caso, comparar todos os prazeres e todas as dores que podem ser previstos como resultados prováveis das diferentes alternativas de conduta, e adotar a alternativa que parece propensa a levar à maior felicidade do conjunto";[17] e G. E. Moore que "deve sempre ser obrigação de todo agente realizar, entre todas as ações, aquela que ele *pode* realizar numa dada ocasião e cujas *consequências totais* terão o maior valor intrínseco".[18]

A interpretação alternativa — utilitarismo genérico ou de "regras", como agora é usualmente chamado — foi expressa mais claramente por William Paley, quando ele afirmou que um *tipo* de ação, para ser moralmente aprovado, "deve ser conveniente de modo geral, a longo prazo, em todos os seus efeitos colaterais e remotos, e também nos imediatos e diretos; pois é óbvio que, no cômputo das consequências, não faz diferença de que maneira ou a que distância elas acontecem".[19]

CAPÍTULO 7 • BEM-ESTAR GERAL E PROPÓSITOS PARTICULARES

Nos últimos anos, a ampla discussão travada sobre os respectivos méritos do utilitarismo particularista (ou de atos) e do utilitarismo genérico (ou de regras) deixou claro que apenas o primeiro pode alegar ser coerente ao basear a aprovação ou desaprovação das ações exclusivamente nos seus efeitos de "utilidade" previstos, mas que, ao mesmo tempo, para fazê-lo, deve proceder com base no pressuposto factual da onisciência que nunca é satisfeito na vida real e que, se alguma vez fosse verdade, tornaria a existência daqueles conjuntos de normas que chamamos de moral e direito não só supérflua como inexplicável e contrária ao pressuposto; ao passo que, por outro lado, nenhum sistema de utilitarismo genérico ou de regras poderia considerar todas as normas como inteiramente determinadas por utilidades conhecidas pela pessoa atuante, porque os efeitos de qualquer norma dependerão não só da sua observância constante, mas também das outras normas respeitadas pelas pessoas atuantes e das normas cumpridas por todos os demais membros da sociedade. Portanto, o julgamento da utilidade de qualquer norma sempre pressuporia que algumas outras normas fossem aceitas cegamente e não determinadas por qualquer utilidade conhecida, de modo que, entre os determinantes de utilidade de qualquer norma, sempre haveria outras normas que não poderiam ser justificadas por sua utilidade. O utilitarismo genérico coerentemente buscado nunca poderia, desse modo, dar uma justificativa adequada ao conjunto de sistema de normas, e sempre deveria incluir outros determinantes além da utilidade conhecida de determinadas normas.

O problema com toda a abordagem utilitarista é que, como uma teoria que alega explicar um fenômeno que consiste num conjunto de normas, ela elimina completamente o fator que torna as normas necessárias, especificamente, a nossa ignorância. De fato, sempre me surpreendeu que homens sérios e inteligentes, como sem dúvida foram os utilitaristas, puderam deixar de levar a sério esse dado crucial relativo à nossa inevitável ignorância de grande parte dos fatos particulares, e tenham proposto uma teoria que pressupõe um conhecimento de efeitos particulares das nossas ações individuais, quando, na verdade, toda a existência do fenômeno que se propuseram a explicar, isto é, de um sistema de normas de conduta, deveu-se à impossibilidade de tal conhecimento. Aparentemente, eles nunca compreenderam a importância das normas como uma adaptação a essa inevitável ignorância da maioria das circunstâncias particulares que determinam os efeitos das nossas ações e, assim, ignoraram todo o fundamento lógico do fenômeno da ação orientada por normas.[20]

O homem desenvolveu normas de conduta não porque conhece, e sim porque desconhece quais serão todas as consequências de uma ação particular. E o traço mais característico da moral e do direito, assim como os percebemos, é, portanto, o fato de consistirem em normas a serem obedecidas, independentemente dos efeitos conhecidos da ação particular. De que modo desejaríamos que os homens que fossem oniscientes se comportassem e conseguissem prever todas as consequências das suas ações não nos interessa. Na verdade, não haveria necessidade de normas se os homens soubessem tudo — e o utilitarismo particularista estrito conduz obviamente à rejeição de todas as normas.

Como todas as ferramentas de uso geral, as normas satisfazem porque se adaptaram à solução de situações problemáticas recorrentes e com isso ajudam a tornar os membros da sociedade em que vigoram mais eficazes na realização dos seus objetivos. Como uma faca ou um martelo, foram moldadas não com um propósito específico em vista, mas porque, sob essa forma, e não sob outra, provaram-se úteis em diversas situações. Elas não foram concebidas para satisfazer necessidades particulares previstas, mas selecionadas num processo de evolução. O conhecimento que lhes deu forma não é o conhecimento de efeitos futuros particulares, mas sim o da recorrência de certas situações problemáticas ou tarefas, de resultados intermediários a serem alcançados regularmente a serviço de uma grande variedade de objetivos finais; e grande parte desse conhecimento existe não como consciência de uma lista enumerável de situações para as quais se deve estar preparado, ou da importância do tipo de problemas a serem resolvidos, ou da probabilidade de surgirem, mas como uma propensão a agir de certa maneira em determinados tipos de situações.

Portanto, a maioria das normas de conduta não é deduzida por um processo intelectual a partir do conhecimento dos fatos ambientais, mas constitui a única adaptação a esses fatos obtida pelo homem — um "conhecimento" dos fatos de que não temos consciência e que não aparece no nosso pensamento conceitual, mas que se manifesta nas normas que obedecemos nas nossas ações. Nem os primeiros grupos que praticaram essas normas, nem aqueles que os imitaram, nunca precisaram saber por que a sua conduta foi mais bem-sucedida do que a de outros grupos, ou ajudaram o grupo a perdurar.

Convém salientar que a relevância que atribuímos ao cumprimento de normas específicas não reflete simplesmente a importância dos fins particulares que dependem da sua observância; a importância atribuída a uma norma é antes um resultado composto de dois fatores distintos que poucas vezes seremos capazes de avaliar separadamente: a importância dos efeitos específicos e a frequência da sua ocorrência. Assim como na evolução

CAPÍTULO 7 • BEM-ESTAR GERAL E PROPÓSITOS PARTICULARES

biológica pode importar menos para a preservação da espécie deixar de tomar alguma providência para impedir certos efeitos letais, embora raros, do que evitar um tipo de evento que ocorre com frequência e que causa apenas um pequeno dano ao indivíduo, também as normas de conduta que emergiram do processo de evolução social podem muitas vezes ser adequadas para impedir causas frequentes de distúrbios menores da ordem social, mas não causas raras da sua total desestruturação.

A única "utilidade" capaz de ser considerada determinante para as normas de conduta é, portanto, não uma utilidade conhecida por pessoas atuantes, ou por qualquer pessoa, mas apenas uma "utilidade" hipostasiada para a sociedade como um todo. Portanto, o utilitarista coerente costuma ser orientado a interpretar antropomorficamente os produtos da evolução como os produtos do desígnio e a postular uma sociedade personificada como a criadora dessas normas. Ainda que isso seja poucas vezes admitido de maneira tão ingênua como foi por um autor recente que afirmou explicitamente que a sociedade utilitarista deve parecer "uma espécie grande de uma única pessoa",[21] esse antropomorfismo é característico de todas as concepções construtivistas das quais o utilitarismo não é mais que uma forma particular. Esse erro básico do utilitarismo foi expresso de maneira mais concisa por Hastings Rashdall na alegação de que "todos os julgamentos morais são, em última análise, julgamentos quanto ao valor dos fins".[22] Isso é exatamente o que eles não são; se a concordância sobre os fins particulares fosse mesmo a base dos julgamentos morais, as normas morais como as conhecemos seriam desnecessárias.[23]

A essência de todas as normas de conduta é que elas classificam *tipos* de ações, não em termos dos seus efeitos largamente desconhecidos em ocorrências particulares, mas em termos do seu efeito provável que não precisam ser previsíveis pelos indivíduos. Não é por causa dos efeitos das nossas ações que intencionalmente produzimos, e sim por causa dos efeitos que as nossas ações têm na manutenção contínua de uma ordem de ações que determinadas normas passaram a ser consideradas importantes. Como a ordem que atendem, mas de uma distância ainda maior, elas auxiliam apenas indiretamente na satisfação de necessidades específicas, ajudando a evitar tipos de conflitos que a experiência passada mostrou ocorrerem na busca normal de uma grande variedade de objetivos. Não servem para tornar um plano de ação específico bem-sucedido, mas para conciliar diversos planos de ação diferentes. É a interpretação das normas de conduta como parte de um plano de ação da "sociedade" com vista a alcançar algum conjunto específico de fins que dá a todas as teorias utilitaristas o seu caráter antropomórfico.

Para ter êxito em seus objetivos, o utilitarismo teria de empreender uma espécie de reducionismo que associasse todas as normas à escolha deliberada de meios em favor de fins conhecidos. Como tal, tem tão pouca probabilidade de sucesso quanto uma tentativa de explicar as características particulares de uma língua investigando os efeitos dos sucessivos esforços de comunicação ao longo de alguns milhares de gerações. As normas de conduta, assim como as normas de fala, são fruto não da adaptação direta a certos fatos conhecidos, mas de um processo cumulativo em que, a qualquer momento, o fator principal é a existência de uma ordem factual determinada por normas já consagradas. Será sempre no âmbito dessa ordem, funcionando mais ou menos adequadamente, que novas normas se desenvolverão; e em cada etapa será apenas como parte desse sistema em funcionamento que a conveniência de qualquer norma poderá ser julgada. Nesse sentido, as normas têm uma função no âmbito de um sistema em operação, mas não um propósito — função que não pode ser deduzida de efeitos particulares conhecidos, mas somente de uma compreensão de toda a estrutura. Na verdade, porém, ninguém ainda alcançou essa compreensão plena, nem conseguiu reconstruir um sistema totalmente novo de normas morais ou jurídicas a partir do conhecimento das necessidades e dos efeitos dos meios conhecidos.[24]

Como a maioria das ferramentas, as normas não fazem parte de um plano de ação, mas são equipamentos para certas contingências desconhecidas. De fato, grande parte de todas as nossas atividades também é orientada não por um conhecimento das necessidades particulares últimas que atendem, mas pelo desejo de acumular um estoque de ferramentas e de conhecimento, ou de manobrar em busca de cargos; em suma, acumular "capital" no sentido mais amplo do termo, que consideramos que será útil no tipo de mundo em que vivemos. E esse tipo de atividade parece realmente tornar-se mais prevalente quanto mais inteligentes ficamos. Cada vez mais, nós nos adaptamos não a circunstâncias particulares, mas de modo a aumentar a nossa adaptabilidade a tipos de circunstâncias que podem ocorrer. O horizonte da nossa visão consiste sobretudo em meios, e não em fins particulares últimos.

Claro que podemos almejar o "máximo de felicidade para o maior número de pessoas" se não nos iludirmos achando que podemos determinar o valor dessa felicidade por meio de algum cálculo, ou de que existe um agregado conhecido dos resultados em qualquer momento. Aquilo que as normas e a ordem que atendem podem fazer nada mais é do que incrementar as oportunidades para pessoas desconhecidas. Se dermos o melhor de nós para incrementar as oportunidades a qualquer pessoa desconhecida escolhida ao acaso, conseguiremos o máximo possível, mas certamente não porque temos alguma ideia do valor da utilidade do prazer que produzimos.

Todas as críticas ou aperfeiçoamentos válidos das normas de conduta devem ocorrer no âmbito de um dado sistema dessas normas

Visto que qualquer sistema de normas de conduta estabelecido será baseado em experiências que conhecemos apenas parcialmente, e atenderá uma ordem de ação de uma maneira que compreendemos apenas parcialmente, não podemos esperar aperfeiçoá-lo reconstruindo-o em sua totalidade. Se quisermos fazer pleno uso de toda a experiência transmitida somente sob a forma de normas tradicionais, todas as críticas e iniciativas de aperfeiçoamento de normas particulares devem ocorrer no âmbito de uma estrutura de valores dados que, para os fins em questão, deve ser aceita sem justificação. Chamaremos de "crítica imanente" esse tipo de crítica que evolui dentro de um determinado sistema de normas e julga normas particulares em termos da sua coerência ou compatibilidade com todas as outras normas reconhecidas na indução da formação de certo tipo de ordem de ações. Essa é a única base para um exame crítico das normas morais ou jurídicas quando reconhecemos a irredutibilidade de todo o sistema existente dessas normas aos efeitos específicos conhecidos que produzirá.

A coerência ou a compatibilidade das diferentes normas que compõem um sistema não é basicamente uma coerência lógica. Nesse contexto, a coerência significa que as normas atendem à mesma ordem abstrata de ações e evitam conflitos entre pessoas que cumprem essas normas no tipo de circunstâncias a que foram adaptadas. Portanto, se duas ou mais normas são coerentes ou não dependerão em parte das condições factuais do ambiente; e, então, as mesmas normas podem ser suficientes para evitar conflitos em um tipo de ambiente, mas não em outro. Por outro lado, normas logicamente incoerentes no sentido de que podem conduzir, numa dada situação, a exigências ou proibições de atos de qualquer pessoa que são mutuamente contraditórias ainda podem ser compatibilizadas se estiverem numa relação de superioridade ou inferioridade entre si, de modo que o próprio sistema de normas determine qual das normas deve "invalidar" a outra.

Todos os problemas morais reais são criados por conflitos referentes às normas e, na maioria das vezes, são problemas causados pela incerteza quanto à importância relativa de diferentes normas. Nenhum sistema de normas de conduta é completo no sentido de fornecer uma resposta inequívoca a todas as questões morais; e é provável que a causa mais frequente da incerteza seja que a ordem hierárquica das diferentes normas pertencentes a um sistema é apenas vagamente determinada. É por meio da constante necessidade de lidar com essas questões, para as quais o sistema de normas estabelecido não dá uma resposta definida, que todo o sistema evolui e se torna gradualmente mais determinado ou mais bem adaptado ao tipo de circunstâncias em que a sociedade vive.

Ao afirmarmos que toda crítica das normas deve ser uma crítica imanente, queremos dizer que a prova pela qual podemos julgar a adequação de uma determinada norma sempre será alguma outra norma que, para o fim em questão, consideramos inquestionável. O grande conjunto de normas que, nesse sentido, é tacitamente aceito, determina o objetivo que as normas questionadas também devem respaldar; e esse objetivo, como vimos, não é nenhum evento particular, mas a manutenção ou restauração de uma ordem de ações que as normas tendem a produzir com maior ou menor sucesso. Desse modo, a prova última não é a coerência das normas, mas a compatibilidade das ações de diferentes pessoas que essas normas permitem ou exigem.

Inicialmente, pode parecer intrigante que algo que é o produto de uma tradição seja capaz de ser tanto o objeto quanto o padrão da crítica. Mas não sustentamos que toda tradição como tal seja sagrada e isenta de crítica, e sim tão só que a base da crítica de qualquer produto da tradição deve ser sempre outros produtos da tradição que não podemos ou não queremos questionar; em outras palavras, os aspectos particulares de uma cultura só podem ser examinados criticamente no contexto dessa cultura. Nunca podemos reduzir um sistema de normas ou todos os valores em geral a uma construção dotada de propósito, mas devemos interromper sempre a nossa crítica a algo que não tem melhor base para existência do que ser o fundamento aceito de uma tradição particular. Assim, podemos sempre examinar um elemento do todo em função desse todo, o qual não conseguimos reconstruir inteiramente e cuja maior parte devemos aceitar sem análise. Em outras palavras, podemos sempre apenas mexer em partes de um todo dado, mas nunca recriá-lo inteiramente.[25]

CAPÍTULO 7 • BEM-ESTAR GERAL E PROPÓSITOS PARTICULARES

Isso ocorre sobretudo porque o sistema de normas ao qual as normas que orientam a ação de qualquer pessoa devem se adaptar não abrange apenas todas as normas que regem as suas ações, mas também aquelas que regem as ações dos demais membros da sociedade. Há pouco significado em ser capaz de demonstrar que se todos adotassem alguma nova norma proposta redundaria um resultado geral melhor, na medida em que ninguém tem o poder de impor essa adoção. Porém, é perfeitamente possível adotar uma norma que no sistema existente de normas provoque menos frustração das expectativas do que as normas consagradas e, assim, ao introduzir uma nova norma, aumentar a probabilidade de que as expectativas dos outros não se frustrem. Esse resultado aparentemente paradoxal, de que uma mudança das normas introduzida por uma pessoa pode provocar menos frustração de expectativas por parte de outros e pode, em consequência, acabar prevalecendo, está intimamente relacionado com o fato de que as expectativas que nos orientam referem-se menos às ações realizadas por outras pessoas do que aos efeitos dessas ações, e que as normas com as quais contamos não são, geralmente, normas que prescrevem determinadas ações, mas sim normas que restringem ações, isto é, não são normas positivas, mas negativas. Pode muito bem ser consuetudinário em uma determinada sociedade permitir o escoamento de água ou outras substâncias de uma propriedade em prejuízo da propriedade do vizinho, e essa falta de cuidado pode, portanto, ser tolerada, embora frustre repetidas vezes as expectativas de alguém. Se então, por consideração ao seu vizinho, uma pessoa adota a nova norma de evitar esse escoamento prejudicial, ela, ao agir ao contrário da prática comum, reduz a frequência de frustrações das expectativas sobre as quais os outros baseiam os seus planos; e essa nova norma adotada por uma pessoa poderá conseguir aceitação geral por se adaptar melhor ao sistema de normas estabelecido do que a prática que até então tinha prevalecido.

Assim, a necessidade de crítica imanente resulta, em grande parte, da circunstância de que os efeitos das ações de qualquer pessoa dependerão das diversas normas que regem as ações dos seus semelhantes. As "consequências das nossas ações" não são simplesmente um fato físico independente das normas vigentes numa dada sociedade, mas dependem em grande medida das normas que os demais membros da sociedade obedecem; e mesmo quando alguém consegue descobrir uma nova norma que, se adotada de modo geral, poderá ser mais benéfica para todos, as normas que os demais realmente seguem devem estar entre os dados a partir dos quais ele terá que derivar a sua convicção do caráter

DIREITO, LEGISLAÇÃO E LIBERDADE

mais benéfico da nova norma que propõe. Isso pode muito bem significar que a norma que uma pessoa deve seguir, numa dada sociedade e em determinadas circunstâncias, para gerar os melhores resultados pode não ser a melhor norma em outra sociedade, na qual o sistema de normas geralmente adotado é diferente. Essa circunstância restringe consideravelmente o grau pelo qual o julgamento moral privado de qualquer indivíduo pode produzir um aperfeiçoamento do sistema de normas estabelecido; também explica por que, ao transitar em diferentes tipos de sociedades, um mesmo indivíduo poderá ser obrigado a seguir diferentes normas em diferentes ocasiões.

Portanto, a questão tão discutida da "relatividade moral" está claramente ligada ao fato de que todas as normas morais (e jurídicas) atendem uma ordem factual existente que nenhum indivíduo tem o poder de mudar no essencial; porque essa mudança exigiria alterações nas normas que os outros membros da sociedade obedecem, em parte inconscientemente ou por mero hábito, e que, se uma sociedade viável de um tipo diferente viesse a ser criada, teriam que ser substituídas por outras normas que ninguém tem o poder de tornar eficazes. Sendo assim, não pode haver nenhum sistema absoluto de moral independente do tipo da ordem social em que a pessoa vive, e a obrigação que cabe a nós de seguir certas normas resulta dos benefícios que devemos à ordem em que vivemos.

Para mim, por exemplo, pareceria claramente errado moralmente tentar ressuscitar um velho esquimó já inconsciente que, no início da migração de inverno,[26] de acordo com a moral do seu povo e com a sua aprovação, tivesse sido deixado para trás pelo seu grupo para morrer — e seria justo se eu considerasse correto, se estivesse ao meu alcance, transferir o velho esquimó para uma sociedade inteiramente diferente, em que eu fosse capaz e estivesse disposto a prover à sua subsistência.

Que as nossas obrigações morais resultem do benefício proporcionado por uma ordem baseada em certas normas é simplesmente o inverso de que é a observância de normas comuns aquilo que integra os indivíduos à ordem que chamamos de sociedade, e que essa sociedade só pode persistir se existir algum tipo de pressão que faça os seus membros obedecerem a essas normas. Sem dúvida, há diversas formas de sociedades tribais ou fechadas que se baseiam em sistemas de normas muito diferentes. Tudo o que estamos sustentando aqui é que conhecemos apenas um tipo de tais sistemas de normas, indubitavelmente ainda muito imperfeito e suscetível de considerável aperfeiçoamento, o que torna possível o tipo de sociedade aberta ou "humanista", onde cada indivíduo

CAPÍTULO 7 • BEM-ESTAR GERAL E PROPÓSITOS PARTICULARES

conta como indivíduo e não só como membro de um determinado grupo, e onde podem existir, portanto, normas universais de conduta igualmente aplicáveis a todos os seres humanos responsáveis. Só se aceitarmos essa ordem universal como objetivo, isto é, se quisermos prosseguir no caminho que, desde os antigos estoicos e o cristianismo, tem sido característico da civilização ocidental, é que poderemos defender a superioridade desse sistema moral em relação aos outros — e, ao mesmo tempo, nos empenharmos no seu aperfeiçoamento adicional por meio da contínua crítica imanente.

"Generalização" e prova da universalizabilidade

Entre as questões intimamente relacionadas com a prova de coerência interna como meio de desenvolver um sistema de normas de conduta incluem-se as questões geralmente discutidas sob os tópicos de generalização ou universalização. De fato, usada como prova de adequação de uma norma, a possibilidade da sua generalização ou universalização equivale a uma prova de coerência ou compatibilidade com o restante do sistema aceito de normas ou valores. Porém, antes de mostrarmos por que isso deve ser assim, é necessário considerar brevemente o sentido em que o conceito de generalização é apropriadamente utilizado nesse contexto. Costuma-se interpretá-lo[27] como relativo à questão de saber quais seriam as consequências se todos fizessem uma determinada coisa. Contudo, a maioria das ações, exceto as mais comuns, se tornaria desagradável se todos as executassem. A necessidade da proibição ou da ordenação de modo geral de certo *tipo* de ação, como as normas em geral, resulta da nossa ignorância das consequências de um tipo de ação em determinadas circunstâncias. Consideremos o caso mais simples e mais típico: muitas vezes sabemos que certo tipo de ação costuma ser prejudicial, mas nem nós (ou o legislador) nem a pessoa atuante saberemos se isso será assim em qualquer circunstância específica. Desse modo, quando procuramos definir o tipo de ação que queremos impedir, normalmente só conseguiremos fazer isso incluindo grande parte das circunstâncias em que terá efeitos prejudiciais, mas também muitas em que não terá. Então, a única maneira de evitar os efeitos prejudiciais será proibindo esse tipo de ação de modo geral, independentemente de ter ou não um efeito prejudicial em determinada ocasião; e o problema será se devemos proibir esse tipo de ação em geral ou aceitar o dano que resultará disso em certo número de circunstâncias.

DIREITO, LEGISLAÇÃO E LIBERDADE

Se nos voltarmos agora para a questão mais interessante do que se quer dizer quando se pergunta se essa generalização é "possível" ou se algo "pode" se tornar uma norma geral, é evidente que a "possibilidade" em referência não é uma possibilidade ou impossibilidade física, nem a possibilidade prática de impor a obediência em geral a essa norma. A interpretação apropriada é sugerida pela maneira como Immanuel Kant abordou o problema, especificamente perguntando se "desejamos" ou "queremos" que essa norma seja aplicada em geral. Nesse caso, o obstáculo à generalização que é observado é ele mesmo evidentemente um obstáculo moral, e isso deve significar um conflito com alguma outra norma ou valor que não estamos dispostos a sacrificar. Em outras palavras, a prova de "universalizabilidade" aplicada a qualquer norma equivalerá a uma prova de compatibilidade com todo o sistema de normas aceitas — uma prova que, como vimos, tanto pode levar a uma resposta inequívoca "sim" ou "não" como mostrar que, se o sistema de normas deve dar uma orientação definida, algumas normas terão que ser modificadas ou então ordenadas numa hierarquia de importância maior ou menor (ou de superioridade ou inferioridade), para que, em caso de conflito, saibamos qual deve prevalecer e qual deve ceder.

Para desempenhar as suas funções, as normas devem ser aplicadas a longo prazo

O fato de que as normas são um recurso para lidarmos com a nossa falta de conhecimento dos efeitos de determinadas ações, e de que a importância que atribuímos a essas normas se baseia tanto na magnitude do possível dano que elas ajudam a evitar quanto no grau de probabilidade de dano que será infligido se elas forem ignoradas, mostra que essas normas só desempenharão a sua função se forem respeitadas por longos períodos. Isso resulta da circunstância de que as normas de conduta contribuem para a formação de uma ordem por serem obedecidas pelos indivíduos e por serem usadas por eles em favor dos seus propósitos, geralmente desconhecidos por aqueles que podem ter estabelecido as normas ou têm o direito de alterá-las. Quando, como no caso do direito, algumas das normas de conduta são deliberadamente estabelecidas pela autoridade, elas só desempenharão a sua função caso se tornem a base do planejamento dos indivíduos. Portanto, a manutenção de uma ordem espontânea por meio da aplicação das normas de conduta deve sempre

CAPÍTULO 7 • BEM-ESTAR GERAL E PROPÓSITOS PARTICULARES

visar resultados a longo prazo, em contraste com as normas organizacionais, que atendem propósitos particulares conhecidos e que devem visar basicamente resultados previsíveis a curto prazo. Daí a perceptível diferença de perspectiva entre o administrador, necessariamente preocupado com os efeitos particulares conhecidos, e o juiz ou o legislador, que deve se preocupar com a manutenção de uma ordem abstrata, desconsiderando os resultados particulares previstos. Concentrar-se nos resultados particulares leva necessariamente a uma visão de curto prazo, pois somente a curto prazo os resultados particulares serão previsíveis, e suscita, em consequência, conflitos entre interesses particulares que só podem ser resolvidos por meio de uma decisão autoritária a favor de uma parte ou de outra. Assim, a preocupação dominante com os efeitos visíveis de curto prazo conduz progressivamente a uma organização dirigista de toda a sociedade. De fato, o que na certa morrerá, no final das contas, se nos concentrarmos nos resultados imediatos, é a liberdade. Uma sociedade nomocrática deve restringir a coerção inteiramente à aplicação das normas que atendem uma ordem de longo prazo.

A ideia de que uma estrutura cujas partes examináveis não são compreendidas como significativas, ou não revelam nenhum desígnio identificável, e na qual *não* sabemos por que determinadas coisas acontecem, deveria ser uma base mais eficaz para a busca bem-sucedida dos nossos fins do que uma organização deliberadamente construída, e a ideia de que pode até ser vantajoso para nós que ocorram mudanças cujas razões ninguém conhece (porque elas registram fatos que, em seu conjunto, ninguém conhece) é tão contrária às noções do racionalismo construtivista que dominaram o pensamento europeu desde o século XVII que se tornará geralmente aceita como a difusão de um racionalismo evolucionista ou crítico que tenha consciência não só dos poderes, mas também dos limites da razão, e reconheça que essa mesma razão é fruto da evolução social. Por outro lado, a demanda por esse tipo de ordem cristalina que satisfaria os padrões dos construtivistas levará à destruição de uma ordem muito mais abrangente do que qualquer outra que poderíamos construir deliberadamente. Liberdade significa que, até certo ponto, confiamos o nosso destino a forças que não controlamos; e isso parece intolerável para os construtivistas que acreditam que o homem consegue dominar o seu destino — como se a civilização e a própria razão fossem uma criação dele.

CAPÍTULO 8

A BUSCA DA JUSTIÇA

Cada norma jurídica pode ser considerada um anteparo ou limite erguido pela sociedade para que os seus membros não colidam entre si nas suas ações.

P. VINOGRADOFF*

A justiça é um atributo da conduta humana

Escolhemos a expressão "normas de conduta justa" para designar aquelas normas independentes de fins que atendem à formação de uma ordem espontânea, em contraste com as normas organizacionais dependentes de fins. As primeiras são o *nomos*, que é a base de uma "sociedade de direito privado"[1] e possibilita uma Sociedade Aberta; as segundas, até onde são direito, constituem o direito público, que determina a organização do governo. No entanto, não afirmamos que todas as normas de conduta justa que possam de fato ser obedecidas devam ser consideradas como direito, nem que cada norma integrante de um sistema de normas de conduta justa seja por si mesma uma norma definidora de conduta justa. Ainda temos que examinar a problemática questão da relação entre justiça e direito. Essa questão se tornou confusa tanto pela crença de que tudo o que pode ser deliberado por decisão legislativa deve ser uma questão de justiça como pela crença de que é a vontade do legislador que determina o que é justo. Em primeiro lugar, consideremos algumas limitações muitas vezes ignoradas da aplicabilidade do termo justiça.

Em rigor, apenas a conduta humana pode ser chamada de justa ou injusta. Se aplicarmos os termos a um estado de coisas, eles terão sentido apenas na medida em que responsabilizamos alguém por tê-lo provocado ou ter permitido que ele ocorresse. Um simples fato ou um estado de coisas que ninguém é capaz de mudar pode ser bom ou mau, mas não justo ou injusto.[2] Aplicar o termo "justo" a outras circunstâncias diferentes das ações humanas

CAPÍTULO 8 • A BUSCA DA JUSTIÇA

ou das normas que as regem é um erro categorial. Só se pretendemos responsabilizar um criador individual faz sentido considerarmos como injusto que alguém tenha nascido com um defeito físico, foi acometido de uma doença ou sofreu a perda de um ente querido. A natureza não pode ser justa nem injusta. Ainda que o nosso hábito inveterado de interpretar o mundo físico de modo animístico ou antropomórfico frequentemente nos leve a esse uso impróprio das palavras e nos faça buscar um agente responsável por tudo o que nos diz respeito, a menos que acreditemos que alguém podia ou devia ter arranjado as coisas de maneira diferente, não faz sentido designar uma situação factual como justa ou injusta.

Porém, se nada que não está sujeito ao controle humano pode ser justo (ou moral), o desejo de tornar algo capaz de ser justo não é necessariamente um argumento válido para torná-lo sujeito ao controle humano; porque fazê-lo pode em si ser injusto ou imoral, pelo menos quando estão envolvidas as ações de outro ser humano.

Em determinadas circunstâncias, pode ser um dever legal ou moral produzir certo estado de coisas que, com frequência, pode ser designado como justo. O fato de que, em tais casos, o termo "justo" se refere na verdade às ações, e não aos resultados, fica claro quando consideramos que ele só pode ser aplicado àquelas consequências das ações de uma pessoa que estava em seu poder para determinar. Pressupõe não apenas que aqueles cujo dever se acredita ser o de gerar essa situação possam realmente fazê-lo, mas também que os meios pelos quais podem fazê-lo são igualmente justos ou morais.

As normas pelas quais os homens procuram definir os tipos de ações como justos ou injustos podem ser corretas ou incorretas, sendo um uso consagrado designar como injusta uma norma que define como justo um tipo de ação que é injusto. Porém, embora seja um uso tão generalizado que deve ser aceito como legítimo, não é isento de perigo. O que realmente queremos dizer quando afirmamos, por exemplo, que uma norma que todos acreditávamos ser justa revela-se injusta ao ser aplicada a um caso específico é que se trata de uma norma incorreta que não define adequadamente o que consideramos justo, ou que a formulação verbal da norma não expressa adequadamente a norma que orienta o nosso julgamento.

Evidentemente, não apenas as ações individuais como também as ações conjuntas de muitos indivíduos, ou as ações das organizações, podem ser justas ou injustas. O governo é uma dessas organizações, mas a sociedade não é. E, ainda que a ordem da sociedade seja afetada pelas ações governamentais, enquanto ela permanecer uma ordem espontânea, os resultados particulares do processo social não poderão ser justos ou injustos. Isso significa que a justiça ou injustiça das exigências governamentais aos indivíduos deve ser decidida em função das normas de conduta justa, e não por causa dos resultados particulares que resultam da sua aplicação a um caso individual. Sem dúvida, o governo deve ser justo em tudo o que faz; e a pressão da opinião pública provavelmente o impele a estender até os seus limites possíveis quaisquer princípios discerníveis sobre os quais atue, independentemente da intenção de fazê-lo ou não. Porém, a extensão do seu dever de justiça depende do seu poder de afetar a posição dos diferentes indivíduos de acordo com normas uniformes.

Portanto, apenas aqueles aspectos da ordem de ações humanas que podem ser determinados pelas normas de conduta justa suscitam problemas de justiça. Falar de justiça sempre implica que alguma pessoa, ou pessoas, deveria ou não ter realizado alguma ação; e esse "dever", por sua vez, pressupõe o reconhecimento de normas que definem um conjunto de circunstâncias em que determinado tipo de conduta é proibido ou exigido. Nesse contexto, já sabemos que a "existência" de uma norma reconhecida não significa necessariamente que a norma foi expressa em palavras. Requer apenas que possa ser encontrada uma norma que faça distinção entre diferentes tipos de conduta que as pessoas de fato reconheçam como justos ou injustos.

As normas de conduta justa referem-se àquelas ações de indivíduos que afetam outros. Numa ordem espontânea, a posição de cada indivíduo é resultante das ações de muitos outros indivíduos, e ninguém tem a responsabilidade ou o poder de assegurar que essas ações distintas de muitos produzirão um resultado específico para determinada pessoa. Embora a sua posição possa ser afetada pela conduta de alguma outra pessoa ou pelas ações conjuntas de diversas, raramente dependerá apenas delas. Portanto, numa ordem espontânea, não pode haver nenhuma norma que determine qual deve ser a posição de qualquer pessoa. Como vimos, as normas de conduta individual determinam apenas certas propriedades abstratas da ordem resultante, mas não o seu conteúdo particular e concreto.

Claro que é tentador chamar de "justo" um estado de coisas que acontece porque todos os que contribuem para isso se comportam de forma justa (ou não injusta); mas isso é enganoso quando, como no caso de uma ordem espontânea, a situação resultante não era o objetivo pretendido das ações individuais. Uma vez que apenas as situações criadas pela vontade humana

CAPÍTULO 8 • A BUSCA DA JUSTIÇA

podem ser chamadas de justas ou injustas, as particularidades de uma ordem espontânea não podem ser justas ou injustas: se não é o resultado pretendido ou previsto da ação de alguém que *A* tenha muito e *B* pouco, isso não pode ser chamado de justo ou injusto. Veremos que aquilo que é chamado de justiça "social" ou "distributiva" é, na verdade, algo sem sentido numa ordem espontânea e só tem sentido numa organização.

A justiça e o direito

Não estamos afirmando que todas as normas de conduta justa que são de fato observadas numa sociedade sejam lei, nem que tudo o que é geralmente chamado de lei consiste em normas de conduta justa. Mais exatamente, a nossa alegação é que a lei que consiste em normas de conduta justa ocupa uma posição muito especial que não apenas torna desejável que tenha um nome distinto (como *nomos*), mas também torna importantíssimo que seja claramente diferenciada de outras prescrições chamadas de lei, de modo que, no desenvolvimento desse tipo de lei, as suas propriedades características sejam claramente observadas. A razão para isso é que, se quisermos preservar uma sociedade livre, apenas essa parte do direito que consiste em normas de conduta justa (isto é, basicamente, o direito privado e o direito penal) deve ser obrigatória e aplicada ao cidadão — seja o que for que também constitua a lei obrigatória para os membros da organização governamental. Veremos que a perda da crença num direito que atende a justiça e não a interesses particulares (ou fins particulares do governo) é, em grande medida, responsável pelo progressivo solapamento da liberdade individual.

Não precisamos nos alongar aqui sobre a questão bastante discutida sobre o que é necessário para que uma norma reconhecida de conduta justa faça jus ao nome de lei. Ainda que a maioria das pessoas hesitasse em dar esse nome a uma norma de conduta justa que, embora geralmente obedecida, não fosse imposta de modo algum, parece difícil negá-la às normas que são aplicadas por pressão social bastante eficaz, embora não organizada, ou pela exclusão do infrator de uma norma do grupo.[3] É evidente que há uma transição gradual dessa situação para aquela que consideramos um sistema jurídico maduro, em que organizações deliberadamente criadas são encarregadas da aplicação e modificação dessa lei primária. Claro que as normas que regem essas organizações fazem parte do direito público e, como o

DIREITO, LEGISLAÇÃO E LIBERDADE

próprio governo, são sobrepostas às normas primárias com o objetivo de torná-las mais eficazes.

Mas se, em contraposição ao direito público, o direito privado e o direito penal visam estabelecer e fazer cumprir normas de conduta justa, isso não significa que cada uma das normas distintas em que os direitos privado e penal estão expressos seja, em si mesma, uma norma de conduta justa, mas apenas que o sistema como um todo[4] serve para determinar essas normas. Todas as normas de conduta justa devem se referir a certos estados de coisas; e muitas vezes é mais conveniente definir por meio de normas distintas esses estados de coisas aos quais determinadas normas de conduta se referem do que repetir essas definições em cada norma referente a tal estado. Os domínios individuais que as normas de conduta justa protegem deverão ser mencionados repetidas vezes, e a maneira pela qual esses domínios são adquiridos, transferidos, perdidos e delimitados será utilmente expressa de uma vez por todas em normas cuja função será apenas servir como pontos de referência para normas de conduta justa. Todas as normas que expressam as condições sob as quais a propriedade pode ser adquirida e transferida, contratos ou testamentos válidos podem ser feitos, ou outros "direitos" ou "poderes" podem ser adquiridos e perdidos, servem simplesmente para definir as condições em que o direito garantirá a proteção das normas de conduta aplicáveis. O seu objetivo é tornar identificáveis os estados de coisas pertinentes e assegurar que as partes se entendam ao assumir obrigações. Se uma forma que o direito prescreve para uma transação for omitida, isso não significa que uma norma de conduta justa foi infringida, mas sim que não será garantida a proteção de certas normas de conduta justa que teria sido garantida se a forma tivesse sido observada. Situações tais como "propriedade" não têm significado a não ser mediante normas de conduta justa referentes a elas; se deixadas de lado essas normas de conduta justa relativas à propriedade, nada restará dela.

Em geral, normas de conduta justa são proibições de conduta injusta

Vimos anteriormente (Capítulo 5) como, a partir do processo de extensão gradual das normas de conduta justa a círculos de pessoas que não compartilham nem têm conhecimento dos mesmos fins particulares, desenvolveu-se um tipo

CAPÍTULO 8 • A BUSCA DA JUSTIÇA

de norma geralmente designado como "abstrato". No entanto, este termo será apropriado apenas se não for usado no sentido estrito em que é empregado na lógica. Uma norma aplicável apenas a pessoas cujas impressões digitais apresentam um padrão específico, definível por uma fórmula algébrica, seria, sem dúvida, uma norma abstrata no sentido em que este termo é usado na lógica. Porém, como a experiência nos ensinou que todo indivíduo é singularmente identificado pelas suas impressões digitais, essa norma só se aplicaria, de fato, a um indivíduo determinável. O que se quer dizer com o termo "abstrato" se expressa numa clássica fórmula jurídica que afirma que a norma deve se aplicar a um número desconhecido de situações futuras.[5] Nesse caso, a teoria jurídica considerou necessário reconhecer explicitamente a nossa inevitável ignorância das circunstâncias específicas que desejamos que utilizem aqueles que tomarem conhecimento delas.

Já indicamos anteriormente que essa referência a um número desconhecido de situações futuras está estreitamente relacionada a algumas outras propriedades das normas que passaram pelo processo de generalização, especificamente o fato de que essas normas são quase todas negativas no sentido de que proíbem em vez de prescreverem tipos específicos de ações,[6] que fazem isso para proteger domínios determináveis nos quais cada indivíduo tem liberdade para agir como quiser,[7] e que a posse desse caráter por uma norma particular pode ser verificada aplicando-lhe uma prova de generalização ou universalização. Procuraremos mostrar que essas são todas características necessárias das normas de conduta justa que constituem o fundamento de uma ordem espontânea, mas não se aplicam às normas organizacionais que compõem o direito público.[8]

Que praticamente todas as normas de conduta justa sejam negativas no sentido de que não costumam impor deveres positivos a ninguém, a menos que alguém tenha contraído esses deveres pelas suas próprias ações, é uma característica que tem sido apontada repetidas vezes como se fosse uma nova descoberta, mas praticamente nunca foi investigada de forma sistemática.[9] Ela se aplica à maioria das normas de conduta, mas não sem exceção. Algumas partes do direito de família impõem deveres que não resultam de uma ação deliberada (como os deveres dos filhos em relação aos pais), mas de uma posição em que o indivíduo foi colocado por circunstâncias fora do seu controle. E existem alguns outros casos bastante excepcionais em que uma pessoa é considerada pelas normas de conduta justa como tendo sido colocada pelas circunstâncias numa comunhão próxima e particular com algumas outras pessoas, contraindo, em consequência, um dever específico para com elas. É significativo que o direito consuetudinário inglês pareça conhecer apenas um desses casos, especificamente o caso do socorro em situações de perigo em alto-mar.[10] A legislação moderna tende a ir mais longe e, em alguns países, impôs deveres positivos de ação para preservar a vida quando isso está no poder de uma determinada pessoa.[11] No futuro, pode ser que ocorram novos desenvolvimentos nessa direção, mas eles provavelmente permanecerão limitados por causa da grande dificuldade de especificar por meio de uma norma geral a quem cabe tal dever. Neste momento, de qualquer forma, as normas de conduta justa que requerem ação positiva continuam a ser raras exceções, limitadas a casos em que contingências colocaram temporariamente pessoas em estreita comunhão com outras. Não vamos errar muito se, para os nossos propósitos, tratarmos todas as normas de conduta justa como de caráter negativo.

Que tenham se tornado assim é um efeito necessário do processo de extensão das normas para além da comunidade que pode compartilhar, ou até conhecer, os mesmos propósitos.[12] As normas que são independentes de fins, no sentido de que não se limitam a pessoas que vão atrás de propósitos específicos designados, também nunca podem determinar plenamente uma ação específica, mas apenas limitar a variedade de tipos de ação permitidos e deixar que a decisão no tocante à ação específica seja tomada pelo agente em função dos seus fins. Já vimos que isso leva à limitação das normas a proibições de ações em relação aos outros que tendem a prejudicá-los, e que isso só pode ser alcançado mediante normas que definem um domínio dos indivíduos (ou grupos organizados) no qual os outros não podem interferir.

Também vimos que as normas de conduta não podem simplesmente proibir todas as ações prejudiciais a outras pessoas. Comprar ou não de uma determinada pessoa e lhe prestar ou não determinado serviço é parte fundamental da nossa liberdade; mas se decidimos não comprar de uma pessoa ou não prestar serviço a outra, podemos causar grande dano se os afetados contavam com a nossa preferência ou com os nossos serviços; e ao nos desfazermos do que é nosso — uma árvore do nosso jardim ou a fachada da nossa casa — podemos privar o nosso vizinho de algo que tem grande valor sentimental para ele. As normas de conduta não conseguem proteger todos os interesses, nem sequer aqueles que são de grande importância para alguém, mas apenas as chamadas expectativas "legítimas", ou seja, expectativas que as normas definem e que as normas jurídicas podem não raro ter criado.[13]

CAPÍTULO 8 • A BUSCA DA JUSTIÇA

Desse modo, a principal função das normas de conduta justa é dizer a cada um aquilo com o que pode contar, que objetos materiais ou serviços pode usar em favor dos seus propósitos e qual é a sua variedade disponível de ações. Elas não podem, se quiserem assegurar a todos a mesma liberdade de decisão, proporcionar garantia semelhante em relação ao que os outros farão, a menos que estes outros tenham consentido voluntariamente e em prol dos seus próprios propósitos em agir de uma determinada maneira.

Desse modo, as normas de conduta justa delimitam domínios protegidos, não atribuindo diretamente coisas específicas a determinadas pessoas, mas possibilitando deduzir a partir de fatos determináveis a quem pertencem coisas específicas. Embora isso tivesse sido esclarecido de uma vez por todas por David Hume e Immanuel Kant,[14] muitos livros se basearam na suposição errônea de que "a lei confere a cada pessoa um conjunto inteiramente singular de liberdades em relação ao uso de bens materiais e impõe a cada pessoa um conjunto singular de restrições relativamente a isto. (...) No que concerne aos atos que envolvem o uso das coisas que possuo, a lei me favorece acima de qualquer outra pessoa".[15] Essa interpretação deixa escapar completamente o objetivo das normas abstratas de conduta justa.

Na verdade, o que as normas de conduta fazem é dizer sob que condições essa ou aquela ação está dentro dos limites do permissível; mas deixam aos indivíduos sujeitos a essas normas a criação do seu próprio domínio protegido. Ou, em termos jurídicos, as normas não conferem direitos a pessoas específicas, mas estabelecem as condições sob as quais esses direitos podem ser adquiridos. Qual será o domínio de cada um dependerá, em parte, das suas ações e, em parte, dos fatos fora do seu controle. As normas servem apenas para permitir que cada um deduza, do fato que pode verificar, os limites do domínio protegido que ele e os demais conseguiram delimitar para si mesmos.[16]

Como as consequências da aplicação das normas de conduta justa sempre dependerão das circunstâncias factuais não determinadas por essas normas, não podemos avaliar a justiça da aplicação de uma norma pelo resultado que produzirá num caso específico. A esse respeito, o que foi dito corretamente em relação à ideia de John Locke sobre a justiça da concorrência, especificamente que "o que importa é a maneira pela qual a concorrência é levada adiante, e não o seu resultado",[17] é geralmente verdadeiro quanto à concepção liberal de justiça e do que a justiça pode obter numa ordem espontânea. Que seja possível que alguém, por meio de uma única transação justa, ganhe muito, e de que outro, mediante uma transação igualmente

DIREITO, LEGISLAÇÃO E LIBERDADE

justa, perca tudo, não invalida,[18] de modo algum, a justiça dessas transações. A justiça não se ocupa daquelas consequências não pretendidas de uma ordem espontânea que não foram deliberadamente produzidas por alguém.[19]

Desse modo, as normas de conduta justa servem meramente para evitar conflitos e facilitar a cooperação por meio da eliminação de certas fontes de incerteza. Porém, como visam permitir que cada indivíduo atue segundo os seus próprios planos e decisões, não podem eliminar totalmente a incerteza. Elas só podem gerar certeza na medida em que protegem os meios contra a interferência dos outros e, assim, permitem que o indivíduo trate esses meios como estando à sua disposição. Mas não lhe podem assegurar sucesso no uso desses meios, nem mesmo quando o sucesso depende somente de fatos materiais, nem quando depende das ações que ele espera dos outros. Por exemplo, não lhe podem assegurar que ele será capaz de vender pelo preço esperado o que tem a oferecer, nem comprar o que quer.

Não apenas as normas de conduta justa como também a prova da sua justiça são negativas

Como na extensão das normas da sociedade tribal voltada para fins (ou teleocracia) para a sociedade aberta voltada para normas (ou nomocracia), essas normas devem progressivamente se livrar da sua dependência de fins concretos e, ao passar por essa prova, tornar-se gradualmente abstratas e negativas, assim também o legislador que empreende a formulação das normas para uma Grande Sociedade deve submeter à prova da universalização o que deseja aplicar a tal sociedade. A concepção de justiça como a entendemos, isto é, o princípio de tratar todos de acordo com as mesmas normas, surgiu apenas gradualmente no decurso desse processo; tornou-se, então, o guia da aproximação progressiva a uma Sociedade Aberta de indivíduos livres e iguais perante a lei. Julgar as ações por meio de normas, e não mediante resultados específicos, foi o passo que viabilizou a Sociedade Aberta. Foi o recurso que o homem encontrou por acaso para superar a ignorância de cada indivíduo de grande parte dos fatos específicos que determinam a ordem concreta de uma Grande Sociedade.

Portanto, a justiça não é decididamente uma equilibração de interesses particulares em jogo num caso concreto, ou mesmo de interesses de classes determináveis de pessoas; tampouco visa produzir um estado de coisa

52

CAPÍTULO 8 • A BUSCA DA JUSTIÇA

específico que seja considerado justo. Ela não se ocupa dos resultados que uma ação particular produzirá efetivamente. A observância de uma norma de conduta costumará ter consequências não pretendidas que, se deliberadamente provocadas, seriam consideradas injustas. E com frequência a preservação de uma ordem espontânea requer mudanças que seriam injustas se fossem determinadas pela vontade humana.

Talvez devesse ser salientado aqui que numa sociedade de pessoas oniscientes não haveria lugar para uma concepção de justiça: cada ação teria que ser julgada como um meio de produção de efeitos conhecidos e, presumivelmente, a onisciência incluiria o conhecimento da importância relativa dos diferentes efeitos. Como todas as abstrações, a justiça é uma adaptação à nossa ignorância — à nossa permanente ignorância de fatos específicos que nenhum progresso científico pode suprimir completamente. É tanto porque nos falta o conhecimento de uma hierarquia comum da importância dos fins particulares de diferentes indivíduos como porque nos falta o conhecimento de fatos particulares que a ordem da Grande Sociedade deve ser gerada pela observância das normas abstratas e independentes de fins.

A prova pela qual passaram as normas de conduta justa no processo da sua evolução para se tornarem gerais (e usualmente negativas) é em si uma prova negativa que torna necessária uma reformulação gradual dessas normas, de modo a eliminar todas as referências a fatos ou efeitos particulares que não possam ser conhecidos por aqueles que devem obedecer às normas. Podem passar por essa prova apenas as normas independentes de fins e que se referem somente aos fatos que aqueles que a elas devem obedecer podem conhecer ou verificar de imediato.

Assim, as normas de conduta justa são determinadas não pela "vontade" ou pelo "interesse", ou por qualquer objetivo semelhante em resultados específicos, mas se desenvolvem por meio de um esforço persistente (a *"constans et perpetua voluntas"* de Ulpiano)[20] para trazer coerência a um sistema de normas herdado por cada geração. O legislador que deseja encaixar no sistema existente novas normas do mesmo tipo das que tornaram possível a Sociedade Aberta deve submetê-las a essa prova negativa. Atuando sobre e no interior desse sistema, e diante da tarefa de aperfeiçoar a função de uma ordem existente de ações, o legislador terá, em geral, pouca escolha de qual norma formular.

A aplicação persistente da prova negativa de universalizabilidade, ou a necessidade de compromisso com a aplicação universal das normas formuladas, e o empenho para modificar e suplementar as normas existentes de modo a eliminar todo conflito entre elas (ou com princípios de justiça ainda não enunciados, mas de aceitação geral) podem, com o tempo, gerar uma transformação completa de todo o sistema. Porém, embora a prova negativa nos ajude a selecionar ou modificar um dado conjunto de normas, nunca nos fornecerá uma razão positiva para o todo. É irrelevante saber (e, é claro, normalmente não se sabe) de que sistema inicial de normas essa evolução teve início; e é bem possível que um tipo de sistema de tais normas seja muito mais eficaz do que todos os outros na produção de uma ordem abrangente para uma Grande Sociedade que, em consequência das vantagens resultantes de todas as mudanças feitas rumo a essa ordem, pode ocorrer em sistemas com começos muito diferentes — um processo que corresponde ao que os biólogos chamam de "evolução convergente". "As necessidades da sociedade humana"[21] podem gerar o surgimento independente, em épocas e lugares muito distintos, do mesmo tipo de sistema, como aquele baseado na propriedade privada e no contrato. Com efeito, parece que onde quer que tenha surgido uma Grande Sociedade, ela foi viabilizada por um sistema de normas de conduta justas que incluía o que David Hume chamou de "as três leis fundamentais da natureza: *a da estabilidade de propriedade, a de sua transferência por consentimento* e *a do cumprimento de promessas*,[22] ou como um autor contemporâneo resume o conteúdo fundamental de todos os sistemas contemporâneos de direito privado: "(...) a liberdade contratual, a inviolabilidade da propriedade e o dever de indenizar o outro pelo dano causado por culpa própria".[23]

Desse modo, aqueles a quem é confiada a tarefa de enunciar, interpretar e desenvolver o conjunto existente de normas de conduta justa sempre terão que encontrar respostas para problemas definidos, e não impor a sua vontade irrestrita. Podem ter sido escolhidos originalmente porque se acreditava que eram mais propensos a formular normas que satisfariam o senso geral de justiça e se ajustariam ao sistema geral de normas existentes. Ainda que a ingênua interpretação construtivista da origem das instituições sociais tenda a supor que as normas jurídicas devem ser produto da vontade de alguém, isso é, na realidade, contrário à evolução real e tão mítico quanto a origem da sociedade a partir de um contrato social. Aqueles a quem se confiava a formulação de normas não recebiam poder ilimitado para inventar quaisquer normas que considerassem adequadas. Foram escolhidos porque tinham mostrado capacidade de encontrar formulações que satisfaziam aos demais e se provavam viáveis. É verdade que o seu sucesso muitas vezes os colocava numa posição que lhes permitia manter a confiança quando já não

CAPÍTULO 8 • A BUSCA DA JUSTIÇA

a mereciam ou preservar o seu poder sem a confiança. Isso não altera o fato de que obtinham a sua autoridade a partir da sua suposta capacidade de pôr em prática o que era exigido por um tipo aceito de ordem e de descobrir o que seria considerado justo. Em suma, obtinham a sua autoridade a partir da sua suposta capacidade de descobrir a justiça, e não de criá-la.

Assim, a missão de desenvolver um sistema jurídico é uma tarefa intelectual de grande dificuldade que não pode ser desempenhada sem que se considerem certas normas como dadas e sem que se mova no âmbito do sistema determinado por elas. É uma tarefa que pode ser desempenhada com maior ou menor sucesso, mas que normalmente não deixará aqueles a quem ela é confiada livres para seguir a própria vontade. Assemelha-se mais à busca da verdade do que à construção de um novo edifício. No esforço de desemaranhar e conciliar um complexo de normas não expressas e transformá-lo num sistema de normas explícitas, muitas vezes se encontrarão conflitos entre valores aceitos. De vez em quando, será necessário rejeitar algumas normas aceitas em função de princípios mais gerais. O princípio norteador sempre será o de que a justiça — isto é, a norma de aplicação geral — deve prevalecer sobre o desejo particular (ainda que talvez também sentido pela maioria).

Ainda que o nosso senso de justiça forneça em geral o ponto de partida, o que ele nos diz acerca de um caso particular não é uma prova infalível ou definitiva. Esse nosso senso de justiça pode estar errado, e isso pode ser provado. Embora a justificativa do nosso sentimento subjetivo de que alguma norma é justa deva ser que estamos dispostos a nos comprometer a aplicá-la universalmente, isso não exclui a possibilidade de que possamos vir a descobrir posteriormente casos em que, se não tivéssemos nos comprometido, teríamos desejado não aplicar a norma, e casos em que descobrimos que aquilo que consideráramos bastante justo na verdade não o é; situações em que podemos ser forçados a alterar a norma para o futuro. Essa demonstração de conflito entre o sentimento intuitivo de justiça e normas que também desejamos preservar pode muitas vezes nos forçar a reavaliar a nossa opinião.

Teremos mais adiante que considerar mais detalhadamente as mudanças nas normas reconhecidas necessárias à preservação da ordem geral se as normas de conduta justa devem ser as mesmas para todos. Então, veremos que, em muitos casos, os efeitos que nos parecem injustos podem ainda ser justos no sentido de serem as consequências necessárias das ações justas de todos os envolvidos. Na ordem abstrata em que vivemos e à qual devemos grande parte das vantagens da civilização, o que nos deve orientar é,

DIREITO, LEGISLAÇÃO E LIBERDADE

portanto, em última instância, o nosso intelecto, e não a percepção intuitiva do que é bom. Sem dúvida, os nossos juízos morais atuais ainda contêm camadas ou estratos derivados de fases anteriores da evolução das sociedades humanas — da pequena horda à tribo organizada, dos grupos ainda maiores de clãs e dos outros passos sucessivos rumo à Grande Sociedade. E embora algumas normas ou opiniões que emergem em fases posteriores possam realmente pressupor a aceitação contínua das normas ou opiniões anteriores, outros elementos novos podem conflitar com alguns daqueles de origens anteriores que ainda persistem.

A importância do caráter negativo da prova de injustiça

Embora não tenhamos critérios positivos de justiça, o fato de termos critérios negativos que nos mostrem o que é injusto é muito importante sob diversos aspectos. Em primeiro lugar, isso significa que, apesar de o esforço para eliminar o injusto não ser uma base suficiente para a construção de um sistema jurídico totalmente novo, pode ser um guia adequado para o desenvolvimento de uma jurisprudência existente com o propósito de torná-la mais justa. Nessa iniciativa para o desenvolvimento de um conjunto de normas, aceitas, em sua maioria, pelos membros da sociedade, também existirá, portanto, uma prova "objetiva" do que é injusto ("objetiva" no sentido de ser válida interpessoalmente, mas não no de ser universal — porque só será válida para aqueles outros membros da sociedade que aceitam a maioria das suas outras normas). Essa prova de injustiça pode ser suficiente para nos dizer em que direção devemos desenvolver um sistema jurídico consagrado, ainda que seja insuficiente para nos permitir a construção de um sistema jurídico totalmente novo.

Deve-se mencionar que foi apenas no sentido dessa prova negativa, a ser aplicada no desenvolvimento de um sistema jurídico consagrado, que, em sua filosofia do direito, Immanuel Kant empregou o princípio do imperativo categórico. Isso costuma passar despercebido porque, em sua teoria da moral, ele usou o princípio como se fosse uma premissa adequada a partir da qual todo o sistema de normas morais poderia ser derivado dedutivamente. No que concerne à sua filosofia do direito, Kant tinha plena consciência de que o imperativo categórico fornecia apenas uma condição de justiça necessária, mas não suficiente, ou simplesmente o que chamamos de prova negativa,

56

CAPÍTULO 8 • A BUSCA DA JUSTIÇA

o que nos permite eliminar progressivamente o que é injusto, especificamente a prova de universalizabilidade. Ele também viu com maior clareza que a maioria dos filósofos do direito posteriores que, em consequência de passarem por essa prova, "as normas jurídicas [devem] se abstrair totalmente dos nossos fins; são basicamente princípios negativos e limitantes que simplesmente restringem o nosso exercício de liberdade".[24]

É significativo que exista um estreito paralelo entre esse tratamento das normas de justiça como proibições e como sujeitas a uma prova negativa e o moderno desenvolvimento da filosofia da ciência, sobretudo por Karl Popper,[25] que trata as leis naturais como proibições e considera a sua prova o fracasso dos persistentes esforços de falseabilidade — uma prova que, em última instância, também mostra ser uma prova de coerência interna de todo o sistema. As posições nos dois campos são análogas também no fato de que sempre podemos nos esforçar para nos aproximar da verdade ou da justiça eliminando persistentemente o falso ou injusto, mas nunca podemos ter certeza de que alcançamos a verdade ou a justiça final.

De fato, parece que, assim como não podemos acreditar no que queremos, ou considerar verdadeiro o que queremos, também não podemos considerar justo o que queremos. Embora o nosso desejo de que algo seja considerado justo possa anular por muito tempo a nossa razão, há necessidades de pensamento em relação às quais esse desejo é impotente. Ainda que eu possa me convencer por raciocínio espúrio de que algo que eu desejaria que fosse justo realmente o é, se é assim tão claro não é uma questão de vontade, mas sim da razão. Não será apenas a opinião contrária dos outros que me impedirá de considerar justo o que de fato não é, nem algum forte sentimento despertado em mim por determinada questão, mas sim a necessidade de coerência sem a qual o pensamento se tornaria impossível. Isso me impelirá a pôr à prova a minha crença na justiça de determinado ato mediante a compatibilidade da norma pela qual julgo isso com todas as outras normas nas quais também acredito.

A crença contrária, de que os critérios objetivos da justiça devem ser critérios positivos, teve historicamente grande influência. O liberalismo clássico dependia da crença na justiça objetiva. No entanto, o positivismo jurídico conseguiu demonstrar que não há critérios positivos de justiça, e daí tirou a falsa conclusão de que não poderia haver quaisquer critérios objetivos de justiça. De fato, em grande medida, o positivismo jurídico é fruto dessa falta de esperança de se encontrarem quaisquer critérios objetivos de justiça.[26] Da

57

DIREITO, LEGISLAÇÃO E LIBERDADE

aparente impossibilidade de fazê-lo, concluiu que todas as questões de justiça eram unicamente uma questão de vontade, de interesses ou de emoções. Se isso fosse verdade, toda a base do liberalismo clássico desmoronaria.[27]

No entanto, a conclusão positivista só foi alcançada por meio da suposição tácita, mas errônea, de que os critérios objetivos de justiça devem ser critérios positivos, isto é, premissas das quais todo o sistema de normas de conduta justa poderia ser logicamente deduzido. Porém, se não insistirmos que a prova de justiça deve nos permitir construir todo um sistema de novas normas de conduta justa, e nos contentarmos em aplicar persistentemente a prova negativa de injustiça às partes de um sistema herdado, cuja maior parte das normas possui aceitação universal, poderemos aceitar a alegação do positivismo de que não existem critérios positivos de justiça; apesar disso, poderemos ainda sustentar que o desenvolvimento adicional das normas de conduta justa não é uma questão de vontade arbitrária, mas sim de necessidade interna, e que as soluções para os problemas de justiça em aberto são descobertas, e não arbitrariamente decretadas. O fato de não existirem critérios positivos de justiça não deixa a vontade irrestrita como única alternativa. Podemos ainda ser obrigados pelo senso de justiça a desenvolver o sistema existente de uma determinada maneira e ser capazes de demonstrar que devemos alterar normas específicas de algum modo para eliminar a injustiça.

O positivismo jurídico se tornou uma das principais forças que destruíram o liberalismo clássico porque este pressupõe uma concepção de justiça independente da conveniência de alcançar determinados resultados. O positivismo jurídico, como as demais formas de pragmatismo construtivista de um William James,[28] John Dewey[29] ou Vilfredo Pareto,[30] é, portanto, profundamente antiliberal no sentido original da palavra, embora as suas concepções tenham se tornado os fundamentos do pseudoliberalismo que, no decorrer da última geração, apropriou-se indevidamente do nome.

A ideologia do positivismo jurídico

Como existe alguma incerteza acerca do significado preciso da expressão "positivismo jurídico", e como a expressão é atualmente usada em diversos sentidos,[31] será útil começar o exame dessa doutrina com uma análise do significado original da expressão "direito positivo". Veremos que a ideia contida

CAPÍTULO 8 • A BUSCA DA JUSTIÇA

nessa expressão, a de que apenas a lei deliberadamente feita é uma lei real, ainda constitui o cerne da doutrina positivista da qual dependem todas as suas outras asserções.

Como já vimos,[32] o uso do termo "positivo" em relação ao direito deriva do latim, que traduziu por *positus* (isto é, "estabelecido") ou *positivus* o termo grego *thesei*, que designava o que era criação deliberada de uma vontade humana, em contraposição ao que não tivesse sido assim inventado, mas tivesse surgido *physei*, ou seja, naturalmente. Inequivocamente, encontramos essa ênfase na criação deliberada de todo o direito pela vontade humana no início da história moderna do positivismo jurídico, na expressão *"non veritas sed auctoritas facit legem"*,[33] de Thomas Hobbes, e em sua definição da lei como "a prescrição daquele que dispõe de poder legislativo".[34] Raramente foi expressa mais cruamente do que por Jeremy Bentham, o qual sustentou que "toda a jurisprudência (...) se distingue em dois ramos, um deles composto de disposições que foram realmente feitas — por mãos universalmente reconhecidas como devidamente autorizadas e competentes para fazer essas disposições. (...) Esse ramo do direito pode ser distinguido (...) pelo nome de direito *verdadeiro*, direito realmente existente, direito feito pelo legislador; no caso do governo inglês, ele é distinguido pelo nome de direito *estatutário*. (...) As disposições supostamente feitas pelo outro ramo (...) podem ser distinguidas pelas denominações de irreais, não realmente existentes, imaginárias, fictícias, espúrias, direito criado pelo juiz. Sob o governo inglês, a divisão é distinguida pelos nomes inexpressivos, não característicos e inapropriados de direito *consuetudinário* [*common law*] e direito *não escrito* [*unwritten law*].[35] Foi de Bentham que John Austin derivou a sua concepção de que "todo o direito é formulado por um ser inteligente" e que "não pode haver lei sem um ato legislativo".[36] Essa alegação fundamental do positivismo é igualmente essencial à sua forma contemporânea mais desenvolvida, a versão de Hans Kelsen, que sustenta que "as normas que prescrevem o comportamento humano só podem emanar da vontade humana, não da razão humana".[37]

Na medida em que pretende afirmar que o *conteúdo* de todas as normas jurídicas foi deliberadamente criado por um ato de vontade, essa é simplesmente uma expressão ingênua da falácia construtivista e, como tal, factualmente falsa. No entanto, há uma ambiguidade fundamental na alegação de que o legislador "determina" o que deve ser lei — ambiguidade que ajuda os positivistas a escapar de algumas conclusões que mostrariam de maneira

DIREITO, LEGISLAÇÃO E LIBERDADE

muito evidente o caráter fictício da sua suposição básica.[38] A alegação de que o legislador determina o que deve ser lei pode significar simplesmente que ele instrui os agentes que aplicam a lei como eles devem proceder para descobrir o que é a lei. Num sistema jurídico maduro, em que uma única organização detém o monopólio da aplicação das leis, o chefe dessa organização (e que, hoje em dia, é o legislador) deve dar claramente essas instruções aos órgãos da organização que ele instituiu. Entretanto, isso não implica necessariamente que o legislador determine o *conteúdo* da lei, ou precise mesmo saber qual é esse conteúdo. O legislador pode instruir os tribunais a manterem o direito comum e não ter a menor ideia do seu conteúdo. Pode instruir os tribunais a aplicarem normas consuetudinárias, leis nativas ou a observância da boa-fé ou equidade — todas elas instâncias em que o conteúdo da lei a ser aplicada certamente não foi criado pelo legislador. É um abuso das palavras afirmar que, em tais casos, a lei expressa a vontade do legislador. Se o legislador apenas informa aos tribunais como proceder para descobrir o que é a lei, isso por si só nada nos diz sobre como o conteúdo dessa lei é determinado. No entanto, os positivistas parecem acreditar que, quando estabeleceram que a primeira situação é verdadeira em todos os sistemas jurídicos maduros, demonstraram que é a vontade do legislador que determina o conteúdo da lei. Desta conclusão resultam quase todos os princípios característicos do positivismo.

É evidente que, no referente às normas jurídicas de conduta justa, e em particular ao direito privado, a afirmação do positivismo jurídico de que o seu conteúdo é sempre uma expressão da vontade do legislador é simplesmente falsa. Isso, é claro, foi demonstrado repetidas vezes pelos historiadores do direito privado e, sobretudo, do direito comum.[39] Ela é necessariamente verdadeira apenas em relação às normas organizacionais que constituem o direito público, sendo significativo que quase todos os principais positivistas jurídicos modernos tenham sido publicistas e, além disso, geralmente socialistas — homens de organização, isto é, que consideram a ordem apenas como organização, e para quem toda a demonstração dos pensadores do século XVIII de que as normas de conduta justa podem levar à formação de uma ordem espontânea parece ter sido perdida.

Por isso, o positivismo procurou obliterar a distinção entre normas de conduta justa e normas organizacionais, insistindo que tudo que é atualmente chamado de lei possui o mesmo caráter e, em particular, que a concepção de justiça não tem nada a ver com a determinação do que é a lei. Da ideia de

60

que não há critérios positivos de justiça concluíram por engano que não pode haver prova objetiva de justiça, seja qual for (e, além disso, consideram a justiça não como uma questão de conduta justa, mas como um problema de justiça distributiva); e que, como Gustav Radbruch expressou de forma reveladora, "se ninguém consegue avaliar o que é justo, alguém deve determinar o que deve ser legal".[40]

Depois de demonstrar sem dificuldade que a parte do direito em que estão principalmente interessados — especificamente, o direito referente à organização governamental ou o direito público — não tem nada a ver com a justiça, os positivistas começaram a afirmar que isso deve ser verdade em relação a tudo o que costuma ser chamado de direito, incluindo o direito que atende à manutenção de uma ordem espontânea. Nesse caso, ignoram completamente o fato de que as normas necessárias para manter uma ordem espontânea em funcionamento e as normas que regem uma organização apresentam funções cem por cento diferentes. No entanto, a existência de um direito privado mais lhes parece uma anomalia fadada a desaparecer. Para Radbruch, é explicitamente "uma esfera de livre iniciativa temporariamente reservada e em constante decréscimo no âmbito do abrangente direito público";[41] e para Hans Kelsen, "todas as leis genuínas" são prescrições condicionais aos funcionários para aplicação de sanções.[42] Sob a influência dos positivistas, estamos de fato nos aproximando dessa situação: a deles está se tornando uma espécie de profecia autorrealizável.

A insistência positivista de que tudo o que — em consequência de um determinado desenvolvimento histórico — é agora *chamado* de "lei" deve ter o mesmo caráter leva à pretensão de que o teórico deve dar à palavra "lei" uma definição única que inclua todos os casos em que ela é aplicada, e que tudo o que satisfaz essa definição seja aceito como lei para todos os propósitos. Contudo, depois que os homens lutaram durante séculos pelo que consideravam uma "ordem legal", querendo dizer com isso não qualquer ordem imposta pela autoridade, mas uma ordem constituída como resultado da obediência dos indivíduos a normas universais de conduta justa; depois que o termo "direito" determinou, também durante séculos, o significado dos ideais políticos como o estado de direito, o *Rechtsstaat*, a separação dos poderes e a concepção muito mais antiga do direito como salvaguarda de liberdade individual, e serviu em documentos constitucionais para limitar a maneira pela qual os direitos fundamentais podem ser restringidos — não podemos, para não tornar um contrassenso um dos determinantes da civilização ocidental, como Humpty Dumpty ou o professor Glanville Williams,[43] insistir que "quando uso uma palavra, ela significa exatamente o que quero que signifique — nem mais nem menos!".[44] Pelo menos, devemos reconhecer que em certos contextos, incluindo os jurídicos, a palavra "lei" possui um significado bastante específico, diferente daquele em que é utilizada em outros contextos, e que aquilo que é chamado de lei nesse sentido específico pode diferir em origem, atributos, funções e possível conteúdo de alguns outros enunciados também chamados de "lei".

No entanto, a definição de lei como produto da vontade do legislador leva não só à inclusão em "lei" de todas as expressões da vontade do legislador, independentemente do seu conteúdo ("A lei pode ter o conteúdo que for"[45]), mas também a concepção de que conteúdo não constitui distinção significativa entre diferentes enunciados chamados de lei e, em particular, que a justiça não pode, em nenhum sentido, ser um determinante do que de fato é lei, mas que é antes a lei que determina o que é justo. Ao contrário da tradição mais antiga que considerava a justiça como anterior ao direito,[46] e pelo menos certas partes do direito como limitadas por concepções de justiça, a alegação de que o legislador era o criador da justiça se tornou o princípio mais característico do positivismo jurídico. Da frase de Thomas Hobbes — "nenhuma lei pode ser injusta"[47] — à de Hans Kelsen — "justo é apenas outra palavra para legal ou legítimo"[48] —, os esforços dos positivistas foram invariavelmente direcionados para desacreditar a concepção de justiça como um guia para determinar o que é o direito.

A "teoria pura do direito"

Essa alegação básica do positivismo jurídico implica claramente a afirmação não apenas de que o legislador que institui tribunais deve indicar como estes precisam determinar a lei, mas de que o legislador cria o *conteúdo* dessa lei e, ao fazê-lo, possui total liberdade de ação. Na forma mais desenvolvida do positivismo jurídico, a "teoria pura do direito", de Hans Kelsen, esse resultado parece plausível pelo uso persistente, e bastante enganoso, das palavras num sentido especial e incomum que, evidentemente, tornou-se tão habitual entre os adeptos dessa escola que eles já não têm consciência disso.

Em primeiro lugar, e o mais importante, a fim de satisfazer a relação entre "lei" e "norma", Kelsen substitui o termo *rule* [regra] pelo termo *norm* [norma], e então, violentando a linguagem,[49] usa o último termo para abarcar o que chama de "normas individuais", isto é, cada imperativo e cada declaração de dever. Em segundo lugar, usa o termo "ordem" não em relação a um estado factual de coisas, mas em relação às "normas" que prescrevem uma determinada disposição,[50] negando assim a si mesmo a percepção de que algumas normas de conduta, mas apenas algumas, induzirão, em certas circunstâncias, a formação de uma ordem que, por essa razão, deve ser distinguida de outras normas.[51] Em terceiro lugar, o termo "existência" é usado como sinônimo de "validade" em relação a uma norma, e a "validade" é definida como logicamente dedutível de algum ato de vontade da autoridade suprema, ou a "norma básica".[52] Em quarto e último lugar, usa os termos "criar", "estabelecer" ou "propor" (*erzeugen* ou *setzen*) para incluir tudo o que é "constituído por atos humanos",[53] de modo que não apenas os produtos do desígnio humano como também produções espontâneas como as regras da língua, da moral ou da etiqueta devam ser consideradas "normas estabelecidas, isto é, positivas".[54]

Esses dois últimos usos produzem juntos uma *dupla* ambiguidade. A afirmação de que a norma surgiu de uma maneira específica pode significar *não só* que o seu conteúdo foi formado de uma maneira particular especificada *ou* que se conferiu validade de uma determinada maneira a uma norma existente; *também* pode significar que esse conteúdo foi inventado deliberadamente por um processo racional *ou* que ele é "resultado da ação humana, mas não do desígnio humano" (isto é, "natural" em um dos sentidos em que a palavra foi utilizada no passado).

Excederia o escopo deste livro examinar a curiosa alegação de que a "teoria pura do direito" é uma "ciência normativa", ou o significado dessa expressão.[55] Evidentemente, não se trata de uma ciência factual empírica; pode pretender, no máximo, ser uma ciência no sentido em que a lógica ou a matemática são ciências. O que de fato faz é apenas desenvolver as consequências da sua definição de "lei", da qual se conclui que a "existência" de uma norma é o mesmo que a sua "validade", e que essa validade é determinada por sua derivabilidade lógica a partir de uma "norma básica" — ainda que o elemento factual da "eficácia" de todo o sistema de normas ao qual pertence também seja introduzido de modo nunca explicado de forma satisfatória. Essa definição do conceito de lei é postulada como a única definição possível e significativa, e ao retratar como "cognição" o que são apenas as consequências da definição adotada, a "teoria pura" alega ter o direito de negar (ou apresentar como absurdos) enunciados em que o termo "lei" é utilizado em um sentido diferente e mais restrito. Em particular, isso se aplica à importante afirmação de que nenhuma distinção pode ser traçada entre um sistema jurídico em que prevalece o estado de direito (ou o governo nos termos do direito, ou o *Rechtsstaat*) e aqueles em que esse não é o caso, e que, portanto, qualquer ordem jurídica, mesmo aquela em que os poderes da autoridade são totalmente ilimitados, é um exemplo de estado de direito.[56]

As conclusões tiradas de uma definição nunca conseguem nos dizer nada acerca do que é verdadeiro em relação a objetos particulares observáveis no mundo dos fatos. No entanto, a insistência de que o termo "lei" deve ser utilizado apenas naquele sentido específico, e de que nenhuma outra distinção entre diferentes tipos de lei é relevante para uma "ciência" jurídica possui um propósito definido: desacreditar certa concepção que por muito tempo orientou a legislação e as decisões dos tribunais, e a cuja influência devemos o desenvolvimento da ordem espontânea de uma sociedade livre. Trata-se da concepção de que a coerção só é legítima se aplicada para fazer cumprir normas universais de conduta justa igualmente aplicáveis a todos os cidadãos. O objetivo do positivismo jurídico é tornar a coerção a serviço de propósitos particulares ou de quaisquer grupos de pressão tão legítima quanto aquela empregada na preservação dos fundamentos de uma ordem espontânea.

De fato, quão pouco o positivismo jurídico nos ajuda a determinar qual é a lei, percebemos com mais clareza onde isso mais importa, isto é, no caso do juiz que deve descobrir que norma tem de aplicar a um caso específico. Em todos os casos em que nenhuma prescrição específica do legislador lhe diz o que fazer (e muitas vezes, na verdade, diz-lhe apenas que deve ser justo!), o fato de que a autorização do legislador confere à sua decisão "força de lei" não lhe informa qual é a lei que deve aplicar. O juiz está limitado não só pela designação por parte do legislador de algumas normas específicas como válidas, mas também pelas exigências internas de um sistema que ninguém concebeu deliberadamente como um todo, algumas partes do qual podem ainda não ter sido enunciadas, e que, embora tendendo a se tornar coerente, na verdade nunca o é totalmente. Sem dúvida, existe, independentemente da vontade e mesmo do conhecimento do legislador, tal sistema de normas que costuma ser obedecido e ao qual o legislador muitas vezes designa o juiz. Esse é o significado totalmente legítimo da alegação de que o juiz pode estar limitado por uma lei à qual nem o legislador nem ele próprio deram o seu

CAPÍTULO 8 • A BUSCA DA JUSTIÇA

conteúdo específico, que assim existe independentemente de ambos, e que o juiz pode ou não conseguir descobrir, pois ela existe apenas implicitamente em todo o sistema de normas e na sua relação com a ordem factual das ações. Além disso, é claro que o juiz pode tomar uma decisão incorreta que, embora possa se tornar válida (adquirir "força de lei"), permanecerá, mesmo assim, num sentido significativo, contrária ao direito. Evidentemente, quando uma decisão judicial obteve "força de lei", mas também é "contrária ao direito", o termo "direito" é utilizado em dois sentidos diferentes que devem ser distinguidos, mas que são confundidos quando a "norma individual" estabelecida pelo juiz é tratada como o mesmo tipo de coisa que a norma que ele infringe. Para o juiz, a questão de saber se uma determinada norma é válida não pode ser respondida por nenhuma derivação lógica a partir do ato que lhe conferiu o poder de ordenar a aplicação da norma, mas somente por referência às implicações de um sistema de normas que existe factualmente, independentemente da sua vontade ou da vontade de um legislador.

O uso constante por Kelsen e os seus seguidores de termos como "criar" para designar um processo pelo qual se confere validade a normas e prescrições, mesmo a sistemas inteiros de normas que existem no sentido comum da palavra (isto é, são conhecidas e atuam), e podem ter existido muito antes e independentemente do legislador (e até mesmo serem desconhecidas para ele), leva-os constantemente a asserções que não resultam das suas premissas. O fato de que um sistema de normas ao qual um legislador confere validade pode, no seu conteúdo, não ser um produto da sua intenção, mas pode existir independentemente da sua vontade, e que ele nem contempla, nem se considera capaz de substituir esse sistema existente de normas reconhecidas por outro inteiramente novo, mas aceita algumas das normas estabelecidas como inquestionáveis, tem uma importante consequência. Significa que em muitos casos em que o legislador gostaria de reformular a lei ele não será capaz de fazer as normas que quiser, mas estará sujeito às exigências da parte do sistema que lhe é dada. Ou, em outras palavras: *será todo o complexo de normas que de fato são observadas numa dada sociedade que determinará que norma específica será racional aplicar ou qual deve ser aplicada.* Embora esses dois conjuntos de normas possam em parte ser os mesmos, ainda assim o primeiro conjunto de normas pode incluir algumas que não precisam ser impostas porque são universalmente obedecidas, ao passo que o segundo conjunto de normas conterá algumas que não seriam voluntariamente obedecidas, mas cuja

DIREITO, LEGISLAÇÃO E LIBERDADE

observância é importante pelas mesmas razões que a observância do primeiro conjunto, de modo que aqueles que cumprem o primeiro têm boas razões para exigir que o segundo também seja obedecido.

Claro que, até que seja conferida validade a essas normas, elas ainda não são, conforme a definição dos positivistas, "normas" ou leis, e não "existem" como normas jurídicas. Por meio dessa prestidigitação fica provado que elas são "criadas" pela vontade arbitrária do legislador. Porém, essa afirmação, que o leitor incauto tende a aplicar ao conteúdo das normas, do qual não seria verdadeiro, transformou-se numa tautologia que não pode ser contestada de acordo com as definições adotadas. No entanto, é utilizada para sustentar afirmações como a de que as normas do direito positivo "são derivadas da vontade arbitrária de uma autoridade humana",[57] de que "as normas que prescrevem o comportamento humano podem emanar apenas da vontade, e não da razão humana",[58] de que "o direito 'positivo' significa um direito criado por atos de seres humanos que se desenrolam no tempo e no espaço".[59]

O emprego constante dessas expressões gera a *suggestio falsi*, à qual aparentemente os seus próprios usuários costumam sucumbir, de que sempre é e sempre deve ser um ato da vontade humana irrestrita que determina o conteúdo da lei. Todavia, a questão básica de qual norma deve ser aplicada numa determinada situação muitas vezes não pode ser esclarecida por derivação lógica a partir de alguma expressão de vontade, nem decidida por um ato de vontade, mas apenas por um processo de raciocínio que mostra qual é a norma cuja aplicação, no caso específico, satisfaz o requisito de ser capaz de universalização sem conflitar com outras normas reconhecidas. Em suma, a afirmação original de que toda lei válida é lei "estabelecida" torna--se realidade ao se redefinir "estabelecida" como "torna-se válida" e "torna--se válida" como "efetivamente aplicada pela autoridade". Com certeza, não foi isso o que se quis dizer quando originalmente se afirmou que toda lei válida deve ser "proposta"; tampouco essa definição de lei dispensa o juiz da necessidade de decidir qual é a lei — pode até exigir que ele recorra nessa iniciativa a uma "lei natural", à qual o legislador o direcionou e que consiste de normas existentes (no sentido comum dessa palavra), independentemente da vontade do legislador. A existência de um procedimento reconhecido pelo qual se determina o que deve ser aceito como justo não exclui, portanto, que esse procedimento possa depender, quanto às suas conclusões, de uma concepção predominante de justiça — mesmo que para a

CAPÍTULO 8 • A BUSCA DA JUSTIÇA

maioria dos problemas que possam surgir essas referências a princípios gerais de justiça sejam impossibilitadas pela prescrição de uma resposta específica.

A insistência de que a palavra "lei" deve sempre ser usada e interpretada no sentido que lhe é dado pelos positivistas jurídicos, e sobretudo de que as diferenças entre as funções dos dois tipos de normas realmente formuladas pelos poderes legislativos são irrelevantes para a ciência jurídica, tem, portanto, um propósito definido. Trata esse propósito de eliminar todas as limitações do poder do legislador que resultariam da suposição de que ele tem o direito de fazer leis apenas num sentido que limita substancialmente o conteúdo do que ele pode transformar em lei. Em outras palavras, é dirigido contra a doutrina, exposta de forma mais explícita por John Locke, de que "a autoridade legislativa é uma autoridade para atuar *de uma determinada maneira* (...) aqueles que exercem essa autoridade devem fazer apenas normas gerais".[60]

Nesse sentido, o positivismo jurídico é tão só a ideologia do socialismo — se podemos usar o nome da forma mais influente e respeitável de construtivismo para designar todas as suas diversas formas — e da onipotência do poder legislativo. É uma ideologia nascida do desejo de obter controle completo sobre a ordem social, e da crença de que está em nosso poder determinar deliberadamente, da maneira que quisermos, todos os aspectos dessa ordem.

No caso da teoria pura do direito, esse caráter ideológico se torna mais evidente no fervor com que é utilizado pelos seus adeptos para apresentar como inválidas e de inspiração ideológica certas conclusões importantes que outros tiraram sobre o significado do direito. O direito — no sentido específico em que esse termo foi usado de modo constante, ainda que nem sempre de forma coerente, desde a Antiguidade — foi entendido por uma longa linhagem de autores modernos, incluindo Grotius, Locke, Hume, Bentham e Emil Brunner, como inseparável da propriedade privada e, ao mesmo tempo, como condição indispensável da liberdade individual. Porém, embora esse entendimento seja verdadeiro para aquelas normas genéricas de conduta justa necessárias para a formação de uma ordem espontânea, é claro que não é verdadeiro em relação às prescrições específicas requeridas pela direção de uma organização. Por outro lado, para aqueles que entendem o poder do legislador como necessariamente ilimitado, a liberdade individual se torna uma questão "sem salvação"[61] e a liberdade passa a significar exclusivamente a liberdade coletiva da comunidade, isto é, a democracia.[62] Assim, o positivismo jurídico também se tornou o principal suporte ideológico dos poderes ilimitados da democracia.

Contudo, se a vontade da maioria for irrestrita, é claro que apenas os objetivos específicos dessa maioria podem determinar qual é a lei. Como Kelsen sustenta:

> Então, do ponto de vista da cognição racional, há apenas interesses dos seres humanos e, portanto, conflitos de interesses. A sua solução pode ser viabilizada pela satisfação de um interesse em detrimento do outro ou por meio de uma conciliação entre os interesses conflitantes. Não é possível provar que uma ou outra solução é justa.[63]

Nesse caso, a comprovação de que não há prova *positiva* de justiça é usada para demonstrar que não pode haver nenhuma prova objetiva de justiça que possa ser usada para determinar se uma norma jurídica é válida ou não.[64] A possibilidade de que exista uma prova negativa que nos permita eliminar certas normas como injustas nem sequer é considerada.

Historicamente, no entanto, foi a busca da justiça que criou o sistema de normas genéricas que, por sua vez, tornou-se o fundamento e o preservador da ordem espontânea em desenvolvimento. Para produzir tal ordem, o ideal de justiça não precisa determinar o conteúdo específico de normas que podem ser consideradas justas (ou pelo menos não injustas). O que se requer é simplesmente uma prova negativa que nos permita eliminar progressivamente as normas que se revelam injustas, porque não são universalizáveis no âmbito do sistema de outras normas cuja validade não é questionada. Assim, é pelo menos concebível que diversos sistemas de normas de conduta justa possam satisfazer essa prova. O fato de que existem diferentes ideias do que é justo não exclui a possibilidade de que a prova negativa de injustiça seja uma prova objetiva que diversos sistemas de normas desse tipo, mas não todos, podem satisfazer. A busca do ideal de justiça (como a busca do ideal de verdade) não pressupõe que se saiba o que é justiça (ou verdade), mas apenas que saibamos o que consideramos injusto (ou falso). A ausência de injustiça é meramente um determinante necessário, mas não suficiente, de normas apropriadas. Se, pelo menos em um dado nível de conhecimento de certo ambiente físico, a aplicação persistente dessa prova negativa produzirá, como sugerimos, um processo de evolução convergente, de modo que só um desses sistemas satisfaça plenamente a prova, permanecerá uma questão em aberto.

CAPÍTULO 8 • A BUSCA DA JUSTIÇA

A caracterização da teoria pura do direito de Kelsen como uma ideologia não pretende aqui ser uma reprovação, embora seja quase certo que os seus defensores a considerem desse modo. Visto que toda ordem social se baseia numa ideologia, todo enunciado dos critérios pelos quais podemos determinar quais são as leis apropriadas nessa ordem também será uma ideologia. A única razão pela qual é importante mostrar que isso também se aplica à teoria pura do direito é que o seu autor se vangloria de ser capaz de "desmascarar" todas as outras teorias do direito como ideologias[65] e de ter propiciado a única teoria que não é uma ideologia. Essa *Ideologiekritik* é mesmo considerada por alguns dos seus discípulos como um dos maiores feitos de Kelsen.[66] Entretanto, já que toda ordem cultural só pode ser mantida por uma ideologia, ele consegue apenas substituir uma ideologia por outra, que postula que todas as ordens mantidas pela força são ordens do mesmo tipo, merecendo a caracterização (e a dignidade) de uma ordem legal, expressão que anteriormente era utilizada para designar um tipo específico de ordem, valorizado porque assegurava a liberdade individual. Embora no âmbito do seu sistema de pensamento a sua asserção seja tautologicamente verdadeira, Kelsen não tem o direito de afirmar, como faz constantemente, que outros enunciados nos quais, como ele sabe,[67] o termo "direito" é usado num sentido diferente não são verdadeiros. O que o termo "direito" quer dizer só podemos determinar a partir do que aqueles que usaram a palavra ao moldar a nossa ordem social pretenderam que ela significasse, e não atribuindo a ela algum significado que abarque todos os usos já feitos dela. Esses homens certamente *não* queriam dizer por direito, como Kelsen faz, qualquer "técnica social" que empregue a força, mas usaram isso para distinguir uma "técnica social" específica, um tipo particular de restrição ao uso da força, que, pelo nome de direito, tentaram distinguir de outras. O uso de normas genéricas executáveis por força legal a fim de induzir a formação de uma ordem de automanutenção e a direção de uma organização mediante prescrições para propósitos particulares não são certamente as mesmas "técnicas sociais". E se, por causa de desenvolvimentos históricos acidentais, o termo "direito" passou a ser utilizado em conexão com essas duas técnicas diferentes, sem dúvida não seria o objetivo da análise aumentar a confusão ao insistir que esses diferentes usos da palavra devem ser colocados na mesma definição.

O fato de que o homem produziu involuntariamente a ordem factual e de automanutenção do universo social ao perseguir um ideal que chamou de justiça, e que não designou especificamente como atos particulares justos, mas

69

dele apenas exigiu que descobrisse normas que pudessem ser sistematicamente aplicadas a todos e que revisasse persistentemente o sistema de normas tradicionais para eliminar todos os conflitos entre as diversas normas que emergissem como resultado da sua generalização, significa que somente com referência a esse ideal de justiça esse sistema pode ser entendido, interpretado, aperfeiçoado e até o seu conteúdo específico verificado. Era esse ideal que os homens tinham em mente quando distinguiam uma ordem legal de um governo arbitrário e que, portanto, exigiam que os seus juízes a observassem.

É bem verdade, como reconheceram não só adversários resolutos do positivismo como Emil Brunner,[68] mas, no final, até positivistas de longa data como Gustav Radbruch,[69] que foi a predominância do positivismo que tornou os guardiões do direito indefesos contra o novo assédio do governo arbitrário. Após terem sido convencidos a aceitar uma definição do direito de acordo com a qual todo estado era um estado de direito, eles não tiveram alternativa senão agir conforme a ideia que Kelsen aprova, em retrospecto, ao sustentar que "do ponto de vista da ciência jurídica, o direito (*Recht*) sob o governo nazista era direito (*Recht*). Podemos lamentar, mas não podemos negar que era direito".[70] Sim, isso foi assim considerado porque o direito era assim definido pela ideia positivista predominante.

Deve-se admitir que, a esse respeito, os comunistas foram pelo menos mais honestos do que socialistas como Kelsen, os quais, ao insistir que a sua definição peculiar de direito era a única legítima, deduziram, de forma sub-reptícia, o que pareciam ser exposições factuais a partir do que era tão só uma definição do direito diferente daquela pressuposta por aqueles cujas afirmações pretendiam refutar. Os primeiros teóricos do direito comunista pelo menos admitiram abertamente que o comunismo significa "a vitória do socialismo sobre qualquer direito" e a "gradual extinção do direito como tal", porque "numa comunidade socialista (...) todo o direito é transformado em administração, e todas as normas fixas, em liberdade de ação e considerações utilitárias".[71]

O direito e a moral

Embora não possamos tentar rever aqui todo o conjunto de problemas concernentes à relação entre o direito e a moral, que foi muito discutida ultimamente,[72] alguns pontos devem ser considerados e, em primeiro lugar, a ligação

CAPÍTULO 8 • A BUSCA DA JUSTIÇA

dessa questão com o positivismo jurídico. Pois, como consequência do trabalho do professor H. L. A. Hart, que, sob muitos aspectos, parece-me uma das críticas mais eficazes do positivismo jurídico, essa denominação, nesse momento, costuma ser usada para significar "a simples alegação de que em nenhum sentido é necessariamente verdade que o direito reproduz ou satisfaz certas exigências de moralidade"; e o próprio professor Hart, que sustenta essa posição, é por isso apresentado como um positivista.[73] No entanto, apesar da minha rejeição das teses do positivismo que avaliamos na seção anterior, não vejo razão para rejeitar a afirmação do professor Hart citada acima se cada termo nela for cuidadosamente levado em consideração. Com certeza, muitas normas jurídicas não têm nenhuma relação com normas morais, e outras podem ser, sem dúvida, leis válidas ainda que conflitem com normas morais reconhecidas. A sua afirmação tampouco exclui a possibilidade de que, em alguns casos, o juiz tenha que se referir às normas morais existentes para descobrir qual é a lei: especificamente, naqueles casos em que as normas jurídicas reconhecidas se referem explicitamente a concepções morais tais como "boa-fé", ou pressupõe tacitamente a observância de certas outras normas de conduta que no passado não tiveram de ser aplicadas, mas que devem ser obedecidas em geral para que as normas jurídicas já enunciadas assegurem a ordem a que atendem. O direito de todos os países está repleto dessas referências às convicções morais predominantes às quais o juiz só pode dar conteúdo com base no seu conhecimento delas.

Uma questão totalmente diferente é saber se a existência de convicções morais defendidas de maneira vigorosa e ampla em qualquer questão é por si só uma justificativa para a sua aplicação. A resposta parece ser que no âmbito de uma ordem espontânea o uso da coerção só pode ser justificado quando necessário para assegurar o domínio privado do indivíduo contra a interferência dos outros, mas que a coerção não deve ser usada para interferir nessa esfera privada quando isso não é necessário para proteger os outros. O direito atende uma ordem social, isto é, as relações entre os indivíduos, e as ações que não afetam ninguém, exceto os indivíduos que as realizam, não deveriam estar sujeitas ao controle das leis, por mais profundamente que possam ser reguladas pelo costume e pela moral. A importância dessa liberdade do indivíduo no seu domínio protegido, e por toda parte em que as suas ações não conflitem com os objetivos das ações de outros, baseia-se sobretudo no fato de que a evolução dos costumes e da moral é um processo experimental, num sentido em que a aplicação de normas jurídicas uniformes

71

DIREITO, LEGISLAÇÃO E LIBERDADE

não pode ser — um processo em que normas alternativas competem entre si e as mais eficazes são selecionadas pelo sucesso do grupo que as obedece, podendo, em última análise, propiciar o modelo para uma legislação apropriada. Isso não quer dizer que a conduta privada dos indivíduos não possa ser, sob certos aspectos, sobretudo na medida em que não afeta a reprodução, muito importante para o futuro do grupo específico ao qual eles pertencem. No entanto, deve continuar a ser questionável se a condição de membro de uma comunidade pode dar o direito a um interesse legítimo nas perspectivas de reprodução dos outros membros da mesma comunidade, ou se essa questão não é mais bem regulada pela diferente fertilidade dos grupos que será consequência da liberdade.

Outra questão de alguma relevância é saber em que medida os padrões morais vigentes limitam não só os poderes do legislador como também até que ponto pode e deve ser levada a aplicação de princípios jurídicos reconhecidos. Isso é particularmente significativo em relação ao ideal subjacente à Sociedade Aberta de que as mesmas normas deveriam ser aplicadas a todos os seres humanos. Envolve um ideal do qual eu, pessoalmente, espero que continuemos nos aproximando gradualmente, porque me parece a condição indispensável de uma ordem universal de paz. Todavia, tenho muito receio de que a realização desse ideal seja retardada em vez de acelerada por tentativas demasiado impacientes de pressioná-la. Essas tentativas de fomentar um princípio além do que o sentimento geral está pronto para apoiá-lo tende a produzir uma reação que pode impossibilitar, por um período considerável, até mesmo o que tentativas mais modestas poderiam ter conseguido. Embora eu almeje, como ideal último, um estado de coisas em que as fronteiras nacionais deixem de ser obstáculos à livre circulação dos homens, acredito que, em qualquer período com o qual possamos agora nos preocupar, qualquer tentativa de realizá-lo levaria a um ressurgimento de fortes sentimentos nacionalistas e um recuo das posições já alcançadas. Por mais que o homem moderno aceite, em tese, o ideal de que as mesmas normas deveriam ser aplicadas a todos os homens, na verdade ele o concede apenas àqueles que considera semelhantes a si mesmo, e só aos poucos aprende a ampliar o limite dos que aceita como seus iguais. Há pouco o que a legislação possa fazer para acelerar esse processo, mas pode fazer muito para revertê-lo, voltando a despertar sentimentos que já estão em declínio.

No entanto, em conclusão, o ponto principal que deve mais uma vez ser enfatizado é que a diferença entre normas morais e normas jurídicas não é

CAPÍTULO 8 • A BUSCA DA JUSTIÇA

uma diferença entre normas que se desenvolveram espontaneamente e normas que foram feitas deliberadamente — grande parte das normas jurídicas também não foi feita deliberadamente no início. Em vez disso, trata-se de uma distinção entre normas às quais o procedimento reconhecido de imposição pela autoridade designada deveria ser aplicado e às quais não deveria e, portanto, uma distinção que perderia todo o sentido se todas as normas de conduta reconhecidas, incluindo todas as normas que a comunidade considera normas morais, tivessem que ser impostas. Porém, que normas devem ser aplicadas e, portanto, consideradas leis, é determinado não só pela designação específica de algumas normas particulares como aplicáveis pela autoridade, mas muitas vezes resulta da interdependência de alguns grupos de normas em que a observância de todas elas é necessária para a realização daquilo atendido por aquelas já designáveis como aplicáveis: especificamente, a preservação de uma ordem geral de ações em curso. Se tais normas são aplicadas porque atendem uma ordem em cuja existência todos se baseiam, isso, obviamente, não justifica a aplicação de outras normas reconhecidas que não afetam da mesma maneira a existência dessa ordem interpessoal de ações.

Em outras palavras, pode existir um conjunto de normas cuja observância constante produz uma ordem factual de ações e algumas das quais já tiveram a validade legal conferida pela autoridade, ao passo que outras podem ter sido observadas apenas na prática, ou podem apenas ter ficado implícitas naquelas já validadas, no sentido de que estas últimas só alcançarão os seus propósitos se as primeiras forem observadas. Portanto, a validação de certas normas deve ser levada em consideração para autorizar o juiz a tratar também como válidas aquelas que nelas estão implícitas, ainda que nunca antes tenham sido confirmadas pelo legislador ou mediante a aplicação por um tribunal.

O "direito natural"

Uma das fontes de confusão no campo é que todas as teorias que se opõem ao positivismo jurídico são igualmente rotuladas e são agrupadas sob a denominação enganosa de "direito natural", embora algumas delas não tenham nada em comum entre si, exceto a sua oposição ao positivismo jurídico. Atualmente, essa falsa dicotomia é instada sobretudo pelos positivistas, porque a sua abordagem construtivista permite apenas que o direito seja o produto do desígnio de uma inteligência humana ou o produto de um desígnio de uma

73

inteligência sobre-humana.[74] Mas, como já vimos, o termo "natural" foi usado anteriormente para afirmar que o direito era o produto não de qualquer desígnio racional, mas de um processo de evolução e seleção natural, um produto não intencional cuja função podemos aprender a entender, mas cujo significado atual pode ser totalmente diferente da intenção dos seus criadores.

Provavelmente, a posição sustentada neste livro também tende a ser retratada pelos positivistas como uma teoria do direito natural. Porém, embora seja verdade que a posição desenvolve uma interpretação que no passado foi chamada de "natural" por alguns dos seus defensores, o termo, como usado atualmente, é tão enganoso que deve ser evitado. É verdade que, mesmo hoje, os termos "natural" e "natureza" são usados em sentidos bastante diferentes, mas essa é mais uma razão para evitá-los na discussão científica. Ao nos valermos do termo "natureza" ou "natural" para designar a ordem permanente do mundo externo ou material, e ao compararmos isso com o que é sobrenatural ou é artificial, claramente nos referimos a algo diferente do que queremos dizer quando utilizamos o mesmo termo para dizer que algo é parte da natureza de um objeto.[75] Enquanto no primeiro sentido os fenômenos culturais evidentemente não são naturais, no segundo, um determinado fenômeno cultural pode sem dúvida ser parte da natureza de certas estruturas culturais, ou ser inseparável delas.

Embora não possa haver justificativa para apresentar as normas de conduta justa como naturais no sentido de que pertencem a uma ordem externa e eterna de coisas, ou de que estão implantadas permanentemente numa natureza inalterável do homem, ou mesmo no sentido de que a mente humana é moldada de modo tão definitivo que o homem deve adotar essas normas de conduta específicas, não resulta a partir disso que as normas de conduta que de fato o orientam devam ser produto de uma escolha deliberada da sua parte; ou que ele seja capaz de formar uma sociedade pela adoção de quaisquer normas que decida; ou que essas normas não possam ser dadas a ele independentemente da vontade de qualquer pessoa em particular e que, nesse sentido, existam "objetivamente". Às vezes, afirma-se que só o que é universalmente verdadeiro pode ser considerado um fato objetivo, e que tudo o que é específico de uma determinada sociedade não pode, portanto, ser considerado como tal.[76] Todavia, isso certamente não resulta do significado comum do termo "objetivo". As concepções e as opiniões que moldam a ordem de uma sociedade, assim como a ordem resultante dessa mesma sociedade, não dependem da decisão de pessoa alguma e costumam não ser alteráveis

CAPÍTULO 8 • A BUSCA DA JUSTIÇA

por nenhum ato concreto de vontade; e nesse sentido devem ser consideradas um fato objetivamente existente. Portanto, esses resultados da ação humana que não são ocasionados pelo desígnio humano podem muito bem ser objetivamente dados a nós.

Assim, a abordagem evolucionista do direito (e de todas as outras instituições sociais) aqui defendida tem tão pouco a ver com as teorias racionalistas do direito natural quanto com o positivismo jurídico. Rejeita tanto a interpretação do direito como elaboração de uma força sobrenatural quanto a sua interpretação como constructo de qualquer mente humana. Em qualquer sentido, não se posiciona entre o positivismo jurídico e a maioria das teorias do direito natural, diferindo de ambos numa dimensão diferente daquela em que ambos diferem entre si.

Mais uma vez devemos nos abster de examinar a objeção metodológica que os adeptos da teoria pura do direito tenderão a levantar contra essa posição, especificamente que não se trata de uma "ciência de normas" jurídica, mas de algo que considerariam como sociologia do direito.[77] Em resumo, a resposta a essa alegação é de que, mesmo para determinar o que é de fato a lei numa dada comunidade, não só o pesquisador mas também o juiz precisam de uma teoria que, do ponto de vista lógico, não derive a validade da lei a partir de alguma "norma básica fictícia", mas que explique a função dessa lei; porque a lei que muitas vezes ele terá de descobrir pode consistir em alguma norma ainda não enunciada que atende à mesma função que as normas jurídicas aceitas sem contestação — especificamente, auxiliar a constante reforma de uma ordem espontânea factualmente existente.[78]

Direito e soberania

Há pouco a acrescentar agora ao que foi dito anteriormente (Volume I, Capítulo 4) sobre o conceito de soberania, o qual desempenha papel tão central na teoria positivista do direito. Interessa aqui principalmente porque a sua interpretação pelo positivismo como o poder necessariamente ilimitado de alguma autoridade legislativa suprema tornou-se um dos principais sustentáculos da teoria da soberania popular ou dos poderes ilimitados de um legislativo democrático. Para um positivista, que define a lei de modo a deixar o seu conteúdo substantivo dependente de um ato de vontade do legislador, essa concepção se torna realmente uma necessidade lógica. Se o termo "lei" é

75

DIREITO, LEGISLAÇÃO E LIBERDADE

usado nesse sentido, qualquer limitação legal do poder do legislador supremo está excluída por definição. Porém, se o poder do legislador não deriva de alguma norma básica fictícia, mas de um estado de opinião difundido concernente ao tipo de normas que está autorizado a formular, esse poder pode muito bem ser limitado sem a intervenção de uma autoridade maior capaz de expressar atos explícitos de vontade.

A lógica da argumentação positivista só seria convincente se a sua asserção de que toda lei deriva da vontade de um legislador não significasse simplesmente, como no sistema de Kelsen, que a sua validade deriva de algum ato de vontade deliberada, mas que o seu conteúdo também assim o é. Isso, no entanto, em termos factuais, muitas vezes não é o caso. Um legislador, ao tentar manter uma ordem espontânea existente, não pode escolher quaisquer normas para lhes conferir validade, se quiser alcançar o seu objetivo. O seu poder não é ilimitado, pois se baseia no fato de que algumas normas que ele torna aplicáveis são consideradas corretas pelos cidadãos, e a aceitação por ele dessas normas necessariamente limita os seus poderes de tornar outras normas aplicáveis.

O conceito de soberania, assim como o de estado, pode ser um instrumento indispensável para o direito internacional — embora eu não tenha certeza de que, se aceitarmos o conceito ali como o nosso ponto de partida, não estaremos, com isso, tornando sem sentido a própria ideia de um direito internacional. Porém, para o exame do problema do caráter interno de uma ordem legal, ambos os conceitos parecem ser tão desnecessários quanto enganosos. Com efeito, toda a história do constitucionalismo, pelo menos desde John Locke, que é a mesma que a história do liberalismo, é a história de uma luta contra a concepção positivista da soberania e a concepção afim do estado onipotente.

CAPÍTULO 9

JUSTIÇA "SOCIAL" OU DISTRIBUTIVA

Tão grande é a incerteza do mérito, tanto por causa da sua natural obscuridade como por causa da vaidade de todo indivíduo, que nenhuma norma definida de conduta jamais resultaria dele.

DAVID HUME*

No entanto, o bem-estar não tem princípio, nem para quem o recebe, nem para quem o distribui (alguém vai colocá-lo aqui e outro acolá); porque está sujeito ao conteúdo material da vontade, que é dependente de fatos particulares e, portanto, incapaz de uma norma geral.

IMMANUEL KANT**

O conceito de "justiça social"

Se no capítulo anterior tive que defender a concepção de justiça como fundamento e limitação indispensáveis de toda a lei, devo agora me debruçar contra um abuso da palavra que ameaça destruir a concepção de lei que fez dela a salvaguarda da liberdade individual. Talvez não seja surpreendente que os homens tenham aplicado aos efeitos conjuntos das ações de muitas pessoas, mesmo quando estes nunca foram previstos ou pretendidos, a concepção de justiça que tinham desenvolvido em relação à conduta dos indivíduos uns para com os outros. A justiça "social" (ou, às vezes, justiça "econômica) passou a ser considerada um atributo que as "ações" da sociedade, ou o "tratamento" dos indivíduos e dos grupos pela sociedade, deveriam possuir. Como o pensamento primitivo costuma fazer ao perceber pela primeira vez algum processo regular, os resultados da ordenação espontânea do mercado foram interpretados como se algum pensamento os dirigisse deliberadamente, ou como se os benefícios ou os danos específicos que diferentes pessoas derivaram deles fossem determinados por atos deliberados de vontade, podendo, portanto, ser orientados por normas morais. Assim, essa concepção de justiça "social" é consequência direta desse antropomorfismo ou personificação pelo qual o pensamento ingênuo procura explicar todos os processos auto-ordenadores. É um sinal de imaturidade das nossas mentes o fato de que ainda não superamos esses conceitos primitivos e ainda exigimos que um processo impessoal que produz uma maior satisfação dos desejos humanos do que qualquer organização humana deliberada poderia produzir se adapte aos preceitos morais desenvolvidos pelos homens para a orientação das suas ações individuais.[1]

Nesse sentido, o uso da expressão "justiça social" é relativamente recente, aparentemente com não muito mais do que cem anos. Outrora o termo fora utilizado de vez em quando para designar as iniciativas organizadas de aplicação das normas de conduta justa,[2] e até hoje é ocasionalmente empregado em discussões eruditas para avaliar os efeitos das instituições sociais existentes.[3] Porém, o sentido em que agora costuma ser usado e constantemente recorrido no debate público, e em que será examinado neste capítulo, é basicamente o mesmo em que, por muito tempo, a expressão "justiça distributiva" foi empregada. Com esse sentido, a expressão parece ter se tornado de uso corrente na época em que (e talvez em parte porque) John Stuart Mill tratou explicitamente as duas expressões como equivalentes em afirmações como esta:

> A sociedade deve tratar igualmente bem todos os que mereceram o mesmo, ou seja, aqueles que mereceram de maneira absolutamente igual. Esse é o padrão abstrato mais elevado de justiça social e distributiva — para o qual todas as instituições e as iniciativas de todos os cidadãos virtuosos devem ser feitas para convergir em grau máximo.[4]

Ou esta:

> É universalmente considerado justo que cada pessoa obtenha o que merece (seja bem ou mal); e injusto que obtenha um bem ou seja submetida a um mal que não merece. Essa é talvez a forma mais clara e enfática em que a justiça é concebida pelo juízo geral. Como envolve a ideia de merecimento, surge a questão do que constitui o merecimento.[5]

CAPÍTULO 9 • JUSTIÇA "SOCIAL" OU DISTRIBUTIVA

É significativo que a primeira dessas duas passagens ocorra na descrição de um dos cinco significados de justiça que Mill distingue, dos quais quatro se referem a normas de conduta individual justa, enquanto este define um estado factual de coisas que pode ter sido causado por decisão humana deliberada, mas não necessariamente. Todavia, Mill parece ter ignorado que, neste significado, a palavra "justiça" se refere a situações inteiramente diferentes daquelas a que se aplicam os outros quatro significados, ou que essa concepção de "justiça social" leva diretamente ao socialismo pleno.

Essas afirmações que relacionam explicitamente a "justiça social e distributiva" com o "tratamento" oferecido pela sociedade aos indivíduos conforme os seus "merecimentos" revelam com bastante clareza a sua diferença da justiça pura e simples e, ao mesmo tempo, a causa da vacuidade do conceito: a demanda por "justiça social" é dirigida não ao indivíduo, mas à sociedade — no entanto, a sociedade, no sentido estrito em que deve ser distinguida do aparelho governamental, é incapaz de agir em busca de um propósito específico e, portanto, a demanda por "justiça social" torna-se uma demanda de que os membros da sociedade se organizem de modo a permitir a destinação de frações específicas do produto da sociedade aos diferentes indivíduos ou grupos. Sendo assim, a questão principal passa a ser saber se existe um dever moral de se submeter a um poder capaz de coordenar as iniciativas dos membros da sociedade com o objetivo de alcançar um determinado padrão de distribuição considerado justo.

Se a existência desse poder é ponto pacífico, o problema de como os recursos disponíveis para a satisfação das necessidades devem ser repartidos se converte, de fato, numa questão de justiça — embora não uma questão para a qual a moral vigente tem uma resposta. Mesmo a suposição da qual a maioria dos teóricos modernos da "justiça social" parte, especificamente, a de que exigiria frações iguais para todos desde que considerações especiais não requeressem um afastamento desse princípio, pareceria então se justificar.[6] Porém, a questão prévia consiste em saber se é moral que os homens sejam submetidos aos poderes de direção que teriam que ser exercidos para que os benefícios obtidos pelos indivíduos pudessem ser significativamente definidos como justos ou injustos.

É claro que se deve reconhecer que o modo pelo qual os benefícios e os ônus são distribuídos pelo mecanismo de mercado deveriam, em muitos casos, ser considerados muito injustos *se* fossem o resultado de uma alocação deliberada a determinadas pessoas. Mas este não é o caso. Essas frações são o resultado de um processo cujo efeito sobre determinadas pessoas não foi pretendido nem previsto por ninguém quando as instituições surgiram — instituições que foram então autorizadas a continuar existindo porque se constatou que melhoravam para todos ou para a maioria as perspectivas de satisfação das suas necessidades. Sem dúvida, exigir justiça desse processo é absurdo, e selecionar alguns indivíduos em tal sociedade como merecedores de uma fração específica é evidentemente injusto.

A conquista da imaginação pública pela "justiça social"

No entanto, hoje, o apelo à "justiça social" passou a ser o argumento mais amplamente usado e o mais eficaz no debate político. Quase todas as reivindicações de ações governamentais em prol de determinados grupos são promovidas em seu nome, e se for possível parecer que certa medida é exigida pela "justiça social", a oposição a ela rapidamente perderá força. Pode-se contestar se determinada medida é ou não exigida pela "justiça social". Porém, que esse seja o padrão que deve orientar a ação política e que a expressão tenha um significado definido quase nunca é questionado. Em consequência, provavelmente não há hoje movimentos ou pessoas políticas que não apelem prontamente à "justiça social" em apoio a medidas específicas que defendem.

Tampouco se pode negar que a demanda por "justiça social" já transformou em grande medida a ordem social e continua a transformá-la numa direção jamais prevista por aqueles que a requereram. Ainda que a expressão tenha, sem dúvida, ajudado vez ou outra a tornar o direito mais igual para todos, continua a ser duvidoso que a demanda por justiça na partilha tenha, de algum modo, tornado a sociedade mais justa ou reduzido a insatisfação.

Sem dúvida, a expressão definiu desde o início as aspirações que estavam no cerne do socialismo. Embora o socialismo clássico tenha sido em geral caracterizado pela exigência de socialização dos meios de produção, isso era, para ele, sobretudo um meio considerado essencial para promover uma distribuição "justa" da riqueza; e como os socialistas descobriram posteriormente que essa redistribuição poderia ser viabilizada, em grande medida e com menor resistência, por meio da tributação (e de serviços governamentais financiados por ela), e, na prática, muitas vezes puseram de lado as suas exigências anteriores, a realização da "justiça social" se tornou a sua principal promessa. De fato, pode-se dizer que a principal diferença entre a ordem

CAPÍTULO 9 • JUSTIÇA "SOCIAL" OU DISTRIBUTIVA

de sociedade que o liberalismo clássico visava e o tipo de sociedade em que ela está se transformando agora é que a primeira era regida por princípios de conduta individual justa, ao passo que a nova sociedade tem como objetivo satisfazer as demandas por "justiça social" — ou, em outras palavras, que a primeira exigia ação justa dos indivíduos, enquanto a segunda atribui cada vez mais o dever da justiça às autoridades com poder de ordenar às pessoas o que fazer.

A expressão pode exercer esse efeito porque foi arrebatada aos poucos aos socialistas não só por todos os outros movimentos políticos, mas também pela maioria dos professores e pregadores da moral. Parece, em particular, ter sido adotada por amplo setor do clero de todas as denominações cristãs, as quais, à medida que perdiam cada vez mais a fé numa revelação sobrenatural, pareciam buscar refúgio e consolo numa nova religião "social" que substituía uma promessa de justiça celestial por uma temporal, esperando poder assim continuar se esforçando para fazer o bem. A Igreja Católica Romana, sobretudo, fez do objetivo da "justiça social" parte da sua doutrina oficial;[7] mas os ministros da maioria das denominações cristãs parecem competir entre si com essas ofertas de objetivos mais mundanos — que também aparentam fornecer o principal fundamento para iniciativas ecumênicas renovadas.

É claro que os diversos governos autoritários ou ditatoriais atuais do mesmo modo proclamaram a "justiça social" como o seu objetivo principal. Soubemos por meio do sr. Andrei Sakharov que milhões de pessoas na Rússia são vítimas de um terror que "procura se ocultar por trás do slogan de justiça social".

Na prática, o compromisso com a "justiça social" passou a ser a principal válvula de escape em relação à emoção moral, o atributo distintivo do homem bom e o sinal reconhecido da posse de uma consciência moral. Embora as pessoas possam ocasionalmente ficar confusas ao dizer quais das reivindicações conflitantes apresentadas em nome desse slogan são válidas, praticamente ninguém dúvida de que a expressão tem um significado definido, designa um ideal elevado e aponta para graves deficiências da ordem social existente que exige urgentemente correção. Ainda que até há pouco se tenha procurado em vão na vasta literatura uma definição inteligível do termo,[8] parece quase não existir dúvida, tanto entre pessoas comuns como instruídas, que a expressão possui um sentido preciso e bem compreendido.

Porém, a aceitação quase universal de uma crença não prova que seja válida ou mesmo significativa, assim como a crença generalizada em bruxas ou fantasmas também não prova a validade desses conceitos. Aquilo que temos que encarar no caso da "justiça social" é simplesmente uma superstição quase religiosa do tipo que deveríamos respeitosamente deixar em paz na medida em que apenas torna felizes aqueles que nela creem, mas que devemos combater quando se converte em pretexto para a coerção de outras pessoas. E, provavelmente, a crença vigente na "justiça social" é, na atualidade, a ameaça mais grave à maioria dos outros valores de uma civilização livre.

Quer Edward Gibbon estivesse errado ou não, é indubitável que as crenças morais ou religiosas podem destruir a civilização e que, quando tais doutrinas prevalecem, não só as crenças mais estimadas como também os líderes morais mais reverenciados — às vezes figuras virtuosas, cujo altruísmo é inquestionável — podem se tornar graves riscos aos valores que essas mesmas pessoas consideram inabaláveis. Contra essa ameaça só podemos nos proteger submetendo até os nossos sonhos mais preciosos de um mundo melhor a uma dissecação racional implacável.

Parece ser amplamente aceita a ideia de que a "justiça social" é apenas um novo valor moral que devemos acrescentar aos que foram reconhecidos no passado, e que pode ser inserido na estrutura existente de normas morais. O que não é suficientemente reconhecido é que, para dar significado a essa expressão, terá que ser efetuada uma mudança completa de todo o caráter da ordem social, e que alguns dos valores que costumavam regê-la precisarão ser sacrificados. É essa transformação da sociedade em um tipo fundamentalmente diferente que está ocorrendo agora pouco a pouco e sem consciência do resultado a que deve levar. Foi na convicção de que algo como a "justiça social" poderia com isso ser alcançado que as pessoas colocaram nas mãos do governo poderes que ele não pode agora se recusar a empregar para satisfazer as reivindicações do número sempre crescente de grupos de pressão que aprenderam a empregar o "abre-te, sésamo" da "justiça social".

Acredito que a "justiça social" acabará por ser reconhecida como uma quimera que levou os homens a abandonarem muitos valores que, no passado, inspiraram o desenvolvimento da civilização — uma tentativa de satisfazer um desejo herdado das tradições do pequeno grupo, mas que não tem sentido na Grande Sociedade de homens livres. Infelizmente, esse vago desejo, que se tornou um dos vínculos mais fortes que incitam as pessoas de boa vontade à ação, não só está fadado ao desapontamento. Isso já seria bastante lamentável. Porém, como a maioria das tentativas de perseguir um objetivo inatingível, a luta por ele também produzirá consequências

CAPÍTULO 9 • JUSTIÇA "SOCIAL" OU DISTRIBUTIVA

extremamente indesejáveis e, em particular, levará à destruição do ambiente indispensável em que os valores morais tradicionais podem florescer, especificamente, a liberdade pessoal.

A inaplicabilidade do conceito de justiça aos resultados de um processo espontâneo

Agora é necessário fazer uma distinção clara entre dois problemas completamente diferentes que a demanda por "justiça social" suscita em uma ordem de mercado.

O primeiro é saber se, numa ordem econômica baseada no mercado, o conceito de "justiça social" tem algum significado ou conteúdo.

O segundo é saber se é possível preservar uma ordem de mercado impondo-lhe (em nome da "justiça social" ou de qualquer outro pretexto) algum padrão de remuneração baseado na avaliação do desempenho ou das necessidades de diferentes indivíduos ou grupos por uma autoridade dotada do poder de aplicá-lo.

A resposta para cada uma dessas questões é um enfático não.

No entanto, a crença generalizada na validade do conceito de "justiça social" impele todas as sociedades contemporâneas a iniciativas cada vez maiores do segundo tipo e apresenta uma tendência peculiar de autoaceleração: quanto mais dependente a posição dos indivíduos ou grupos se torna das ações do governo, mais eles insistirão que os governos visem algum esquema reconhecível de justiça distributiva; e quanto mais os governos tentam obter algum padrão preconcebido de distribuição desejável, mais eles têm que submeter a posição de diferentes indivíduos e grupos ao seu controle. Enquanto a crença na "justiça social" reger a ação política, esse processo se aproximará cada vez mais de um sistema totalitário.

Inicialmente, devemos nos concentrar no problema do significado, ou melhor, da falta de significado da expressão "justiça social", e só depois considerar os efeitos que terão os esforços para impor *qualquer* padrão preconcebido de distribuição na estrutura da sociedade a eles submetida.

A alegação de que numa sociedade de homens livres (como distinta de qualquer organização compulsória) o conceito de "justiça social" é absolutamente vazio e sem sentido provavelmente parecerá inacreditável para a maioria. Não ficamos todos permanentemente aflitos ao ver como a vida trata

DIREITO, LEGISLAÇÃO E LIBERDADE

injustamente diferentes pessoas e ao ver os meritórios sofrerem e os indignos prosperarem? E não temos todos um senso de aptidão, e observamos com satisfação quando reconhecemos que é uma recompensa adequada ao esforço ou sacrifício?

A primeira percepção que deveria abalar essa certeza é que também experimentamos os mesmos sentimentos em relação às diferenças nos destinos humanos, pelas quais, sem dúvida, nenhuma agência humana é responsável e que, portanto, seria bem absurdo chamar de injustas. No entanto, clamamos contra a injustiça quando uma sucessão de calamidades se abate sobre uma família enquanto outra prospera sem cessar, quando uma iniciativa meritória é frustrada por algum acidente imprevisível, e sobretudo se, entre muitos indivíduos cujos esforços parecem igualmente notáveis, alguns alcançam êxitos brilhantes ao passo que outros fracassam completamente. É sem dúvida trágico ver o fracasso dos esforços mais meritórios dos pais para criar os seus filhos, dos jovens para construir uma carreira, ou de um pesquisador ou cientista em busca de uma ideia brilhante. E protestaremos contra esse destino ainda que não conheçamos ninguém a quem culpar por isso, ou qualquer maneira pela qual essas decepções possam ser evitadas.

Não é diferente em relação ao sentimento geral de injustiça acerca da distribuição de bens materiais em uma sociedade de homens livres. Embora nesse caso estejamos menos dispostos a admiti-lo, as nossas queixas de que o resultado do mercado é injusto não asseveram que alguém foi injusto; e não há resposta para a questão de *quem* foi injusto. A sociedade se converteu simplesmente na nova divindade a quem nos queixamos e clamamos por reparação se não satisfizer as expectativas que criou. Não há nenhum indivíduo, ou grupo cooperativo de pessoas, contra o qual a vítima teria uma queixa justa, e não existem normas concebíveis de conduta individual justa que, ao mesmo tempo, asseguraria uma ordem funcional e impediria essas frustrações.

A única culpa implícita nessas queixas é a de que toleramos um sistema em que todos podem escolher a sua ocupação e, portanto, ninguém pode ter o poder e o dever de fazer com que os resultados correspondam aos nossos desejos. Pois nesse sistema em que todos podem usar o seu conhecimento em favor dos seus próprios propósitos[9] o conceito de "justiça social" é necessariamente vazio e sem sentido, porque nele a vontade de ninguém pode determinar as rendas relativas de diferentes pessoas ou impedir que elas dependam, em parte, do acaso. A "justiça social" só é capaz de fazer sentido em uma economia dirigida ou "comandada" (como um exército), em que os

84

CAPÍTULO 9 • JUSTIÇA "SOCIAL" OU DISTRIBUTIVA

indivíduos recebem ordens sobre o que fazer; e qualquer concepção específica de "justiça social" só poderia ser obtida nesse sistema centralmente dirigido. A "justiça social" pressupõe que as pessoas sejam orientadas por instruções específicas, e não por normas de conduta individual justa. De fato, nenhum sistema de normas de conduta individual justa, e por conseguinte nenhuma ação livre dos indivíduos, poderia produzir resultados que satisfizessem a qualquer princípio de justiça distributiva.

Claro que não nos enganamos ao nos inteirar de que os efeitos dos processos de uma sociedade livre nos destinos de diferentes indivíduos não são distribuídos conforme algum princípio identificável de justiça. O nosso engano é concluir disso que eles são injustos e que alguém deve ser culpado por isso. Numa sociedade livre, em que a posição de diferentes indivíduos e grupos não resulta do desígnio de qualquer pessoa — nem poderia, nessa sociedade, ser alterada de acordo com um princípio de aplicação geral —, as diferenças de recompensa simplesmente não podem significativamente ser definidas como justas ou injustas. Sem dúvida, há diversos tipos de ação individual que visam afetar remunerações específicas e que podem ser chamadas de justos ou injustos. Porém, não há princípios de conduta individual que produziriam um padrão de distribuição que, como tal, pudesse ser chamado de justo, e, portanto, também não há nenhuma possibilidade de o indivíduo saber o que teria que fazer para assegurar uma justa remuneração dos seus semelhantes.

O fundamento lógico do jogo econômico em que somente o comportamento dos participantes pode ser justo, mas não o resultado

Vimos anteriormente que a justiça é um atributo da conduta humana que aprendemos a exigir porque certo tipo de conduta é necessário para assegurar a formação e a manutenção de uma ordem benéfica de ações. Desse modo, o atributo da justiça pode se basear nos resultados pretendidos da ação humana, mas não nas circunstâncias que não foram deliberadamente ocasionadas pelos homens. A justiça requer que no "tratamento" de outra pessoa ou pessoas, isto é, nas ações intencionais que afetam o bem-estar de outros indivíduos, certas normas uniformes de conduta sejam observadas. É evidente que isso não se aplica à maneira pela qual os processos impessoais do mercado alocam o controle de bens e serviços a pessoas específicas: isso não pode ser justo nem injusto, porque os resultados não são pretendidos ou previstos, pois dependem de uma infinidade de circunstâncias não conhecidas na sua totalidade por ninguém. Nesse processo, a conduta dos indivíduos pode muito bem ser justa ou injusta; mas, como as suas ações totalmente justas terão consequências para os outros que não foram pretendidas ou previstas, esses efeitos não se tornam com isso justos ou injustos.

O fato é simplesmente que consentimos em manter, e concordamos em aplicar, normas uniformes para um processo que aumentou consideravelmente as probabilidades de todos terem os seus desejos satisfeitos, mas ao preço de todos os indivíduos e grupos correrem o risco do fracasso não merecido. Com a aceitação desse processo, as recompensas de diferentes grupos e indivíduos se torna isenta de controle deliberado. Trata-se do único processo já descoberto em que a informação amplamente dispersa entre milhões de homens pode ser utilizada com eficácia para o benefício de todos — e utilizada para assegurar a todos uma liberdade individual desejável por si mesma em bases éticas. Naturalmente, é um processo que nunca foi "planejado", mas que aprendemos a aperfeiçoar aos poucos depois de termos descoberto que aumentava a eficiência dos homens nos grupos que o tinham desenvolvido.

É um processo que, como Adam Smith (e parece que antes dele os antigos estoicos) se deu conta,[10] em todos os aspectos importantes (exceto que não costuma ser praticado apenas como diversão) é totalmente análogo a um jogo, especificamente um jogo em parte de habilidade e em parte de sorte. Mais adiante vamos defini-lo como o jogo da catalaxia. Como todos os jogos, ele ocorre segundo normas norteadoras das ações dos participantes cujos objetivos, habilidades e conhecimentos são diferentes, com a consequência de que o resultado será imprevisível e de que regularmente haverá ganhadores e perdedores. E embora, como num jogo, tenhamos razão ao insistir que ele seja limpo e que ninguém trapaceie, seria insensato exigir que os resultados para os diferentes jogadores fossem justos. Eles serão necessariamente determinados em parte pela habilidade e em parte pela sorte. Algumas das circunstâncias que tornam os serviços prestados por uma pessoa mais valiosos ou menos valiosos para os seus semelhantes, ou que pode tornar desejável que ela mude a direção das suas iniciativas, não resultam do desígnio humano nem são previsíveis pelos homens.

No próximo capítulo, vamos retornar ao fundamento lógico do processo de descoberta que o jogo da concorrência num mercado constitui de fato.

Nesse ponto, devemos nos contentar em enfatizar que os resultados para os diferentes indivíduos e grupos de um processo de utilização de um número maior de informações do que qualquer pessoa ou organização pode possuir devem ser imprevisíveis e devem ser muitas vezes diferentes das expectativas e intenções que determinaram a direção e a intensidade dos seus esforços; e que só poderemos fazer uso eficaz desse conhecimento disperso se (como Adam Smith também foi um dos primeiros a perceber com clareza)[11] permitirmos que o princípio de *feedback* negativo atue, o que significa que alguns sofrerão uma decepção não merecida.

Veremos também mais adiante que a importância para o funcionamento da ordem de mercado de preços ou salários específicos, e, portanto, das rendas dos diferentes grupos e indivíduos, deve-se sobretudo aos efeitos dos preços não nos que os pagam, mas naqueles para quem os efeitos dos preços atuam como sinais para mudança de direção das suas iniciativas. Sua função não é tanto recompensar as pessoas pelo que *fizeram* quanto informá-las do que, em seu próprio interesse, assim como no interesse geral, *deveriam fazer*. Então, também veremos que, para oferecer um incentivo suficiente às atividades exigidas para a manutenção da ordem de mercado, muitas vezes será necessário que o retorno das iniciativas das pessoas *não* corresponda ao mérito reconhecível, mas mostre que, apesar dos melhores esforços de que eram capazes, e por razões que não podiam saber, as suas iniciativas tiveram maior ou menor sucesso do que elas tinham motivos para esperar. Numa ordem espontânea, saber se alguém fez ou não a coisa "certa" nem sempre será uma questão de mérito, mas deve ser determinado independentemente de as pessoas envolvidas deverem ou poderem ter sabido o que era necessário.

Em resumo, os homens só podem decidir que trabalho fazer se a remuneração que esperam conseguir por ele corresponder ao valor que os seus serviços têm para aqueles a quem são prestados; e *esses valores que os seus serviços vão ter para aqueles a quem são prestados muitas vezes não vão ter relação com os seus méritos ou necessidades pessoais*. A recompensa pelo mérito obtido e a indicação do que uma pessoa deveria fazer, tanto no seu próprio interesse quanto no dos seus semelhantes, são coisas diferentes. A melhor recompensa será assegurada não por boas intenções ou necessidades, mas ao se fazer o que de fato mais beneficia os outros, independentemente do motivo. Entre aqueles que tentam escalar o Everest ou alcançar a lua, também reverenciamos não aqueles que mais se esforçaram, mas aqueles que chegaram ali primeiro.

Nesse contexto, a incapacidade geral de perceber que não podemos falar significativamente de justiça ou injustiça dos resultados deve-se, em parte, ao uso enganoso do termo "distribuição", que sugere inevitavelmente um agente distribuidor pessoal cuja vontade ou escolha determina a posição relativa das diferentes pessoas ou grupos.[12] É claro que esse agente não existe, e utilizamos um processo impessoal para determinar a alocação de benefícios justamente porque, por meio dele, podemos gerar uma estrutura de preços e remunerações relativos que determinará o tamanho e a composição do produto total que garante que o equivalente real da fração de cada indivíduo que o acaso ou a habilidade lhe atribui será tão grande quanto possível.

De pouco serviria investigar aqui mais pormenorizadamente a importância relativa da habilidade e da sorte na determinação das rendas relativas. Sem dúvida, isso vai variar muito entre diferentes ofícios, locais e épocas e, em particular, entre sociedades extremamente competitivas e sociedades menos empreendedoras. De modo geral, estou inclinado a acreditar que, em qualquer ofício ou profissão, a correspondência entre habilidade e diligência individuais é maior do que se costuma admitir, mas que a posição relativa de todos os membros de um determinado ofício ou profissão em comparação com os membros de outros ofícios ou profissões será, com maior frequência, afetada por circunstâncias além do seu controle e conhecimento. (Isso também pode ser um indício do porquê o que é chamado de injustiça "social" é habitualmente considerado uma falha mais grave da ordem existente do que os infortúnios correspondentes dos indivíduos.)[13] Porém, em geral, o fator decisivo não é que o mecanismo de preços faça com que as recompensas sejam proporcionais à habilidade e ao esforço, mas que, mesmo quando está claro para nós que a sorte desempenha um papel importante, e não temos a menor ideia de por que alguns têm mais sorte em adivinhar do que outros, ainda é do interesse geral continuarmos presumindo que o sucesso passado de algumas pessoas em escolher os vencedores torna provável também o seu sucesso no futuro e que, sendo assim, vale a pena induzi-las a prosseguir nas suas tentativas.

A suposta necessidade de uma crença na justiça das recompensas

De forma convincente, tem sido sustentado que as pessoas só tolerarão grandes desigualdades nas posições materiais se acreditarem que os diferentes

CAPÍTULO 9 • JUSTIÇA "SOCIAL" OU DISTRIBUTIVA

indivíduos conseguem, em geral, o que merecem, que elas de fato só apoia-ram a ordem de mercado porque (e enquanto) consideravam que as diferen-ças de remuneração correspondiam aproximadamente a diferenças de mérito e que, em consequência, a manutenção de uma sociedade livre pressupõe a crença de que está sendo realizado algum tipo de "justiça social".[14] No en-tanto, a ordem de mercado não deve de fato a sua origem a tais crenças, nem foi inicialmente justificada dessa maneira. Essa ordem conseguiu evoluir — depois de o desenvolvimento inicial entrar em declínio durante a Idade Mé-dia e, até certo ponto, ter sido destruído pelas restrições impostas pela autoridade — quando cerca de mil anos de esforços inúteis para descobrir preços ou salários substancialmente justos foram abandonados e os últimos escolásticos, reconhecendo-os como fórmulas vazias, ensinaram, em vez dis-so, que os preços determinados pela conduta justa das partes no mercado, isto é, os preços competitivos a que se chegasse sem fraude, monopólio ou violência, eram tudo o que a justiça exigia.[15] Foi dessa tradição que John Loc-ke e os seus contemporâneos obtiveram a concepção liberal clássica de jus-tiça, pela qual, como foi bem explanado, apenas "o modo como a concorrência era realizada, e não os seus resultados",[16] é que podia ser justo ou injusto.

É inquestionável que, sobretudo entre aqueles que tiveram bastante êxito na ordem de mercado, desenvolveu-se uma crença numa justificação moral do sucesso individual muito mais forte, e que, muito depois que os princípios básicos dessa ordem foram plenamente elaborados e aprovados pelos filósofos católicos da moral, essa crença recebeu grande apoio dos en-sinamentos calvinistas no mundo anglo-saxão. Sem dúvida, é importante na ordem de mercado (ou sociedade baseada na livre iniciativa, enganosa-mente chamada de "capitalismo") que os indivíduos acreditem que o seu bem-estar depende basicamente dos seus próprios esforços e decisões. De fato, poucos motivos tornam uma pessoa mais vigorosa e eficiente do que a crença de que só depende dela sobretudo alcançar os objetivos que ela mes-ma fixou. Por isso, essa crença costuma ser estimulada pela educação e pela opinião dominante — em geral, parece-me para o benefício da maioria dos membros da sociedade em que essa crença prevalece, a qual deverá muitos progressos materiais e morais a pessoas orientadas por ela. Porém, com cer-teza, essa crença também resulta numa confiança exagerada na verdade des-sa generalização que, para aqueles que se consideram (e talvez sejam) igualmente hábeis, mas fracassaram, deve parecer uma amarga ironia e uma grave provocação.

DIREITO, LEGISLAÇÃO E LIBERDADE

Podemos ver como uma infelicidade que, especialmente nos Estados Unidos, escritores conhecidos como Samuel Smiles e Horatio Alger, e mais tarde o sociólogo W. G. Summer, tenham defendido a livre iniciativa com base no argumento de que ela recompensa regularmente aqueles que merecem, ao passo que é um mau presságio para o futuro da ordem de mercado que esse argumento tenha se convertido na sua única defesa compreendida pelo grande público. Em larga medida, o fato de ter se transformado na base da autoestima do empresário costuma dotá-lo de um ar de arrogância que não lhe proporciona popularidade.

Portanto, trata-se de um verdadeiro dilema até que ponto devemos estimular a crença nos jovens de que, se eles realmente se esforçarem, terão sucesso, ou, em vez disso, devemos enfatizar que, inevitavelmente, alguns indivíduos indignos terão sucesso, enquanto outros dignos fracassarão — se devemos permitir que prevaleçam as opiniões daqueles grupos em que o excesso de confiança na recompensa apropriada dos hábeis e diligentes é forte e que, em consequência, farão muito para beneficiar os demais, e se na ausência dessas crenças parcialmente errôneas, a maioria tolerará diferenças reais de recompensas que se basearão em parte no esforço e em parte no mero acaso.

Não há "valor para a sociedade"

Durante a era medieval, a busca inútil pelo preço e salário justos, finalmente abandonada quando se reconheceu que só poderia ser considerado justo aquele preço "natural" obtido num mercado competitivo no qual não seria determinado por quaisquer leis ou decretos humanos, mas dependeria de tantas circunstâncias que só Deus poderia conhecê-las de antemão,[17] não significou o fim da busca dessa pedra filosofal. Ela foi revivida na era moderna, não só pela demanda generalizada por "justiça social", mas também pelas longas e igualmente frustradas iniciativas para descobrir critérios de justiça relativos a processos de conciliação ou arbitragem em negociações salariais. Quase um século de esforços de homens e mulheres de espírito público em muitas partes do mundo para descobrir os princípios pelos quais os salários justos poderiam ser determinados não produziu, como um número crescente deles admite, uma única norma capaz de fazê-lo.[18] Em vista disso, é um tanto surpreendente quando encontramos uma árbitra experiente como

CAPÍTULO 9 • JUSTIÇA "SOCIAL" OU DISTRIBUTIVA

Barbara Wooton, depois de admitir que os árbitros estão "envolvidos na tarefa impossível de tentar fazer justiça num vácuo ético" porque "ninguém sabe, nesse contexto, o que é justiça", tirar daí a conclusão de que os critérios deveriam ser determinados por legislação, exigindo explicitamente uma determinação política de todos os salários e rendas.[19] Não se deve levar adiante a ilusão de que o Parlamento pode determinar o que é justo, e não creio que Barbara Wooton desejasse realmente defender o princípio atroz implícito aí de que todas as recompensas deveriam ser determinadas pelo poder político.

Outra fonte de concepção de que as categorias de justo e injusto podem ser aplicadas de forma significativa às remunerações estipuladas pelo mercado é a ideia de que os diferentes serviços possuem um "valor para a sociedade" determinado e determinável, e que a remuneração real costuma diferir do valor. Porém, embora a concepção de um "valor para a sociedade" seja às vezes utilizada descuidadamente até por economistas, em rigor não existe tal coisa, e a expressão indica o mesmo tipo de antropomorfismo ou personificação da sociedade como a expressão "justiça social". Os serviços só podem ter valor para determinadas pessoas (ou para uma organização), e qualquer serviço em particular terá valores muito diferentes para diferentes membros da mesma sociedade. Considerá-los de modo distinto é tratar a sociedade não como uma ordem espontânea de homens livres, mas como uma organização cujos membros são todos postos a serviço de uma única hierarquia de fins. Isso seria necessariamente um sistema totalitário, em que a liberdade pessoal estaria ausente.

Embora seja tentador falar de um "valor para a sociedade" em vez do valor de um homem para os seus semelhantes, é de fato bastante enganoso dizermos, por exemplo, que um homem que fornece fósforos para milhões de pessoas e com isso ganha duzentos mil dólares por ano tem mais valor "para a sociedade" do que um homem que fornece grande sabedoria ou satisfação refinada para poucos milhares e com isso ganha vinte mil dólares. Mesmo a execução de uma sonata de Beethoven, uma pintura de Leonardo da Vinci ou uma peça de Shakespeare não tem "valor para a sociedade", mas um valor apenas para aqueles que as conhecem e apreciam. E faz pouco sentido afirmar que um boxeador ou um cantor romântico tem mais valor para a sociedade do que um virtuoso do violino ou um bailarino porque os primeiros prestam serviços a milhões e os segundos a um grupo muito menor. A questão não é que os valores verdadeiros sejam diferentes, mas que os valores atribuídos aos diferentes serviços por diferentes grupos de pessoas são incomensuráveis; tudo o que essas expressões significam é simplesmente que um recebe de fato uma soma agregada maior de um número maior de pessoas do que o outro.[20]

Em geral, as rendas auferidas no mercado por diferentes pessoas não corresponderão aos valores relativos dos seus serviços para qualquer indivíduo. Apesar de que, na medida em que qualquer mercadoria de um dado grupo de diferentes mercadorias é consumida por um indivíduo, ele comprará tanto de cada uma que os valores relativos a ela das últimas unidades corresponderão aos seus preços relativos, muitos pares de mercadorias nunca serão consumidos pela mesma pessoa: o preço relativo dos artigos consumidos apenas por homens e dos artigos consumidos apenas por mulheres não corresponderá aos valores relativos desses artigos para ninguém.

Assim, as remunerações que os indivíduos e os grupos recebem no mercado são determinadas pelo valor que esses serviços têm para quem os recebe (ou, em rigor, para a última demanda premente por esses serviços que ainda pode ser satisfeita pela oferta disponível), e não por algum fictício "valor para a sociedade".

Outro motivo de queixa acerca da suposta injustiça desse princípio de remuneração é que a remuneração assim determinada costumará ser muito maior do que a que seria necessária para induzir o fornecedor a prestar esses serviços. Isso é perfeitamente verdade, mas necessário, para que todos os que prestam o mesmo serviço recebam a mesma remuneração, para que o tipo de serviço em questão seja aumentado na medida em que preço ainda exceda os custos e para que todos que desejam comprá-lo ou vendê-lo ao preço corrente sejam capazes de fazê-lo. A consequência deve ser que todos os vendedores, exceto os marginais, obtenham um ganho superior ao necessário para induzi-los a prestar os serviços em questão — da mesma forma que todos os compradores, exceto os marginais, obterão o que compram por menos do que estavam dispostos a pagar. Desse modo, a remuneração do mercado raramente parecerá justa no sentido em que alguém talvez possa se empenhar devidamente para compensar os outros pelos esforços e sacrifícios incorridos em seu benefício.

Aliás, a consideração de diferentes atitudes que diferentes grupos assumirão em relação à remuneração de diferentes serviços também mostra que a grande maioria das pessoas não se ressente de todas as rendas maiores que as suas, mas, em geral, apenas daquelas auferidas por atividades cujas

CAPÍTULO 9 • JUSTIÇA "SOCIAL" OU DISTRIBUTIVA

funções elas não compreendem ou que consideram prejudiciais. Eu nunca soube que indivíduos comuns se ressentissem dos elevadíssimos ganhos de um boxeador, de um toureiro, de um ídolo do futebol, de uma estrela do cinema ou de um rei do jazz — estas parecem muitas vezes até se deleitar vicariamente com a ostentação de extremo luxo e desperdício dessas figuras diante das quais aquelas dos magnatas da indústria ou das finanças empalidecem. E é quando a maioria das pessoas não compreende a utilidade de uma atividade, e em geral porque a consideram erroneamente danosa (o "especulador" — não raro em combinação com a crença de que somente atividades desonestas podem dar tanto dinheiro), e sobretudo quando os volumosos ganhos são usados para acumular uma fortuna (de novo pela crença errônea de que seria desejável que fosse gasta em vez de investida), que surge o protesto contra a injustiça disso. No entanto, a estrutura complexa da Grande Sociedade moderna evidentemente não funcionaria se as remunerações de todas as diferentes atividades fossem determinadas pela opinião que a maioria tem do seu valor — ou mesmo se dependessem da compreensão ou do conhecimento de qualquer pessoa da importância de todas as diferentes atividades necessárias para o funcionamento do sistema.

A questão principal não é que o povo, na maioria dos casos, não faça ideia dos valores que as atividades de um homem têm para os seus semelhantes, e que são necessariamente os seus preconceitos que determinariam o uso do poder governamental. É que ninguém conhece esses valores, exceto na medida em que o mercado lhe informa. É bem verdade que a nossa consideração de atividades específicas costuma diferir do valor conferido a elas pelo mercado; e expressamos esse sentimento mediante um protesto acerca da injustiça disso. Porém, quando perguntamos quais deveriam ser as remunerações relativas de uma enfermeira e de um açougueiro, de um mineiro de carvão e de um juiz de um tribunal superior, de um mergulhador de águas profundas ou de um limpador de fossas, de um organizador de uma nova indústria e de um jóquei, de um fiscal de rendas e de um inventor de um medicamento essencial, de um piloto de jato ou de um professor de matemática, o apelo à "justiça social" não nos dá a menor ajuda na decisão — e se a usamos não é mais do que uma insinuação de que os outros deveriam concordar com a nossa opinião sem oferecermos qualquer razão para isso.

Pode-se objetar que, embora não sejamos capazes de dar um significado preciso à expressão "justiça social", isso não tem de ser uma objeção fatal, porque a posição pode ser semelhante à que anteriormente eu afirmei existir em relação à justiça propriamente dita: talvez não saibamos o que é "socialmente justo", mas sabemos muito bem o que é "socialmente injusto"; e ao eliminarmos de modo persistente a "injustiça social" sempre que a encontramos, aos poucos nos aproximamos da "justiça social". No entanto, isso não oferece uma saída para a dificuldade básica. Não há prova pela qual possamos descobrir o que é "socialmente injusto" porque não há sujeito pelo qual essa injustiça possa ser cometida, nem normas de conduta individual cuja observância na ordem de mercado assegurasse aos indivíduos e grupos a posição que como tal (em contraste com o processo pelo qual ela é determinada) parecesse justa para nós.[21] A expressão "justiça social" não pertence à categoria do erro, mas à do absurdo, como a expressão "uma pedra moral".

O significado de "social"

Pode-se esperar obter alguma ajuda na busca do significado de "justiça social" pelo exame do significado de atributo "social"; mas a tentativa de fazer isso logo leva a um atoleiro de confusão quase tão terrível quanto o que envolve a própria "justiça social".[22] Na origem, evidentemente, o termo "social" tinha um significado claro (análogo a formações como "nacional", "tribal" ou "organizacional"), especificamente o de pertencente ou característico da estrutura e do funcionamento da sociedade. Nesse sentido, sem dúvida, a justiça é um fenômeno social e a adição de "social" ao substantivo é um pleonasmo,[23] tal como se falássemos de "linguagem social" — ainda que em usos iniciais ocasionais pudesse ter tido a intenção de distinguir as concepções geralmente predominantes de justiça daquela mantida por pessoas ou grupos específicos.

Porém, "justiça social", como utilizada hoje em dia, não é "social" no sentido de "normas sociais", ou seja, algo que se desenvolveu como uma prática de ação individual durante a evolução social, nem um produto da sociedade ou de um processo social, mas uma concepção a ser imposta à sociedade. Foi a referência do termo "social" ao conjunto da sociedade, ou aos interesses de todos os seus membros, que o levou a adquirir gradualmente um significado predominante de aprovação moral. Quando entrou em uso geral no terceiro quarto do século passado, pretendia transmitir um apelo às classes ainda dominantes para que se preocupassem mais com o bem-estar dos pobres muito mais numerosos, cujos interesses não tinham recebido a devida

CAPÍTULO 9 • JUSTIÇA "SOCIAL" OU DISTRIBUTIVA

consideração.[24] A "questão social" foi apresentada como um apelo à consciência das classes mais altas para que reconhecessem a sua responsabilidade pelo bem-estar dos setores desprezados da sociedade, cujas vozes tinha tido até então pouco peso nos conselhos de governo. A "política social" (ou *Socialpolitik*, na língua do país que então liderava o movimento) tornou-se a ordem do dia, a principal preocupação de todos os indivíduos progressistas e virtuosos, e "social" passou cada vez mais a substituir termos como "ético" ou simplesmente "bom".

Porém, a partir desse apelo à consciência do povo para se preocupar com os desafortunados e reconhecê-los como membros da mesma sociedade, a concepção passou gradualmente a significar que a "sociedade" deveria se responsabilizar pela posição material específica de todos os seus membros, assegurando que cada um recebesse o que lhe era "devido". Isso implicava que os processos da sociedade deveriam ser deliberadamente dirigidos a resultados específicos e, ao personificar a sociedade, representava-a como um sujeito dotado de uma mente consciente, capaz de ser orientada na sua atuação por princípios morais.[25] Cada vez mais, "social" tornou-se a caracterização da virtude preeminente, o atributo pelo qual o homem bom se destacava e o ideal pelo qual a ação comunal deveria ser orientada.

Porém, embora essa evolução ampliasse indefinidamente o campo de aplicação do termo "social", não lhe deu o novo significado desejado. Ela o privou tanto do seu significado descritivo original que os sociólogos norte-americanos consideraram necessário criar um novo termo no seu lugar: "societal". De fato, gerou uma situação em que "social" pode ser empregado para definir quase qualquer ação como publicamente desejável e tem, ao mesmo tempo, o efeito de privar quaisquer termos com que seja combinado de um significado claro. Não só "justiça social" como também "democracia social", "economia social de mercado"[26] ou "estado social de direito" (ou estado de direito; em alemão, *sozialer Rechtsstaat*) são expressões que, embora justiça, democracia, economia de mercado ou *Rechtsstaat* tenham por si mesmos significados perfeitamente válidos, a adição do adjetivo "social" confere a eles a capacidade de significar quase tudo o que se queira. Com efeito, a palavra se converteu numa das principais fontes de confusão do discurso político, e provavelmente não pode mais ser recuperada para um propósito útil.

Ao que parece, não há limite para a violência que será feita à linguagem para favorecer algum ideal, e recentemente o exemplo de "justiça social" deu origem à expressão "justiça global"! O seu contrário, "injustiça global", foi

DIREITO, LEGISLAÇÃO E LIBERDADE

definido por uma reunião ecumênica de líderes religiosos norte-americanos como "caracterizada por uma dimensão de pecado nas estruturas e nos sistemas econômico, político, social, sexual e de classe da sociedade global"![27] Ao que tudo indica, a convicção de que alguém está defendendo uma boa causa gerou mais raciocínio destituído de rigor e até desonestidade intelectual do que talvez qualquer outra causa.

"Justiça social" e igualdade

As tentativas mais comuns de dar sentido ao conceito de "justiça social" recorrem a considerações igualitárias e sustentam que todo afastamento da igualdade em relação a benefícios materiais desfrutados precisa ser justificado por algum interesse comum reconhecível ao qual essas diferenças atendam.[28] Isso se baseia numa analogia enganosa com a situação em que alguma ação humana deve distribuir recompensas, caso em que, de fato, a justiça exigiria que essas recompensas fossem estipuladas conforme alguma norma reconhecível de aplicabilidade geral. Porém, os ganhos em um sistema de mercado, ainda que as pessoas tendam a considerá-los como recompensas, não atendem essa função. O seu fundamento lógico (se podemos utilizar essa expressão para um papel que não foi concebido, mas desenvolvido porque auxiliava o esforço humano sem que as pessoas entendessem como) é, antes, indicar para as pessoas o que devem fazer para que seja mantida a ordem da qual todos dependem. Os preços que devem ser pagos em uma economia de mercado por diferentes tipos de trabalho e outros fatores de produção para que as iniciativas individuais sejam compatíveis, embora sejam afetadas por esforço, diligência, habilidade, necessidade etc., não podem corresponder a nenhuma dessas grandezas; e as considerações de justiça simplesmente não fazem sentido[29] em relação à determinação de uma grandeza que não depende da vontade ou do desejo de ninguém, mas das circunstâncias que ninguém conhece na sua totalidade.

A alegação de que todas as diferenças de ganhos devem ser justificadas por alguma diferença correspondente de merecimento é uma que certamente não teria sido considerada óbvia numa comunidade de agricultores, comerciantes ou artesãos, isto é, numa sociedade em que o sucesso ou o fracasso fossem claramente percebidos como dependentes apenas em parte da habilidade e da diligência, e em parte do puro acaso que poderia atingir

CAPÍTULO 9 • JUSTIÇA "SOCIAL" OU DISTRIBUTIVA

qualquer um — embora mesmo nessas sociedades os indivíduos fossem conhecidos por se queixar a Deus ou à sorte da injustiça do seu destino. Todavia, ainda que as pessoas se ressintam de que a sua remuneração dependa em parte do puro acaso, isto é, de fato, justamente aquilo do que elas devem depender para que a ordem de mercado se ajuste prontamente às mudanças inevitáveis e imprevistas das circunstâncias, e para que o indivíduo possa decidir o que fazer. A atitude agora predominante só poderia surgir numa sociedade em que a grande maioria trabalhasse como membro de organizações nas quais fossem remunerados a valores estipulados por tempo trabalhado. Essas comunidades não atribuirão as diferentes sortes dos seus membros à atuação de um mecanismo impessoal que serve para orientar os rumos das iniciativas, mas sim a algum poder humano que deve alocar frações de acordo com o mérito.

O postulado da igualdade material só seria um ponto de partida natural se fosse uma circunstância necessária que as frações dos diferentes indivíduos ou grupos fossem de tal maneira determinadas por decisão humana deliberada. Numa sociedade em que isso fosse um fato inquestionável, a justiça exigiria, certamente, que a alocação dos meios para a satisfação das necessidades humanas fosse efetuada conforme algum princípio uniforme, como o mérito ou a necessidade (ou uma combinação de ambos), e que, onde o princípio adotado não justificasse uma diferença, as frações dos diferentes indivíduos fossem iguais. A exigência predominante por igualdade material provavelmente se baseia, muitas vezes, na crença de que as desigualdades existentes são resultado da decisão de alguém — uma crença que seria inteiramente equivocada numa ordem de mercado genuína e tem ainda apenas uma validade bastante limitada na economia "mista" altamente intervencionista hoje existente na maioria dos países. De fato, em grande medida, essa forma de ordem econômica agora predominante alcançou o seu caráter em consequência das medidas governamentais visando o que se pensava ser exigido pela "justiça social".

No entanto, quando a escolha é entre uma genuína ordem de mercado, que não realiza e não pode realizar uma distribuição correspondente a qualquer padrão de justiça material, e um sistema em que o governo usa os seus poderes para pôr em prática esse padrão, a questão não é se o governo deve exercer, justa ou injustamente, poderes que exercerá em qualquer caso, mas se o governo deveria possuir e exercer poderes adicionais que pudessem ser usados para determinar as frações dos diferentes membros da sociedade. Em

DIREITO, LEGISLAÇÃO E LIBERDADE

outras palavras, a demanda por "justiça social" não requer apenas que o governo observe algum princípio de ação segundo normas uniformes naquelas ações que desempenhará de qualquer modo, mas exige que ele realize atividades adicionais e, com isso, assuma novas responsabilidades — tarefas que não são necessárias para manter a lei e a ordem e que atendam certas necessidades coletivas que o mercado não poderia satisfazer.

O grande problema é saber se essa nova demanda por igualdade não conflita com a igualdade das normas de conduta que o governo deve aplicar a todos numa sociedade livre. Claro que existe uma grande diferença entre o governo que trata todos os cidadãos de acordo com as mesmas normas em todas as atividades que realiza em prol de outros propósitos e o governo que faz o que é necessário para colocar os diferentes cidadãos em posições materiais iguais (ou menos desiguais). Na verdade, pode surgir um conflito acentuado entre esses dois objetivos. Como as pessoas diferirão em diversos atributos que o governo não consegue alterar, assegurar-lhe a mesma posição material exigiria que o governo as tratasse de maneira muito diferente. Com efeito, para assegurar a mesma posição material para pessoas que diferem muito em força, inteligência, habilidade, conhecimento e perseverança, assim como no seu ambiente físico e social, o governo teria claramente que tratá-las de maneira muito diferente para compensar essas desvantagens e deficiências que não poderia alterar diretamente. Por outro lado, sem dúvida, a igualdade estrita dos benefícios que o governo poderia proporcionar a todos levaria à desigualdade das posições materiais.

No entanto, essa não é a única e nem mesmo a principal razão pela qual um governo que visa assegurar aos seus cidadãos posições materiais iguais (ou qualquer padrão determinado de bem-estar material) teria de tratá-los muito desigualmente. Teria que fazê-lo porque, sob tal sistema, precisaria se encarregar de dizer para as pessoas o que fazer. Uma vez que as recompensas que o indivíduo pode esperar não são mais uma indicação adequada de como direcionar as suas iniciativas para os lugares em que são mais necessárias, porque essas recompensas correspondem não ao valor que os seus serviços têm para os seus semelhantes, mas sim ao mérito ou merecimento moral que se considera que as pessoas ganharam, essas recompensas perdem a função norteadora que têm na ordem de mercado e precisariam ser substituídas pelas prescrições da autoridade dirigente. No entanto, um órgão de planejamento central teria que decidir sobre as tarefas a serem destinadas aos diferentes grupos ou indivíduos inteiramente

CAPÍTULO 9 • JUSTIÇA "SOCIAL" OU DISTRIBUTIVA

com base na conveniência ou na eficiência e, para alcançar os seus fins, precisaria impor a elas deveres e encargos bastante diferentes. Os indivíduos poderiam ser tratados segundo normas uniformes no que concerne às suas recompensas, mas certamente não em relação aos diferentes tipos de trabalho que teriam que ser obrigados a fazer. Ao designar pessoas para as suas diferentes tarefas, o órgão de planejamento central teria que ser orientado por considerações de eficiência e conveniência, e não por princípios de justiça ou igualdade. Não menos que na ordem de mercado, os indivíduos, no interesse comum, teriam que se submeter a grandes desigualdades — só que essas desigualdades seriam determinadas não pela interação de habilidades individuais num processo impessoal, mas pela decisão incontestável da autoridade.

Como está ficando claro em áreas cada vez maiores da política de bem-estar social, uma autoridade encarregada de alcançar resultados específicos em prol dos indivíduos deve receber poderes essencialmente arbitrários para obrigar os indivíduos a fazerem o que se afigura necessário para alcançar o resultado desejado. Igualdade plena para a maioria não pode significar senão a igual submissão das grandes massas sob o comando de alguma elite que administra os seus assuntos. Embora uma igualdade de direitos sob um governo limitado seja possível e uma condição essencial da liberdade individual, uma reivindicação de igualdade da posição material só pode ser satisfeita por um governo com poderes totalitários.[30]

Claro que não estamos errados quando percebemos que os efeitos dos processos econômicos de uma sociedade livre sobre os diferentes indivíduos e grupos não são distribuídos conforme algum princípio de justiça reconhecível. O nosso erro é concluirmos disso que eles são injustos e que alguém é responsável e deve ser culpado por isso. Numa sociedade livre, em que a posição dos diferentes indivíduos e grupos não resulta do desígnio de ninguém — nem poderia, no âmbito dessa sociedade, ser alterada conforme um princípio de aplicabilidade geral —, as diferenças nas recompensas não podem ser consideradas significativamente como justas ou injustas. Sem dúvida, existem diversos tipos de ações individuais que visam afetar determinadas remunerações e que poderiam ser consideradas injustas. Porém, não há princípios de conduta individual que gerariam um padrão de distribuição que, como tal, pudesse ser chamado de justo e, portanto, tampouco existe a possibilidade de o indivíduo saber o que deveria fazer para assegurar uma remuneração justa dos seus semelhantes.

DIREITO, LEGISLAÇÃO E LIBERDADE

Todo o nosso sistema de moral é um sistema de normas de conduta individual, e numa Grande Sociedade nenhuma conduta orientada por essas normas, ou por decisões dos indivíduos orientados por essas normas, poderia gerar resultados para os indivíduos que pareceriam para nós como justos no sentido em que consideramos justas ou injustas recompensas concebidas: simplesmente porque nessa sociedade ninguém tem o poder ou o conhecimento que lhe permitiria assegurar que aqueles afetados pelas suas ações receberão o que ele considera correto que recebam. Tampouco qualquer pessoa a quem seja assegurada uma remuneração conforme algum princípio aceito como constituindo "justiça social" poderia decidir o que ele deve fazer: a remuneração que indica a urgência da realização de determinado trabalho não pode ser justa nesse sentido, porque a necessidade de determinado tipo de trabalho dependeria muitas vezes de acontecimentos imprevisíveis, e seguramente não das boas intenções ou iniciativas daqueles capazes de realizá-lo. E uma autoridade que fixasse remunerações com a intenção de reduzir com isso o tipo e o número de pessoas consideradas necessárias em cada ocupação não poderia tornar essas remunerações "justas", isto é, proporcionais ao merecimento, ou à necessidade, ou aos méritos de qualquer outra reivindicação das pessoas envolvidas, mas teriam que oferecer o que fosse necessário para atrair ou reter o número de pessoas desejado em cada gênero de atividade.

"Igualdade de oportunidade"

Claro que não se pode negar que, na ordem de mercado existente, não só os resultados como também as oportunidades iniciais dos diferentes indivíduos costumam ser muito diferentes; eles são afetados por circunstâncias do seu ambiente físico e social que estão fora do seu controle, mas que sob muitos aspectos específicos podem ser alteradas por alguma ação governamental. A demanda por igualdade de oportunidade ou de condições iniciais iguais (*Startgerechtigkeit*) atrai e tem sido apoiada por muitos que, em geral, são a favor da ordem de livre mercado. Na medida em que isso se refere a facilidades e oportunidades que são necessariamente afetadas por decisões governamentais (como nomeações para cargos públicos e afins), a demanda foi, de fato, um dos pontos fulcrais do liberalismo clássico, geralmente expresso pela frase francesa "*la*

100

CAPÍTULO 9 • JUSTIÇA "SOCIAL" OU DISTRIBUTIVA

carrière ouverte aux talents"†. Também há muito a ser dito em favor do fornecimento por parte do governo em condições de igualdade de recursos para a educação dos menores que ainda não são cidadãos plenamente responsáveis, ainda que haja sérias dúvidas sobre se devemos permitir que o governo os administre.

Porém, tudo isso ainda estaria muito longe da criação de uma verdadeira igualdade de oportunidade, mesmo para pessoas com as mesmas habilidades. Para isso, o governo precisaria controlar todo o ambiente físico e humano de todas as pessoas, e teria que se esforçar para oferecer oportunidades pelo menos equivalentes para cada um; e quanto mais sucesso o governo tivesse nesses esforços, mais forte se tornaria a demanda legítima de que, segundo o mesmo princípio, quaisquer desvantagens ainda remanescentes fossem eliminadas — ou compensadas pela imposição de um ônus adicional sobre os ainda relativamente favorecidos. Isso teria que continuar até que o governo controlasse literalmente todas as circunstâncias capazes de afetar o bem-estar de qualquer pessoa. Por mais atraente que pareça à primeira vista a expressão "igualdade de oportunidade", quando a ideia se estende além das facilidades que por outras razões devem ser oferecidas pelo governo, torna-se um ideal completamente ilusório e qualquer tentativa de realizá-lo de forma concreta tende a gerar um pesadelo.

"Justiça social" e liberdade nos termos do direito

A ideia de que os homens devem ser recompensados segundo a avaliação dos méritos ou merecimentos dos seus serviços "para a sociedade" pressupõe uma autoridade que não só distribui essas recompensas, mas também atribui aos indivíduos as tarefas por cujo desempenho serão recompensados. Em outras palavras, para que a "justiça social" seja feita, os indivíduos devem ser obrigados a obedecer não só normas gerais como também demandas específicas dirigidas unicamente a eles. O tipo de ordem social em que os indivíduos são orientados a atender um sistema único de fins é a organização, e não a ordem espontânea de mercado — isto é, não um sistema em que o indivíduo é livre porque limitado apenas por normas gerais

---

† Frase de Napoleão Bonaparte ("carreiras abertas ao talento") que significava que um homem podia ascender na hierarquia militar simplesmente sendo bom soldado, e não por meio de clientelismo e nepotismo.

de conduta justa, mas um sistema em que todos estão sujeitos a orientações específicas da autoridade.

Às vezes, imagina-se que uma mera alteração das normas de conduta individual poderia ocasionar a implantação da "justiça social". Porém, não pode haver nenhum conjunto dessas normas, nem quaisquer princípios pelos quais os indivíduos possam reger a sua conduta de tal forma que, numa Grande Sociedade, o efeito conjunto das suas atividades seja uma distribuição de benefícios capazes de ser definidos como materialmente justos, ou qualquer outra alocação específica e planejada de vantagens e desvantagens entre pessoas ou grupos específicos. Para alcançar *qualquer* padrão específico de distribuição por meio do processo de mercado, cada produtor precisaria saber não só quem será beneficiado (ou prejudicado) pelas suas iniciativas, mas também como todas as outras pessoas afetadas pelas suas atividades (de fato ou potencialmente) serão favorecidas em consequência dos serviços que estão recebendo de outros membros da sociedade. Como vimos anteriormente, as normas adequadas de conduta podem determinar apenas o caráter formal da ordem de atividades que será criada, mas não as vantagens específicas que grupos ou indivíduos específicos dela derivarão.

Esse fato bastante óbvio ainda precisa ser enfatizado, já que até mesmo juristas eminentes têm afirmado que a substituição de justiça individual ou comutativa pela justiça "social" ou distributiva não destruiria necessariamente a liberdade do indivíduo nos termos do direito. Assim, o distinto filósofo alemão do direito Gustav Radbruch sustentou explicitamente que "a comunidade socialista também seria um *Rechtsstaat* [isto é, o estado de direito prevaleceria ali], mas um *Rechtsstaat* regido não pela justiça comutativa, mas pela justiça distributiva".[31] E em relação à França, relata-se que "foi sugerido que alguns gestores de alto escalão deveriam ter a função permanente de se 'pronunciar' sobre a distribuição da renda nacional, como os juízes se pronunciam sobre matérias jurídicas".[32] No entanto, essas crenças ignoram o fato de que nenhum padrão específico de distribuição pode ser alcançado fazendo com que os indivíduos obedeçam normas de conduta, mas que a obtenção desses resultados específicos predeterminados requer uma coordenação deliberada de todas as diferentes atividades conforme as circunstâncias concretas de tempo e lugar. Em outras palavras, isso impede que os diversos indivíduos ajam com base em seu próprio conhecimento e a serviço dos seus próprios fins, o que é a essência da liberdade, mas exige que eles sejam obrigados a agir de maneira que, segundo o conhecimento da

CAPÍTULO 9 • JUSTIÇA "SOCIAL" OU DISTRIBUTIVA

autoridade dirigente, é necessária para a realização dos fins escolhidos por essa autoridade.

Dessa maneira, a justiça distributiva visada pelo socialismo é incompatível com o estado de direito e com a liberdade nos termos da lei que o estado de direito destina-se a assegurar. As normas da justiça distributiva não podem ser normas para a conduta em relação a iguais, mas devem ser normas de conduta de superiores em relação aos seus subordinados. No entanto, ainda que alguns socialistas tenham há muito tempo chegado eles mesmos à inevitável conclusão de que "os princípios fundamentais do direito formal pelos quais todo caso deve ser julgado conforme princípios racionais gerais (...) só prevalecem para a fase competitiva do capitalismo",[33] e os comunistas, enquanto levavam a sério o socialismo, chegaram até a proclamar que "o comunismo não significa a vitória do direito socialista, mas sim a vitória do socialismo sobre qualquer tipo de direito, pois com a abolição das classes com interesses antagônicos, o direito desaparecerá completamente",[34] quando, há mais de trinta anos, eu mesmo fiz deste o ponto central de uma discussão sobre os efeitos políticos dos programas econômicos socialistas,[35] isso suscitou grande indignação e violentos protestos. Porém, o ponto crucial está implícito mesmo na própria ênfase de Radbruch sobre o fato de que a transição da justiça comutativa para a justiça distributiva significa uma progressiva substituição do direito privado pelo direito público,[36] já que o direito público consiste não em normas de conduta para cidadãos comuns, mas em normas de organização para servidores públicos. Como o próprio Radbruch salienta, trata-se de um direito que subordina os cidadãos à autoridade.[37] Só se entendermos por direito não apenas as normas gerais de conduta justa, mas quaisquer prescrições emitidas pela autoridade (ou qualquer autorização dessas prescrições por um poder legislativo), as medidas destinadas à justiça distributiva podem ser consideradas compatíveis com o estado de direito. Porém, com isso, esse conceito passa a significar mera legalidade e deixa de oferecer a proteção da liberdade individual que, na origem, destinava-se a atender.

Numa sociedade livre, não há razão para que o governo não assegure a todos proteção contra privações graves sob a forma de uma renda mínima garantida ou um nível abaixo do qual ninguém precisa descer. Estabelecer esse seguro contra o extremo infortúnio pode muito bem ser do interesse de todos; ou pode ser considerado um claro dever moral de todos ajudar, no âmbito da comunidade organizada, aqueles que não podem ajudar a si mesmos. Desde que essa renda mínima uniforme seja oferecida fora do mercado a

DIREITO, LEGISLAÇÃO E LIBERDADE

todos aqueles que, por qualquer motivo, são incapazes de obter no mercado um sustento adequado, isso não precisa levar à restrição da liberdade ou conflitar com o estado de direito. Os problemas de que nos ocupamos aqui surgem apenas quando a remuneração por serviços prestados é determinada pela autoridade, suspendendo-se, assim, o mecanismo impessoal do mercado que orienta a direção das iniciativas individuais.

Talvez o sentimento de ressentimento mais agudo acerca da injustiça infligida a alguém, não por pessoas em particular mas pelo "sistema", seja o de ser privado de oportunidades para desenvolver as próprias habilidades de que os outros desfrutam. Qualquer diferença de ambiente, social ou físico, pode ser responsável por isso, e pelo menos algumas delas podem ser inevitáveis. A mais importante destas é, sem dúvida, inseparável da instituição da família. Esta não só satisfaz uma forte necessidade psicológica, mas, em geral, serve como instrumento para a transmissão de importantes valores culturais. Não resta dúvida de que aqueles que são totalmente privados desse benefício, ou que cresceram em condições desfavoráveis, são gravemente prejudicados; e poucos questionarão que seria desejável que alguma instituição pública ajudasse, na medida do possível, essas crianças desafortunadas quando parentes e vizinhos falhassem. No entanto, poucos acreditarão seriamente (ainda que Platão acreditasse) que podemos compensar plenamente essa deficiência, e eu considero que um número ainda menor acredita que, como esse benefício não pode ser assegurado a todos, deveria, no interesse da igualdade, ser retirado daqueles que agora o desfrutam. Tampouco me parece que mesmo a igualdade material possa compensar aquelas diferenças na capacidade de desfrute e de vivo interesse pelo ambiente cultural conferida por uma educação adequada.

É claro que existem muitas outras desigualdades irremediáveis que parecem tão irracionais quanto as desigualdades econômicas, mas que geram menos ressentimentos que as últimas porque não parecem provocadas pelo homem ou consequência de instituições capazes de ser alteradas.

O âmbito espacial da "justiça social"

Não resta dúvida de que os sentimentos morais que se expressam na demanda por "justiça social" resultam de uma atitude que, em condições mais primitivas, o indivíduo desenvolveu em relação aos outros membros do pequeno

CAPÍTULO 9 • JUSTIÇA "SOCIAL" OU DISTRIBUTIVA

grupo ao qual pertencia. Com respeito ao membro pessoalmente conhecido do próprio grupo, pode muito bem ter sido um dever reconhecido tanto ajudá-lo como ajustar as ações às suas necessidades. Isso é possível pelo conhecimento da sua pessoa e das suas circunstâncias. A situação é completamente diferente na Grande Sociedade ou Sociedade Aberta. Nesse caso, os produtos e os serviços de cada pessoa beneficiam geralmente outras que ela não conhece. A maior produtividade dessa sociedade se baseia numa divisão do trabalho que se estende muito além do âmbito que qualquer indivíduo pode examinar. Essa extensão do processo de troca para além de grupos relativamente pequenos, e incluindo grande número de pessoas que não se conhecem, passou a ser possível concedendo ao estranho, e até ao estrangeiro, a mesma proteção das normas de conduta justa aplicáveis às relações dos membros conhecidos do seu próprio pequeno grupo.

Essa aplicação das mesmas normas de conduta justa às relações com todos os outros homens é considerada corretamente como uma das grandes conquistas de uma sociedade liberal. O que em geral não se compreende é que essa extensão das mesmas normas às relações com todos os outros homens (além do grupo mais íntimo, como a família e os amigos pessoais) exige uma atenuação de pelo menos algumas das normas aplicadas às relações com os demais membros do grupo menor. Se as obrigações legais no concernente a estranhos ou estrangeiros devem ser iguais às que se têm com os vizinhos ou os moradores do mesmo vilarejo ou cidade, estas últimas precisarão ser reduzidas às que também podem ser aplicadas aos estranhos. Sem dúvida, os homens sempre desejarão pertencer também a grupos menores e estarão dispostos a assumir voluntariamente maiores obrigações para com amigos ou companheiros escolhidos por eles mesmos. Porém, essas obrigações morais em relação a alguns nunca podem se tornar deveres impostos num sistema de liberdade nos termos do direito, porque, nesse sistema, a seleção daqueles a respeito de quem um homem deseja assumir obrigações morais especiais deve ser deixada por sua própria conta, não podendo ser determinada por lei. Um sistema de normas destinado a uma Sociedade Aberta e, pelo menos em princípio, concebido para ser aplicável a todas as outras deve ter um conteúdo um tanto menor do que aquele aplicável a um pequeno grupo.

Em particular, um comum acordo sobre o qual é o devido *status* ou a devida posição material dos diferentes membros só tende a se desenvolver no grupo relativamente pequeno, cujos membros estão familiarizados com o caráter e a importância das atividades de cada um. Nessas pequenas comunidades, a opinião acerca do *status* adequado também ainda vai estar associada a um sentimento sobre o que um indivíduo deve ao outro, e não será simplesmente uma exigência que alguém forneça a recompensa apropriada. Em geral, como rotina, as demandas pela concretização da "justiça social" são — embora muitas vezes apenas tacitamente — dirigidas aos governos nacionais como os organismos que dispõem dos poderes necessários. Porém, é duvidoso que em qualquer país, exceto naqueles muito pequenos, possam ser adotados nacionalmente padrões derivados da situação local específica a que o indivíduo está familiarizado, e quase certo que poucos homens estariam dispostos a conceder aos estrangeiros o mesmo direito a uma determinada renda que tendem a reconhecer em relação aos seus concidadãos.

É verdade que, nos últimos anos, a preocupação com o sofrimento de grandes populações dos países pobres induziu o eleitorado dos países mais ricos a aprovar considerável ajuda material a eles; mas não se poderia dizer que, nesse aspecto, a justiça desempenhou um papel significativo. É realmente duvidoso que qualquer ajuda substancial teria sido prestada se grupos de poder concorrentes não tivessem se esforçado para atrair para a sua órbita o maior número possível de países em desenvolvimento. E é digno de nota que a moderna tecnologia que possibilitou essa assistência só pôde se desenvolver porque alguns países conseguiram acumular grande riqueza, enquanto a maior parte do mundo pouco se modificou.

No entanto, a questão principal é que, se olharmos para além dos limites dos nossos estados nacionais, e certamente se formos além dos limites do que consideramos como a nossa civilização, já não teremos mais sequer a ilusão de que sabemos o que seria "socialmente justo", e os próprios grupos que nos estados existentes são os mais ruidosos nas suas demandas por "justiça social", como os sindicatos, são normalmente os primeiros a rejeitar essas reivindicações quando feitas em favor dos estrangeiros. Aplicada à esfera internacional, a completa falta de um padrão reconhecido de "justiça social", ou de quaisquer princípios conhecidos nos quais esse padrão pudesse se basear, logo se torna óbvia; enquanto em escala nacional a maioria das pessoas ainda pensa que aquilo que ao nível da sociedade face a face é para eles uma ideia familiar também deve ter alguma validade para a política nacional ou para o uso dos poderes de governo. Na verdade, nesse nível, a "justiça social" se torna uma impostura — cuja eficácia os agentes de interesses organizados aprenderam a explorar com êxito entre as pessoas bem-intencionadas.

CAPÍTULO 9 • JUSTIÇA "SOCIAL" OU DISTRIBUTIVA

A esse respeito, há uma diferença fundamental entre o que é possível no pequeno grupo e na Grande Sociedade. No pequeno grupo, o indivíduo consegue tomar conhecimento dos efeitos das suas ações nos seus semelhantes, e as normas podem proibi-lo de forma efetiva de prejudicá-los e até exigir que ele os ajude de maneiras específicas. Na Grande Sociedade, muitos efeitos das ações de uma pessoa nos seus semelhantes serão desconhecidos para ela. Portanto, podem não ser os efeitos específicos no caso em particular, mas apenas normas que definem tipos de ação como proibidos ou obrigatórios, que devem servir como guias para o indivíduo. Em especial, ele muitas vezes não saberá que pessoas específicas se beneficiarão pelo que ele faz e, portanto, não saberá se está satisfazendo uma grande necessidade ou aumentando a abundância. Ela não pode visar resultados justos se não sabe quem será afetado.

De fato, a transição do pequeno grupo para a Grande Sociedade ou Sociedade Aberta — e o tratamento de todas as outras pessoas como seres humanos, e não como um amigo ou um inimigo — exige uma redução do âmbito das obrigações que devemos a todos os demais.

Se as obrigações legais devem ser iguais em relação a todos, incluindo o estranho e até o estrangeiro (e maiores só quando ele assumiu obrigações voluntariamente, ou está ligado por laços físicos, como entre pais e filhos), as obrigações legalmente aplicáveis em relação ao vizinho e ao amigo não devem ser maiores do que aquelas em relação ao estranho. Isto é, todas aquelas obrigações baseadas no conhecimento pessoal e na familiaridade com circunstâncias individuais devem deixar de ser aplicáveis. A extensão da obrigação de obedecer certas normas de conduta justa a círculos mais amplos e, finalmente, a todos os homens deve, assim, levar a uma atenuação das obrigações em relação aos outros membros do mesmo pequeno grupo. Os nossos sentimentos morais herdados, ou talvez em parte até inatos, são parcialmente inaplicáveis à Sociedade Aberta (que é uma sociedade abstrata), e o tipo de "socialismo moral", que é possível no pequeno grupo e costuma satisfazer um instinto profundamente arraigado, pode muito bem ser impossível na Grande Sociedade. Alguma conduta altruísta destinada a beneficiar algum amigo, que pode ser bastante desejável no pequeno grupo, não precisa sê-lo na Sociedade Aberta, e pode aí até ser prejudicial (como, por exemplo, a exigência de que os membros do mesmo ofício se abstenham de competir entre si).[38]

De início, pode parecer paradoxal que o progresso da moral leve a uma redução das obrigações específicas em relação aos outros: todavia, quem

DIREITO, LEGISLAÇÃO E LIBERDADE

acredita que o princípio de igualdade de tratamento de todos os homens, provavelmente a única possibilidade de paz, é mais importante que a ajuda específica ao sofrimento visível deve desejá-lo. Sem dúvida, esse princípio significa que fazemos com que a nossa percepção racional domine os nossos instintos herdados. Porém, a grande aventura moral em que o homem moderno enveredou ao se lançar na Sociedade Aberta é ameaçada quando ele é obrigado a aplicar normas a todos os seus semelhantes que são adequadas apenas aos membros de um grupo tribal.

Reivindicações de compensação por trabalhos desagradáveis

Talvez o leitor esteja esperando que eu examine agora mais detalhadamente as reivindicações específicas justificadas em geral pelo apelo à "justiça social". Mas isso, como a amarga experiência me ensinou, seria uma tarefa não só interminável como também inútil. Depois do que já foi dito, deveria ser óbvio que não existem padrões viáveis de mérito, merecimento ou necessidades em relação aos quais, numa ordem de mercado, a distribuição dos benefícios materiais poderia se basear, e muito menos qualquer princípio pelo qual essas diferentes reivindicações pudessem ser conciliadas. Portanto, vou me limitar a examinar dois argumentos em que o apelo à "justiça social" é muito usado. O primeiro costuma ser mencionado na argumentação teórica para ilustrar a injustiça da distribuição pelo processo do mercado, embora pouco se faça a respeito na prática, ao passo que o segundo é provavelmente o tipo mais frequente de situação em que o apelo à justiça social leva à ação governamental.

Em geral, a circunstância que se destaca para demonstrar a injustiça da ordem de mercado existente é que os trabalhos mais desagradáveis são frequentemente também os mais mal pagos. Numa sociedade justa, alega-se, aqueles que têm que escavar carvão no subsolo ou limpar chaminés ou esgotos, ou que realizam outros serviços sujos ou braçais, deveriam ser mais bem remunerados do que aqueles cujo trabalho é prazeroso.

Claro que é verdade que seria injusto que pessoas, embora igualmente capazes como outras de realizar outras tarefas, fossem, sem compensação especial, designadas por um superior para essas tarefas desagradáveis. Se, por exemplo, numa organização como um exército, dois homens de igual capacidade fossem obrigados a realizar tarefas diferentes, sendo uma delas

CAPÍTULO 9 • JUSTIÇA "SOCIAL" OU DISTRIBUTIVA

agradável e a outra desagradável, a justiça, sem dúvida, exigiria que aquele que tivesse que realizar regularmente a tarefa desagradável de alguma forma fosse especialmente compensado por isso.

No entanto, a situação é totalmente diferente quando as pessoas ganham a vida vendendo os seus serviços para quem paga melhor por eles. Nesse caso, o sacrifício feito por uma determinada pessoa ao prestar o serviço é completamente irrelevante, e tudo o que conta é o valor (marginal) que os serviços têm para aqueles a quem são prestados. A razão para isso não é só que os sacrifícios que diferentes pessoas fazem para prestar o mesmo tipo de serviço serão com frequência muitos diferentes, ou que não será possível saber por que alguns serão capazes de prestar apenas serviços de menor valor que outros. Porém, aqueles cujas aptidões, e, portanto, também as remunerações, são menores nas ocupações mais atraentes perceberão muitas vezes que podem ganhar mais realizando tarefas desagradáveis que são desprezadas pelos seus semelhantes mais afortunados. O próprio fato de que as ocupações mais desagradáveis serão evitadas por aqueles capazes de prestar serviços mais valorizados pelos compradores abrirá para aqueles cujas habilidades são pouco valorizadas oportunidades para ganhar mais do que poderiam ganhar em caso contrário.

Que aqueles que têm a oferecer aos seus conterrâneos o que possui pouco valor possam ter que suportar mais sofrimento e esforço para ganhar uma ninharia do que outros que possivelmente gostem de prestar serviços pelos quais são bem pagos é um concomitante necessário de qualquer sistema em que a remuneração se baseia nos valores que os serviços têm para o usuário, e não numa avaliação do mérito adquirido. Portanto, isso deve prevalecer em qualquer ordem social em que o indivíduo seja livre para escolher qualquer ocupação que possa encontrar e que não lhe seja atribuída pela autoridade.

O único pressuposto no qual poderia ser considerado justo que o mineiro que trabalha no subsolo, o coletor de lixo ou o magarefe deveriam ser mais bem pagos do que aqueles ocupados em profissões mais agradáveis seria, portanto, o de que isso era necessário para induzir um número suficiente de pessoas a realizar esses serviços, ou o de que eles eram deliberadamente designados para esses serviços por alguma interferência humana. Porém, embora numa ordem de mercado possa ser um infortúnio ter nascido e ter sido criado num vilarejo em que, para a maioria das pessoas, a única chance de ganhar a vida seja a pesca (ou, para as mulheres, a limpeza do peixe), não faz sentido caracterizar isso como injusto. Quem supostamente teria sido

DIREITO, LEGISLAÇÃO E LIBERDADE

injusto? — sobretudo quando se considera que, se essas oportunidades locais não tivessem existido, as pessoas em questão talvez nunca tivessem nascido, pois a maioria da população desse vilarejo provavelmente deve a sua existência às oportunidades que permitiram que os seus ancestrais gerassem e criassem filhos.

O ressentimento em relação à perda de posições habituais

O apelo à "justiça social" que talvez tenha tido a maior influência na prática não foi muito examinado na discussão literária. As implicações de uma suposta "injustiça social" que levaram à interferência mais abrangente no funcionamento da ordem de mercado se baseiam na ideia de que as pessoas devem ser protegidas contra uma piora imerecida da posição material à qual se habituaram. Provavelmente, nenhuma outra consideração da "justiça social" exerceu influência tão grande quanto a "crença sólida e quase universal de que é injusto frustrar expectativas legítimas de riqueza. Quando surgem diferenças de opinião, trata-se sempre de saber que expectativas são legítimas". Acredita-se, como afirma o mesmo autor, "que é legítimo mesmo para as classes mais numerosas esperar que nenhuma mudança muito grande e repentina ocorra em seu detrimento".[39]

A opinião de que posições estabelecidas há muito tempo criam uma expectativa justa de que perdurarão costuma servir como substituto para critérios mais substanciais de "justiça social". Quando as expectativas são frustradas e, em consequência, as recompensas pelo esforço são muitas vezes desproporcionais ao sacrifício feito, isso será considerado uma injustiça, sem nenhuma tentativa de demonstrar que os afetados tinham um direito justo à renda específica que esperavam. Pelo menos quando um grande grupo de pessoas tem a sua renda reduzida como resultado das circunstâncias que não poderiam ter alterado ou previsto, isso é frequentemente considerado injusto.

A recorrência frequente desses golpes imerecidos de infortúnio que afetam um grupo é, no entanto, parte inseparável do mecanismo orientador do mercado: é a maneira pela qual o princípio cibernético de *feedback* negativo atua para manter a ordem de mercado. Apenas por meio dessas mudanças, que indicam que algumas atividades precisam ser reduzidas, as iniciativas de todos podem ser sempre ajustadas a uma variedade maior de fatos do que pode ser conhecido por qualquer pessoa ou instituição, e também se alcança a

CAPÍTULO 9 • JUSTIÇA "SOCIAL" OU DISTRIBUTIVA

utilização do conhecimento disperso em que se baseia o bem-estar da Grande Sociedade. Não podemos confiar num sistema em que os indivíduos são induzidos a reagir a eventos que não conhecem e não podem conhecer sem que ocorram mudanças nos valores dos serviços de diferentes grupos, que não têm nenhuma relação com os méritos dos seus membros. É uma parte necessária desse processo de adaptação constante às circunstâncias mutáveis, do qual depende a mera manutenção do nível existente de riqueza, o fato de que algumas pessoas tenham que descobrir, por meio de experiência amarga, que orientaram mal as suas iniciativas e ser forçadas a procurar em outro lugar uma ocupação remunerativa. O mesmo se aplica ao ressentimento em relação aos correspondentes ganhos imerecidos que serão creditados em favor de outros, para quem as coisas saíram melhores do que esperavam.

A sensação de prejuízo que as pessoas sentem quando uma renda habitual é reduzida ou totalmente perdida resulta, em grande medida, da crença de que mereciam moralmente essa renda e de que, portanto, desde que trabalhem tão diligente e honestamente quanto antes, têm o direito justo à continuidade dessa renda. Porém, em grande medida, a ideia de que merecemos moralmente o que ganhamos com honestidade no passado é uma ilusão. A verdade é que só teria sido injusto se alguém tivesse tirado de nós aquilo que, de fato, adquirimos enquanto cumpríamos as regras do jogo.

Precisamente porque no universo do mercado todos nós recebemos o tempo todo benefícios que não merecemos em nenhum sentido moral é que também temos a obrigação de aceitar igualmente reduções imerecidas das nossas rendas. O nosso único direito moral ao que o mercado nos dá nós conseguimos aos nos submetermos às normas que possibilitam a formação da ordem de mercado. Essas normas implicam que ninguém tem a obrigação de nos fornecer uma renda específica a menos que tenha contratado especificamente para fazer isso. Se fôssemos todos sistematicamente desprovidos, como os socialistas propõem fazer, de todos os "benefícios imerecidos" que o mercado nos confere, teríamos que ser privados de grande parte dos benefícios da civilização.

Sem dúvida, é sem sentido responder, como se costuma fazer, que, como devemos esses benefícios à "sociedade", esta também deveria ter o direito de alocar esses benefícios aos que, na sua opinião, os merecem. Mais uma vez, a sociedade não é uma pessoa atuante, mas uma estrutura ordenada de ações resultantes da observância de certas normas abstratas por parte dos seus membros. Todos devemos os benefícios que recebemos do

DIREITO, LEGISLAÇÃO E LIBERDADE

funcionamento dessa estrutura não à intenção de alguém de conferi-los a nós, mas sim aos membros da sociedade que costumam obedecer certas normas na busca dos seus interesses, normas essas que incluem a que ninguém deve coagir outros a fim de assegurar para si mesmo (ou para terceiros) uma renda específica. Isso nos impõe a obrigação de tolerarmos os resultados do mercado também quando este se volta contra nós.

A possibilidade que qualquer indivíduo na nossa sociedade tem de obter uma renda próxima da que possui agora é consequência da obediência da maioria dos indivíduos às normas que asseguram a formação dessa ordem. E ainda que para a maioria essa ordem ofereça boas perspectivas de emprego bem-sucedido das suas habilidades, esse sucesso também continua a depender do que, do ponto de vista do indivíduo, lhe parece ser pura sorte. A dimensão das oportunidades abertas a ele não é de sua autoria, mas o resultado de outros se submeterem às mesmas regras do jogo. Alguém pedir proteção contra ser substituído de uma posição há muito tempo apreciada por outros indivíduos que agora são favorecidos por novas circunstâncias significa negar a estes as oportunidades às quais se deve a posição atual daquele.

Desse modo, qualquer proteção de uma posição habitual é necessariamente um privilégio que não pode ser concedido a todos e que, se tivesse sempre sido reconhecido, teria impedido aqueles que agora o reivindicam de alcançar a posição para a qual agora exigem proteção. Em particular, não pode haver nenhum direito de participação igualitária num aumento geral de rendas se esse aumento (ou talvez mesmo a sua manutenção ao nível em vigor) depende do ajuste contínuo de toda a estrutura de atividades a circunstâncias novas e imprevistas que alterarão e muitas vezes reduzirão as contribuições que alguns grupos podem dar em prol das necessidades dos seus semelhantes. Assim, não pode haver reivindicações na justiça como, por exemplo, a do agricultor norte-americano por "paridade" de preços, ou a de qualquer outro grupo pela preservação da sua posição relativa ou absoluta.

Portanto, a satisfação dessas reivindicações de determinados grupos não seria justa, mas sim eminentemente injusta, porque implicaria negar a alguns as oportunidades que aqueles que fazem essa reivindicação devem à sua posição. Por isso, ela sempre foi concedida apenas a alguns grupos poderosamente organizados que estavam em condições de impor as suas demandas. Grande parte do que é feito hoje em nome da justiça social é, assim, não só injusto como também extremamente antissocial no verdadeiro sentido da palavra: equivale tão só à proteção de interesses arraigados. Embora tenha

112

CAPÍTULO 9 • JUSTIÇA "SOCIAL" OU DISTRIBUTIVA

passado a ser considerado um "problema social" quando um número suficientemente grande de pessoas clama por proteção da sua posição habitual, torna-se um problema sério sobretudo porque, disfarçada como demanda por "justiça social", pode atrair a simpatia do público. Veremos no Volume III por que, sob o gênero vigente de instituições democráticas, é inevitável, na prática, que legislativos com poderes ilimitados cedam a essas demandas quando feitas por grupos suficientemente grandes. Isso não altera o fato de que declarar que essas medidas satisfazem a "justiça social" é pouco mais do que um pretexto para fazer com que o interesse de determinados grupos prevaleça sobre o interesse geral de todos. Ainda que hoje seja normal considerar toda reivindicação de um grupo organizado como um "problema social", seria mais correto dizer que, embora os interesses a longo prazo de diversos indivíduos concordem geralmente com o interesse geral, os interesses dos grupos organizados conflitam quase invariavelmente com ele. No entanto, estes é que são com frequência apresentados como interesses "sociais".

Conclusões

A argumentação básica deste capítulo, especificamente que numa sociedade de homens livres cujos membros podem usar o próprio conhecimento para os próprios propósitos a expressão "justiça social" é totalmente desprovida de significado ou conteúdo, não pode ser *provada* por sua própria natureza. Uma asserção negativa nunca pode. Pode-se demonstrar em relação a qualquer número de casos particulares que o apelo à "justiça social" de modo algum ajuda nas escolhas que temos que fazer. Porém, a alegação de que, numa sociedade de homens livres, a expressão não tem sentido só pode ser lançada como um desafio que obrigará os outros a refletir sobre o significado das palavras que usam, e também como um apelo para que não usem expressões cujo sentido desconhecem.

Desde que se assuma que uma expressão de uso tão geral precisa ter algum significado reconhecível, pode-se procurar provar que tentativas de impô-la numa sociedade de indivíduos livres devem inviabilizar essa sociedade. Todavia, esses esforços se tornam redundantes assim que se percebe que essa sociedade carece da precondição fundamental para a aplicação do conceito de justiça à forma pela qual os benefícios materiais são compartilhados entre os seus membros, especificamente que isso é determinado por uma vontade humana — ou que a determinação de recompensas por vontade humana pode gerar uma ordem de mercado viável. Não é preciso provar que é impraticável algo que não pode existir.

O que espero ter deixado claro é que a expressão "justiça social" não é, como a maioria das pessoas provavelmente supõe, um termo ingênuo de boa vontade em relação aos menos afortunados, mas sim que se tornou uma insinuação desonesta de que se deve concordar com uma exigência de algum grupo de pressão incapaz de dar alguma razão real para isso. Para que o debate político seja honesto é necessário que as pessoas reconheçam que a expressão é intelectualmente mal conceituada, símbolo da demagogia ou do jornalismo barato que pensadores responsáveis deviam ter vergonha de usar, pois, uma vez reconhecida a sua vacuidade, o seu uso é desonesto. Em consequência de longos esforços para investigar o efeito destrutivo da invocação de "justiça social" na nossa sensibilidade moral, e de encontrar repetidas vezes até eminentes pensadores usando irrefletidamente a expressão,[40] posso ter ficado demasiado alérgico a ela, mas passei a sentir fortemente que o maior serviço que ainda tenho condições de prestar aos meus semelhantes seria poder fazer com que, entre eles, os palestrantes e os escritores ficassem sempre completamente envergonhados de empregar a expressão "justiça social".

Que no presente estágio do debate o uso contínuo do termo não é só desonesto e fonte de constante confusão política, mas também destrutivo do sentimento moral, é demonstrado pelo fato de que, repetidas vezes, pensadores, entre os quais filósofos ilustres,[41] após reconhecerem corretamente que o termo "justiça" na sua acepção atualmente predominante de justiça distributiva (ou retributiva) é sem sentido, tiram daí a conclusão de que o próprio conceito de justiça é vazio e, em consequência, descartam uma das concepções morais básicas em que se baseia o funcionamento de uma sociedade de homens livres. Porém, é a justiça nesse sentido que os tribunais de justiça administram e que é o sentido original de justiça e deve reger a conduta dos homens para que a coexistência pacífica de homens livres seja possível. Embora o apelo à "justiça social" seja, na realidade, apenas um convite para dar aprovação moral a demandas que não têm justificação moral e que conflitam com aquela norma básica de uma sociedade livre de que apenas essas normas que podem ser aplicadas igualmente a todos devem ser impostas, a justiça, no sentido de normas de conduta justa, é indispensável para o relacionamento de homens livres.

CAPÍTULO 9 • JUSTIÇA "SOCIAL" OU DISTRIBUTIVA

Estamos tratando aqui de um problema que, com todas as suas ramificações, é grande demais para que tentemos examiná-lo sistematicamente, mas que devemos pelo menos mencionar sucintamente: a verdade de que não podemos ter nenhuma moral que desejamos ou imaginamos. A moral, para ser viável, deve satisfazer certos requisitos, os quais talvez não sejamos capazes de especificar, mas que só conseguimos descobrir por tentativa e erro. O que se exige não é apenas coerência ou compatibilidade das normas, assim como os atos requeridos por elas. Um sistema de moral também deve gerar uma ordem operante, capaz de manter o aparelho da civilização que ele pressupõe.

Não estamos familiarizados com o conceito de sistemas de moral não viáveis e, sem dúvida, não podemos observá-los na prática em nenhum lugar, pois as sociedades que os experimentam logo desaparecem. Porém, eles vêm sendo proclamados, em muitos casos por santas figuras bastante reverenciadas, e as sociedades em decadência que podemos observar costumam ser sociedades que deram ouvidos aos ensinamentos desses reformadores morais e ainda reverenciam os destruidores da sua sociedade como homens bons. Com maior frequência, no entanto, o evangelho da "justiça social" visa sentimentos muito mais sórdidos: a aversão às pessoas que estão em uma situação melhor, ou simplesmente a inveja, essa a "mais antissocial e nociva de todas as paixões", como John Stuart Mill definiu,[42] essa animosidade em relação à grande fortuna, que considera um "escândalo" que alguns desfrutem da riqueza enquanto outros não têm necessidades básicas satisfeitas, e esconde sob o nome de justiça o que nada tem a ver com ela. Pelo menos todos os que desejam despojar o rico, não porque esperam que alguns mais merecedores possam desfrutar dessa riqueza, mas porque consideram uma afronta a própria existência do rico, não só não podem reivindicar nenhuma justificação moral para as suas demandas como também se entregam a uma paixão totalmente irracional, prejudicando de fato aqueles a cujos instintos vorazes eles apelam.

Não pode haver reivindicação moral em relação a algo que não existiria a não ser pela decisão dos outros de arriscar os seus recursos na sua criação. O que não compreendem aqueles que atacam a grande riqueza privada é que não é nem pelo esforço físico, nem pelo mero ato de poupar e investir, mas sobretudo pelo direcionamento dos recursos para usos mais produtivos que a riqueza é criada. E não resta dúvida de que a maioria daqueles que acumularam grandes fortunas sob a forma de novas indústrias e projetos semelhantes beneficiaram com isso um número maior de pessoas ao criar oportunidades de empregos mais recompensadores do que se tivessem dado o seu excesso aos pobres. Nesses casos, é absurda a insinuação de que aqueles a quem os trabalhadores mais devem lhes fazem mal em vez de beneficiá-los significativamente. Embora, sem dúvida, existam também outras maneiras menos meritórias de acumular grandes fortunas (que podemos esperar controlar aperfeiçoando as regras do jogo); a mais eficaz e importante é mediante o direcionamento dos investimentos para áreas nas quais estes aumentam a produtividade do trabalho — uma tarefa em que os governos fracassam notoriamente, por razões inerentes a organizações burocráticas não competitivas.

Mas não é só pelo estímulo aos preconceitos malévolos e prejudiciais que o culto da "justiça social" tende a destruir sentimentos morais genuínos. Também entra, sobretudo nas suas formas mais igualitárias, em constante conflito com alguns princípios morais básicos sobre os quais se baseia qualquer comunidade de homens livres. Isso se evidencia quando refletimos que a exigência de estimarmos igualmente todos os nossos semelhantes é incompatível com o fato de que todo o nosso código moral se baseia na aprovação ou desaprovação da conduta dos outros; e que da mesma forma o postulado tradicional de que todo adulto capaz é o principal responsável pelo seu próprio bem-estar e dos seus dependentes, significando que ele não deve, por sua própria culpa, tornar-se um fardo para os seus amigos ou companheiros, é incompatível com a ideia de que a "sociedade" ou o governo é devedor de uma renda adequada para cada pessoa.

Ainda que todos esses princípios morais também tenham sido seriamente enfraquecidos por alguns modismos pseudocientíficos do nosso tempo que tendem a destruir toda a moral — e com ela a base da liberdade individual —, a dependência ubíqua do poder de outras pessoas, que a imposição de qualquer imagem de "justiça social" cria, destrói inevitavelmente a liberdade de decisões pessoais em que toda a moral deve se basear.[43] De fato, a busca sistemática do *ignis fatuus* da "justiça social", que chamamos de socialismo, baseia-se completamente na ideia atroz de que o poder político deve determinar a posição material dos diferentes indivíduos e grupos — uma ideia defendida sob a falsa alegação de que isso deve ser sempre assim e que o socialismo apenas deseja transferir esse poder das classes privilegiadas para as classes mais numerosas. O grande mérito da ordem de mercado, tal como se expandiu nos últimos dois séculos, foi ter privado todos desse poder, que só pode ser usado de maneira arbitrária. De fato, provocou a maior redução do poder arbitrário

CAPÍTULO 9 • JUSTIÇA "SOCIAL" OU DISTRIBUTIVA

já alcançada. Mais uma vez, a sedução da "justiça social" ameaça tirar de nós esse triunfo máximo da liberdade pessoal. E em breve os detentores do poder de aplicação da "justiça social" vão se entrincheirar na sua posição, concedendo os benefícios da "justiça social" como recompensa pela outorga desse poder e assegurando para si o apoio de uma guarda pretoriana que garantirá que a sua concepção de "justiça social" prevaleça.

Antes de deixar o assunto, quero destacar mais uma vez que o reconhecimento de que em combinações como justiça "social", "econômica", "distributiva" ou "retributiva" o termo "justiça" é totalmente vazio não nos deve levar a descartar a noção de justiça. Não só como base das normas jurídicas de conduta justa, a justiça que os tribunais administram é extremamente importante; sem dúvida, também existe um genuíno problema de justiça em relação à criação deliberada de instituições políticas, problema ao qual o professor John Rawls dedicou recentemente um importante livro. O fato que lamento e considero perturbador é que, nesse contexto, ele emprega a expressão "justiça social". Porém, não tenho desavença básica com um autor que, antes de tratar desse problema, reconhece que a tarefa de eleger sistemas ou distribuições específicos de coisas desejadas como justos deve ser "considerada equivocada e abandonada em princípio, não sendo, de qualquer maneira, capaz de uma resposta definida". E prossegue:

> Ao contrário, os princípios de justiça definem as limitações fundamentais que as instituições e as atividades conjuntas devem satisfazer para que as pessoas nelas envolvidas não tenham queixas contra elas. Se essas limitações são satisfeitas, a distribuição resultante, seja qual for, pode ser aceita como justa (ou, pelo menos, não injusta).[44]

Isso é mais ou menos o que procurei demonstrar neste capítulo.

APÊNDICE AO CAPÍTULO 9

JUSTIÇA E DIREITOS INDIVIDUAIS

A transição da concepção negativa de justiça, como definida pelas normas de conduta individual, para uma concepção "positiva", que torna um dever da "sociedade" perceber que os indivíduos necessitam de determinadas coisas, costuma ser realizada enfatizando os *direitos* do indivíduo. Parece que entre a geração mais jovem as instituições de previdência engendraram o sentimento de que os seus membros têm o direito justo a determinadas coisas que é dever da sociedade fornecer. Por mais forte que seja esse sentimento, a sua existência não prova que a reivindicação tenha algo a ver com justiça, ou que essas reivindicações possam ser satisfeitas numa sociedade livre.

Um significado do substantivo "direito" é que toda norma de conduta individual justa cria um direito correspondente dos indivíduos. Na medida em que as normas de conduta delimitam domínios individuais, o indivíduo terá direito ao seu domínio e, em sua defesa, contará com a solidariedade e o apoio dos seus semelhantes. E onde os homens formaram organizações, assim como o governo, para aplicar normas de conduta, o indivíduo poderá reivindicar de modo justo do governo que o seu direito seja protegido e as violações sejam reparadas.

No entanto, essas exigências só podem ser reivindicações justas, ou direitos, na medida em que sejam dirigidas a uma pessoa ou organização (como o governo) capaz de agir e limitada em suas ações por normas de conduta justa. Elas incluirão direitos em relação a pessoas que contraíram obrigações voluntariamente ou em relação a pessoas que estão ligadas por circunstâncias especiais (como as relações entre pais e filhos). Nessas circunstâncias, as normas de conduta justa conferirão direitos a algumas pessoas e a outras conferirão obrigações correspondentes. Porém, normas como essas, sem a presença das circunstâncias específicas a que se referem, não podem conferir a ninguém o direito a um determinado tipo de coisa. Uma criança tem o direito de ser alimentada, vestida e abrigada porque um dever correspondente é

APÊNDICE AO CAPÍTULO 9 • JUSTIÇA E DIREITOS INDIVIDUAIS

atribuído aos pais ou guardiões, ou talvez a uma autoridade em particular. Porém, esse direito não pode existir em abstrato, determinado por uma norma de conduta justa, sem que se estabeleçam as circunstâncias específicas que determinam a quem cabe a obrigação correspondente. Ninguém tem direito a determinada situação a menos que seja dever de alguém assegurá-la. Não temos o direito de que as nossas casas não peguem fogo, nem que os nossos produtos ou serviços encontrem comprador, nem que quaisquer bens ou serviços específicos nos sejam fornecidos. A justiça não impõe aos nossos semelhantes o dever geral de nos prover a subsistência, e o direito a essa provisão só pode existir na medida em que mantemos uma organização para esse propósito. Não faz sentido falar do direito a uma condição que ninguém tem o dever, ou talvez nem mesmo o poder, de proporcionar. Tampouco faz sentido falar em direito em termos de uma reivindicação relativa a uma ordem espontânea, tal como a sociedade, a menos que se tenha a intenção de sugerir que alguém tem o dever de transformar esse *kosmos* numa organização e, com isso, assumir o poder de controlar os seus resultados.

Uma vez que todos nós somos forçados a apoiar a organização governamental, temos, pelos princípios que determinam essa organização, certos direitos que são chamados geralmente de direitos políticos. A existência da organização governamental compulsória e das suas normas organizacionais cria um direito justo a frações nos serviços governamentais, podendo até justificar uma exigência de igual fração na determinação do que o governo deve fazer. Todavia, isso não constitui uma base para se exigir do governo o que ele não provê, e talvez não possa prover, para todos. Nesse sentido, não somos membros de uma organização chamada sociedade, porque a sociedade que produz os meios para a satisfação de grande parte das nossas necessidades não é uma organização dirigida por uma vontade consciente e, se fosse, não poderia produzir o que produz.

Os direitos políticos e civis tradicionais que foram incorporados em Declarações de Direito formais constituem, basicamente, uma exigência de que o poder governamental, na medida em que se amplia, deve ser usado com justiça. Como veremos, todos esses direitos equivalem a aplicações específicas da fórmula mais abrangente — e por ela podem ser efetivamente substituídos — de que nenhuma coerção deve ser usada, exceto no cumprimento de uma norma genérica aplicável a um número desconhecido de ocorrências futuras. Pode ser desejável que esses direitos se tornem verdadeiramente universais em consequência da sua observância por todos os governos.

Porém, enquanto os poderes de diversos governos forem limitados, esses direitos não poderão gerar uma obrigação dos governos de promover um determinado estado de coisas. O que podemos exigir é que o governo, na medida em que age, aja com justiça; porém, não podemos derivar desses direitos quaisquer poderes positivos que o governo deva ter. Eles deixam totalmente em aberto a questão de saber se a organização coercitiva que chamamos de governo pode e deve ser usada de modo justo para determinar a posição material de diversos indivíduos ou grupos.

Aos direitos negativos, que são apenas um complemento das normas que protegem os domínios individuais e que foram institucionalizados nas diretrizes de organização dos governos, e aos direitos positivos dos cidadãos de participar na direção dessa organização foram acrescentados, ultimamente, novos direitos humanos "sociais e econômicos", para os quais uma dignidade igual ou ainda maior é reivindicada.[1] Trata-se de reivindicações de benefícios específicos aos quais se presume que todo ser humano, como tal, tem direito, sem nenhuma indicação quanto a quem tem a obrigação de prover esses benefícios ou do processo pelo qual eles devem ser providos.[2] Entretanto, esses direitos positivos exigem como contrapartida uma decisão de que alguém (pessoa ou organização) tem o dever de prover o que outros devem possuir. Evidentemente, não faz sentido defini-los como direitos relativos à "sociedade", pois a sociedade não é capaz de pensar, agir, avaliar ou "tratar" alguém de maneira específica. Para que essas exigências fossem satisfeitas, a ordem espontânea que chamamos de sociedade deveria ser substituída por uma organização deliberadamente dirigida: o *cosmos* do mercado precisaria ser substituído por uma *taxis* cujos membros teriam que fazer o que são instruídos a fazer. Eles não poderiam usar o seu conhecimento para os seus próprios propósitos, mas teriam sim que executar o plano concebido pelos seus governantes para atender as necessidades a serem satisfeitas. Daí resulta que os antigos direitos civis e os novos direitos sociais e econômicos não podem ser conquistados ao mesmo tempo, sendo, na verdade, incompatíveis; os novos direitos não poderiam ser aplicados por lei sem que se destruísse, ao mesmo tempo, aquela ordem liberal que os antigos direitos civis visavam.

A nova tendência recebeu o seu impulso principal por meio da proclamação pelo presidente Franklin Roosevelt das suas "Quatro Liberdades", que incluíam "a liberdade *de* viver sem penúria" e a "liberdade *de* viver sem medo", juntamente com as antigas "liberdade *de* expressão" e liberdade *de* culto". Mas essa proclamação só encontrou sua corporificação definitiva na

APÊNDICE AO CAPÍTULO 9 • JUSTIÇA E DIREITOS INDIVIDUAIS

Declaração Universal dos Direitos Humanos aprovada pela Assembleia Geral das Nações Unidas em 1948. Esse documento é, sem dúvida, uma tentativa de fundir os direitos da tradição liberal ocidental com a concepção totalmente diferente resultante da revolução marxista russa.[3] Acrescenta à lista dos direitos civis clássicos, enumerados nos seus primeiros vinte e um artigos, sete outras garantias destinadas a expressar os novos "direitos sociais e econômicos". Nessas cláusulas adicionais, assegura-se a "todo ser humano, como membro da sociedade" a satisfação de direitos positivos a benefícios específicos, sem impor a alguém, simultaneamente, o dever ou o ônus de provê-los. O documento também falha completamente em definir esses direitos de maneira que permitisse a um tribunal determinar o seu teor numa ocorrência específica. Por exemplo, qual pode ser o significado jurídico da afirmação de que todo ser humano "tem direito à realização (...) dos direitos econômicos, sociais e culturais indispensáveis à sua dignidade e ao livre desenvolvimento da sua personalidade" (Artigo 22)? Em relação a quem "todo ser humano" tem direito a "condições justas e favoráveis de trabalho" (Artigo 23 (1)) e a uma "remuneração justa e favorável" (Artigo 23 (3))? Quais são as consequências da exigência de que todo ser humano tem o direito de "participar livremente da vida cultural da comunidade (...) e de participar do progresso científico e dos seus benefícios" (Artigo 27 (1))? Afirma-se até que "todo ser humano tem direito a uma ordem social e internacional em que os direitos e as liberdades estabelecidos na presente Declaração possam ser plenamente realizados" (Artigo 28) — ao que tudo indica, na suposição não só de que isso seja possível, mas também de que exista hoje um método conhecido pelo qual essas reivindicações possam ser satisfeitas em prol de todos os homens.

É evidente que todos esses "direitos" se baseiam na interpretação da sociedade como uma organização deliberadamente criada, da qual todos seriam empregados. Eles não poderiam ser universalizados num sistema de normas de conduta justa com base na concepção de responsabilidade individual, e por isso exigem que toda a sociedade seja convertida numa única organização, isto é, totalitária no sentido mais amplo da palavra. Vimos que as normas de conduta justa que se aplicam igualmente a todos, mas não sujeitam ninguém às prescrições de um superior, nunca podem determinar que coisas específicas alguém deve possuir. Jamais podem assumir a forma de "todos devem ter isto e aquilo". Numa sociedade livre, o que o indivíduo obterá sempre deve depender, até certo ponto, de circunstâncias específicas que ninguém consegue prever e ninguém tem o poder de determinar.

DIREITO, LEGISLAÇÃO E LIBERDADE

Portanto, as normas de conduta justa nunca podem conferir a qualquer pessoa como indivíduo (como distinto dos membros de uma organização) direito a coisas específicas; podem apenas promover oportunidades para a obtenção desses direitos.

Pelo visto, nunca ocorreu aos autores da Declaração que nem todos são membros empregados de uma organização, cujo direito "a repouso e lazer, inclusive a limitação razoável das horas de trabalho e a férias remuneradas periódicas" (Artigo 24) possa ser garantido. A concepção de um "direito universal" que assegure ao camponês, ao esquimó, e pelo jeito ao Abominável Homem das Neves, "férias remuneradas periódicas" mostra o absurdo da história toda. Mesmo um mínimo de bom senso trivial deveria ter alertado os autores do documento de que aquilo que eles decretaram como direitos universais era para o presente e para qualquer futuro previsível totalmente impossível de ser alcançado, e que proclamá-los solenemente como direitos foi fazer um jogo irresponsável com o conceito de "direito", o que só poderia resultar na destruição do respeito pelo termo.

De fato, todo o documento está escrito naquele jargão de pensamento organizacional que nos acostumamos a esperar no pronunciamento de dirigentes sindicais ou da Organização Internacional do Trabalho, refletindo uma atitude comum de funcionários de empresas, servidores públicos e burocratas de grandes corporações, mas que é totalmente incompatível com os princípios sobre os quais se baseia a ordem de uma Grande Sociedade. Se o documento fosse apenas produto de um grupo internacional de filósofos sociais (como foi na origem), constituiria somente indício um tanto preocupante do grau em que o pensamento organizacional impregnou o pensamento desses filósofos sociais e o quanto eles se tornaram totalmente alheios aos ideais básicos de uma sociedade livre. Mas a sua aceitação por um grupo de estadistas supostamente responsáveis, interessados seriamente na criação de uma ordem internacional pacífica, suscita uma apreensão muito maior.

O pensamento organizacional, em grande medida devido à influência do construtivismo racionalista de Platão e dos seus discípulos, vem sendo há muito tempo o vício constante dos filósofos sociais; portanto, talvez não nos devesse surpreender que os filósofos acadêmicos, em suas vidas protegidas como membros de organizações, tenham perdido toda a compreensão das forças que mantêm a coesão da Grande Sociedade e, imaginando-se filósofos-reis platônicos, propusessem uma reorganização da sociedade em moldes totalitários. Se fosse verdade, como nos dizem, que os direitos sociais e econômicos da

APÊNDICE AO CAPÍTULO 9 • JUSTIÇA E DIREITOS INDIVIDUAIS

Declaração Universal dos Direitos Humanos seriam hoje "aceitos pela ampla maioria dos moralistas norte-americanos e britânicos",[4] isso indicaria apenas uma lamentável falta de perspicácia crítica por parte desses pensadores.

No entanto, o espetáculo da Assembleia Geral das Nações Unidas proclamando solenemente que *todo* indivíduo (!), "tendo sempre em mente esta Declaração" (!), deve se esforçar para assegurar a observância universal desses direitos humanos seria apenas cômico se as ilusões que isso cria não fossem tão profundamente trágicas. Ver a entidade mais abrangente que o homem já criou solapando o respeito que deveria merecer ao aprovar o preconceito ingênuo de que somos capazes de criar qualquer estado de coisas que consideramos desejável simplesmente decretando que este deve existir, e se entregando a ilusões de que podemos nos beneficiar da ordem espontânea da sociedade e, ao mesmo tempo, moldá-la à nossa própria vontade é mais do que simplesmente trágico.[5]

O fato fundamental que essas ilusões ignoram é que a disponibilidade de todos esses benefícios que desejamos que possam ser obtidos pelo maior número possível de pessoas depende de que essas mesmas pessoas utilizem para produzi-los o máximo dos seus conhecimentos. Estabelecer direitos com força legal para esses benefícios não deverá produzi-los. Se desejarmos que todos prosperem, chegaremos mais perto do nosso objetivo não impondo por lei que isso seja alcançado, ou oferecendo a todos o direito legal ao que consideramos que deveriam possuir, mas fornecendo incentivos para que todos façam o máximo que puderem em benefício dos outros. Falar de direitos quando o que está em questão são simplesmente aspirações que apenas um sistema voluntário pode satisfazer não só desvia a atenção dos determinantes eficazes de riqueza que desejamos para todos, mas também avilta a palavra "direito", cujo significado estrito será importante demais preservar se quisermos manter uma sociedade livre.

CAPÍTULO 10

A ORDEM DE MERCADO OU CATALAXIA

A opinião do gênero humano a respeito do que é equitativo está sujeita a mudanças, e (...) uma das forças que a fazem mudar é a descoberta ocasional pelo homem de que o que deveria ser bastante justo e equitativo em relação a uma questão específica se tornou, ou talvez sempre tenha sido, antieconômico.

EDWIN CANNAN*

A natureza da ordem de mercado

No Capítulo 2, discutimos o caráter geral de todas as ordens espontâneas. Impõe-se agora examinar mais detalhadamente os atributos especiais da ordem de mercado e a natureza dos benefícios que lhe devemos. Essa ordem atende os nossos fins não apenas, como toda ordem faz, orientando-nos nas nossas ações e promovendo certa correspondência entre as expectativas das diferentes pessoas, mas também, num sentido que devemos agora tornar mais preciso, aumentando as perspectivas ou as oportunidades de cada um por um controle maior sobre os diversos bens (isto é, mercadorias e serviços) do que somos capazes de assegurar de qualquer outra maneira. Veremos, no entanto, que esse modo de coordenar ações individuais só garantirá um alto grau de coincidência de expectativas e uma utilização eficaz do conhecimento e das habilidades dos diversos membros ao preço de uma constante frustração de algumas expectativas.

Para uma compreensão adequada do caráter dessa ordem é fundamental que nos libertemos das associações enganosas sugeridas pela sua caracterização usual como uma "economia". No sentido estrito da palavra, uma economia, em que um domicílio, uma fazenda ou uma empresa podem ser chamados de economias, consiste num complexo de atividades pelo qual um dado conjunto de meios é alocado entre fins competitivos conforme um

CAPÍTULO 10 • A ORDEM DE MERCADO OU CATALAXIA

plano unitário e segundo a sua importância relativa. A ordem de mercado não atende essa ordem única de fins. Nesse sentido, o que se costuma chamar de economia social ou nacional não é uma economia única, mas sim uma rede de diversas economias entrelaçadas.[1] Como veremos, a sua ordem compartilha com a ordem de uma economia propriamente dita algumas características formais, mas não a mais importante: as suas atividades não são regidas por uma escala ou hierarquia única de fins. A crença de que as atividades econômicas dos membros individuais da sociedade são ou devem ser parte de uma economia, no sentido estrito do termo, e que aquilo que se costuma conceituar como a economia de um país ou de uma sociedade deve ser ordenado e julgado pelos mesmos critérios de uma economia propriamente dita, é a principal fonte de erro nesse campo. Porém, sempre que falamos da economia de um país, ou do mundo, empregamos um termo que sugere que esses sistemas devem ser geridos em moldes socialistas e dirigidos segundo um plano único, a fim de atender um sistema unitário de fins.

Ao passo que uma economia propriamente dita é uma organização no sentido técnico em que definimos esse termo, isto é, um arranjo intencional do uso dos meios conhecidos por alguma agência única, o *cosmos* do mercado não é e nem poderia ser regido por essa escala única de fins; ele atende a multiplicidade de fins distintos e incomensuráveis de todos os seus membros individuais.

A confusão criada pela ambiguidade da palavra "economia" é tão séria que, para os nossos propósitos presentes, parece necessário limitar o seu uso estritamente ao significado original em que ela designa um complexo de ações deliberadamente coordenadas a serviço de uma escala única de fins, e adotar outro termo para designar o sistema de numerosas economias inter-relacionadas que constituem a ordem de mercado. Uma vez que o termo "catalática" foi há muito tempo sugerido para definir a ciência que trata da ordem de mercado[2] e, mais recentemente, foi revivido,[3] parece adequado adotar um termo correspondente para a própria ordem de mercado. O termo "catalática" provém do verbo grego *katallattein* (ou *katallassein)*, que significava, expressivamente, não só "trocar", mas também "admitir na comunidade" e "converter-se de inimigo em amigo".[4] Dele derivou o adjetivo "catalático", para ser usado em substituição ao adjetivo "econômico", designando o gênero de fenômenos tratado pela ciência da catalática. Os gregos antigos não conheciam esse adjetivo nem tinham um substantivo correspondente; se tivessem criado um, teria sido provavelmente *katallaxia*. A partir deste,

125

DIREITO, LEGISLAÇÃO E LIBERDADE

podemos criar o termo "catalaxia", que vamos utilizar para designar a ordem produzida pelo ajustamento mútuo de diversas economias individuais num mercado. Assim, a catalaxia é o tipo especial de ordem espontânea gerada pelo mercado por meio da ação das pessoas no âmbito das normas jurídicas da propriedade, da responsabilidade civil e do contrato.

Uma sociedade livre é uma sociedade pluralista sem uma hierarquia comum de fins particulares

Costuma-se repreender a Grande Sociedade e a sua ordem de mercado por carecerem de um *ranking* consensual de fins. No entanto, esse é, de fato, o seu grande mérito, que torna possível a liberdade individual e todos os seus valores. A Grande Sociedade surgiu da descoberta de que os homens podem viver juntos e em paz, beneficiando-se mutuamente sem chegar a um acordo em relação a objetivos específicos que perseguem individualmente. Ou seja, a descoberta de que, ao substituir fins concretos obrigatórios por normas abstratas de conduta, possibilitava ampliar a ordem de paz para além dos pequenos grupos que perseguiam os mesmos fins, porque permitia que cada indivíduo tirasse proveito da habilidade e do conhecimento de outros a quem ele não precisava sequer conhecer e cujos objetivos podiam ser totalmente diferentes dos seus.[5]

O passo decisivo que possibilitou essa colaboração pacífica na ausência de propósitos concretos comuns foi a adoção do escambo ou troca. Foi o simples reconhecimento de que diferentes pessoas tinham diferentes usos para as mesmas coisas, e que muitas vezes cada um dos dois indivíduos se beneficiaria se um obtivesse algo que o outro possuía, dando-lhe em troca aquilo que este outro precisava. Tudo o que era necessário para isso era que fossem reconhecidas as normas que determinavam o que pertencia a cada um, e como essa propriedade podia ser transferida por mútuo consentimento.[6] Não era preciso que as partes concordassem sobre os propósitos atendidos por essa transação. De fato, é característico desses atos de troca atenderem propósitos diferentes e independentes de cada parceiro na transação e, dessa maneira, auxiliarem as partes como meios para diferentes fins. Na verdade, as partes são mais propensas a se beneficiarem da troca quanto mais diferirem as suas necessidades. Enquanto numa organização os diversos membros se auxiliarão mutuamente na medida em que são levados a

CAPÍTULO 10 • A ORDEM DE MERCADO OU CATALAXIA

visar os mesmos propósitos, numa catalaxia eles são induzidos a contribuir para a satisfação das necessidades dos demais sem se importarem com elas ou mesmo terem conhecimento delas.

De fato, na Grande Sociedade, todos contribuímos não só para a satisfação de necessidades de que não temos conhecimento como às vezes até para a obtenção dos fins que desaprovaríamos se deles tivéssemos conhecimento. Não podemos evitar isso porque ignoramos para que propósitos os bens ou serviços que fornecemos a terceiros serão usados. Auxiliarmos na concretização dos objetivos de terceiros sem compartilhá-los ou mesmo conhecê-los, e somente para alcançar os nossos próprios objetivos, é a fonte da solidez da Grande Sociedade. Na medida em que a colaboração pressupõe propósitos comuns, pessoas com objetivos diferentes são necessariamente inimigas, capazes de lutar entre si por causa dos mesmos meios; só a introdução do escambo permitiu que diferentes indivíduos fossem úteis uns aos outros sem chegar a um acordo relativo aos fins últimos.

Quando esse efeito da troca — de permitir que as pessoas se beneficiem mutuamente sem pretender fazê-lo — foi identificado claramente pela primeira vez,[7] demasiada ênfase foi dada à divisão do trabalho resultante e ao fato de que eram os objetivos "egoístas" que levaram as diferentes pessoas a prestar serviços umas às outras. Essa é uma visão bastante estreita da questão. A divisão do trabalho também é amplamente praticada nas organizações; e as vantagens da ordem espontânea não dependem de as pessoas serem egoístas no sentido comum dessa palavra. O aspecto importante é que a catalaxia concilia diferentes conhecimentos e diferentes propósitos que, sejam os indivíduos egoístas ou não, diferirão muito de uma pessoa para outra. Se a catalaxia, como ordem geral, é tão superior a qualquer organização deliberada é porque nela os homens, enquanto perseguem os seus próprios interesses, sejam eles totalmente egoístas ou muito altruístas, favorecerão os objetivos de muitos outros, a maioria dos quais jamais conhecerão: na Grande Sociedade, os diversos membros se beneficiam das iniciativas mútuas, não só apesar de os seus diversos objetivos serem diferentes, mas com frequência por isso mesmo.[8]

Muitos consideram revoltante que a Grande Sociedade não tenha propósitos concretos comuns ou, como podemos dizer, que ela seja simplesmente voltada para meios, e não para fins. De fato, o principal propósito comum de todos os seus membros é o puramente instrumental de assegurar a formação de uma ordem abstrata sem propósitos específicos, mas que aumentará para todos as perspectivas de alcançar os seus respectivos propósitos. A tradição moral predominante, grande parte da qual ainda derivada da sociedade tribal voltada para fins, faz com que as pessoas muitas vezes considerem essa circunstância como uma falha moral da Grande Sociedade que deve ser corrigida. No entanto, foi a própria restrição da coerção à observância das normas negativas de conduta justa que possibilitou a integração, numa ordem pacífica, de indivíduos e grupos que perseguiam diferentes fins; e é a ausência de fins comuns prescritos que torna uma sociedade de homens livres em tudo aquilo que ela veio a significar para nós.

Embora a ideia de que uma escala comum de valores específicos é algo positivo que deveria, se necessário, ser imposto esteja profundamente alicerçada na história da raça humana, a sua defesa intelectual atualmente se baseia sobretudo na crença incorreta de que essa escala comum de fins é indispensável para a integração das atividades individuais numa ordem, e uma condição necessária da paz. No entanto, esse erro constitui o maior obstáculo para a obtenção desses mesmos fins. Uma Grande Sociedade não tem nada a ver com a "solidariedade" no verdadeiro sentido da unidade na busca de objetivos comuns conhecidos, sendo de fato incompatível com a "solidariedade".[9] Se todos nós ocasionalmente sentimos que é algo positivo ter um propósito comum com os nossos semelhantes, e desfrutamos de uma sensação de júbilo quando podemos agir como membros de um grupo que visa fins comuns, esse é um instinto que herdamos da sociedade tribal e que, sem dúvida, costuma ainda ser útil para nós sempre que é importante num grupo pequeno agirmos em conjunto para enfrentar uma emergência repentina. Esse instinto aparece ostensivamente quando, às vezes, até a deflagração da guerra é sentida como a satisfação de uma ânsia por esse propósito comum; e se manifesta mais claramente nos tempos modernos nas duas maiores ameaças contra uma civilização livre: o nacionalismo e o socialismo.[10]

Grande parte do conhecimento de que nos valemos na busca dos nossos fins é subproduto involuntário de terceiros explorando o mundo em direções diferentes das que nós mesmos perseguimos, já que eles são impelidos por diferentes objetivos; esse conhecimento nunca se teria tornado disponível para nós se fossem perseguidos apenas aqueles fins que consideramos desejáveis. Condicionar ser membro de uma sociedade que os nossos semelhantes submetam os seus fins concretos à nossa aprovação e apoio deliberado eliminaria o principal fator que contribui para o progresso dessa sociedade. Quando a concordância em relação a objetivos concretos é condição

128

CAPÍTULO 10 • A ORDEM DE MERCADO OU CATALAXIA

necessária da ordem e da paz, e o dissenso é um perigo para a ordem da sociedade, quando a aprovação e a censura dependem dos fins concretos atendidos por ações específicas, as forças em prol do progresso intelectual ficam muito restringidas. Por mais que a existência de concordância em relação aos fins possa, sob muitos aspectos, facilitar o curso da vida, a possibilidade de discordância, ou pelo menos a não obrigatoriedade de concordância a respeito de fins específicos, é a base do tipo de civilização que evoluiu desde que os gregos conceberam o pensamento independente do indivíduo como o método mais eficaz do desenvolvimento da mente humana.[11]

Ainda que não seja uma única economia, a Grande Sociedade ainda mantém a coesão devido sobretudo ao que vulgarmente é chamado de relações econômicas

O equívoco de que a ordem de mercado é uma economia, no sentido estrito da palavra, encontra-se em geral combinado com a negação de que a Grande Sociedade se mantém coesa mediante o que é imprecisamente chamado de relações econômicas. Essas duas concepções costumam ser defendidas pelas mesmas pessoas porque é sem dúvida verdade que aquelas organizações deliberadas e devidamente chamadas de economias se baseiam numa concordância em relação a fins comuns que, por seu lado, não são econômicos na maioria das vezes; ao passo que a grande vantagem da ordem espontânea do mercado é que ela seja apenas voltada para meios o que, portanto, torna desnecessária a concordância em relação aos fins e possibilita a conciliação de propósitos divergentes. O que se costuma chamar de relações econômicas é, na realidade, as relações determinadas pelo fato de que o uso de todos os meios é influenciado pela busca por esses diversos propósitos diferentes. Nesse sentido amplo do termo "econômico" é que a interdependência ou coesão das partes da Grande Sociedade é puramente econômica.[12]

A sugestão de que, nesse sentido amplo, os únicos laços que mantêm coeso o conjunto de uma Grande Sociedade são puramente "econômicos" (mais precisamente "cataláticos") desperta grande resistência emocional. No entanto, a verdade não pode ser negada; tampouco que, numa sociedade com as dimensões e a complexidade de um país moderno ou do mundo, não poderia ser diferente. A maioria ainda está relutante em aceitar que seja o desprezado "vínculo monetário" aquilo que mantém coesa a Grande Sociedade, e que o grande ideal da união da humanidade dependa, em última instância, de as relações entre as partes serem regidas pela busca da melhor satisfação das suas necessidades materiais.

Na estrutura geral da Grande Sociedade, claro que é verdade que existem diversas redes de outras relações que não são econômicas em nenhum sentido. Porém, isso não altera a realidade de que é a ordem de mercado que torna possível — mediante um processo que redunda em benefício de todos — a conciliação pacífica dos propósitos divergentes. Essa interdependência de todos os homens, que atualmente é muito discutida e que tende a fazer de toda a humanidade um único mundo, não é apenas o efeito da ordem de mercado, mas também não poderia ter sido gerada por quaisquer outros meios. O que hoje vincula a vida de qualquer europeu ou norte-americano com o que acontece na Austrália, no Japão ou no Zaire são repercussões transmitidas pela rede de relações de mercado. Sem dúvida, isso se vislumbra quando refletimos o quão pouco importariam, por exemplo, todas as possibilidades tecnológicas de transporte e comunicação se as condições de produção fossem iguais em todas as diferentes partes do mundo.

Os benefícios a partir do conhecimento que os outros possuem, incluindo todos os avanços da ciência, chegam até nós por meio de canais fornecidos e dirigidos pelo mecanismo de mercado. Mesmo o grau em que podemos participar dos esforços estéticos ou morais dos homens em outras partes do mundo devemos ao vínculo econômico. É verdade que, em geral, essa dependência de cada homem em relação às ações de tantos outros não é um fato físico, mas sim o que podemos chamar de fato econômico. Portanto, é um mal-entendido, provocado pelos termos enganosos usados, que os economistas sejam às vezes acusados de "pan-economismo", isto é, uma tendência de enxergar tudo do ângulo econômico ou, pior ainda, querer fazer com que os "propósitos econômicos" prevaleçam sobre todos os outros.[13] A verdade é que a catalática é uma ciência que considera a única ordem geral que abrange quase toda a humanidade, e que o economista tem, portanto, o direito de insistir que a condutividade dessa ordem seja aceita como padrão para o julgamento de todas as instituições específicas.

No entanto, é um mal-entendido apresentar isso como um empenho de fazer com que os "fins econômicos" prevaleçam sobre todos os demais. Em última análise, não existem fins econômicos. As iniciativas econômicas dos indivíduos, assim como os serviços que a ordem de mercado lhes presta, consistem numa alocação de meios para os propósitos finais conflitantes, que

CAPÍTULO 10 • A ORDEM DE MERCADO OU CATALAXIA

são sempre não econômicos. A função de toda atividade econômica é conciliar os fins conflitantes, decidindo para quais deles os meios limitados devem ser usados. A ordem de mercado concilia as reivindicações dos diferentes fins não econômicos por meio do único processo conhecido que beneficia a todos — no entanto, sem assegurar que o mais importante venha antes do menos importante, pela simples razão de que não pode existir nesse sistema nenhuma ordenação única de necessidades. O que ela tende a promover é simplesmente uma situação em que nenhuma necessidade é atendida ao custo de desviar do uso para outras necessidades uma quantidade maior de meios do que a necessária para satisfazê-la. O mercado é o único método conhecido pelo qual isso pode ser obtido sem uma concordância sobre a importância relativa dos diferentes fins últimos, e com base apenas num princípio de reciprocidade por meio do qual as oportunidades de qualquer pessoa tendem a ser maiores do que seriam de outra forma.

O objetivo da política governamental numa sociedade de homens livres não pode ser um máximo de resultados conhecidos de antemão, mas apenas uma ordem abstrata

A interpretação errônea da catalaxia como uma economia, no sentido estrito da palavra, costuma levar a tentativas de avaliar os benefícios que obtemos dela em termos do grau de satisfação de uma dada ordem de fins. Porém, se a importância das diversas demandas é avaliada pelo preço oferecido, essa abordagem, como tem sido salientada inúmeras vezes pelos críticos da ordem de mercado com maior frequência do que pelos seus defensores, envolve-nos num círculo vicioso: pois a força relativa da demanda por diferentes bens e serviços, à qual o mercado ajustará a sua produção, é ela própria determinada pela distribuição de rendas que, por sua vez, é determinada pelo mecanismo de mercado. A partir disso, diversos autores concluíram que, se essa escala de demandas relativas não pode, sem um raciocínio circular, ser aceita como a escala comum de valores, outra escala de fins deve ser postulada se quisermos avaliar a eficácia dessa ordem de mercado.

No entanto, a crença de que não pode existir política racional sem uma escala comum de fins concretos significa uma interpretação da catalaxia como uma economia propriamente dita e, por isso, é enganosa. A política governamental não precisa ser orientada pelo esforço quanto à obtenção de resultados particulares, mas pode ser dirigida para assegurar uma ordem geral abstrata de caráter que garanta aos integrantes a melhor oportunidade de alcançar os seus fins particulares distintos e, em grande medida, desconhecidos. Nessa sociedade, o objetivo da política deveria ser aumentar de forma igual as probabilidades de qualquer membro desconhecido da sociedade e de perseguir com sucesso os seus propósitos igualmente desconhecidos, limitando o uso da coerção (afora o aumento de impostos) ao cumprimento daquelas normas que, se aplicadas universalmente, tenderão nesse sentido a melhorar as oportunidades de todos.

Portanto, a política que faz uso das forças espontaneamente ordenadoras não pode visar um máximo conhecido de resultados particulares, mas deve sim visar aumentar, para qualquer pessoa escolhida ao acaso, as perspectivas de que o efeito geral de todas as mudanças exigidas por essa ordem será aumentar as suas chances de alcançar os seus fins. Nesse sentido, vimos[14] que o bem comum não é um estado de coisas particular, mas consiste numa ordem abstrata que, numa sociedade livre, deve deixar indeterminado o grau em que as diversas necessidades particulares serão satisfeitas. O objetivo deverá ser uma ordem que aumente ao máximo as oportunidades de todos — não a todo momento, mas apenas "em geral" e a longo prazo.

Como os resultados de qualquer política econômica devem depender da utilização do funcionamento do mercado por pessoas desconhecidas orientadas pelo próprio conhecimento e pelos próprios objetivos, a meta dessa política deve ser fornecer um instrumento multifuncional que, num momento em particular, pode não ser o que melhor se adapte às circunstâncias particulares, mas que será o melhor para a grande variedade de circunstâncias propensas a ocorrer. Se tivéssemos conhecimento *a priori* dessas circunstâncias particulares, provavelmente poderíamos ter nos equipado melhor para lidar com elas; mas como não as conhecemos de antemão, devemos nos contentar com um instrumento menos especializado que nos permita enfrentar até eventos bastante improváveis.

O jogo da catalaxia

A melhor maneira de compreender como o funcionamento do sistema de mercado leva não só à criação de uma ordem como também a um grande aumento do retorno que os homens recebem dos seus esforços é considerá-lo,

CAPÍTULO 10 • A ORDEM DE MERCADO OU CATALAXIA

como sugerido no capítulo anterior, um jogo que podemos agora chamar de jogo da catalaxia. Trata-se de um jogo de criação de riqueza (e não o que a teoria dos jogos chama de um jogo de soma zero), ou seja, um jogo que leva a um aumento do fluxo de bens e das perspectivas de todos os participantes de satisfazerem as suas necessidades, mas que mantém o caráter de um jogo no sentido em que o termo é definido pelo *Oxford English Dictionary*: "uma competição disputada segundo regras e decidida por habilidade maior, força ou boa sorte". O fato de que, por causa do seu próprio caráter, o resultado desse jogo para cada um é necessariamente determinado por uma combinação de habilidade e sorte será um dos principais pontos que devemos agora procurar esclarecer.

A causa principal do caráter de criação de riqueza do jogo é que os retornos dos esforços de cada jogador atuam como sinais que possibilitam a ele contribuir para a satisfação das necessidades de que não tem conhecimento, e fazê-lo tirando proveito das condições que também só conhece indiretamente, mediante o reflexo destas nos preços dos fatores de produção que utiliza. Portanto, trata-se de um jogo de produção de riqueza, pois fornece informações a cada jogador que lhe permitem atender necessidades de que não tem conhecimento direto e pelo uso de meios cuja existência sem o jogo ele desconheceria, promovendo assim a satisfação de uma gama maior de necessidades do que seria possível de outra forma. O fabricante não produz sapatos porque sabe que Jones precisa deles, produz porque sabe que vários comerciantes vão comprar determinadas quantidades a vários preços, porque eles sabem (ou melhor, os varejistas a quem atendem) que milhares de Jones, que o fabricante não conhece, desejam comprá-los. Da mesma forma, um fabricante liberará recursos para a produção adicional de terceiros, substituindo, por exemplo, magnésio por alumínio na produção do seu produto, não por ficar sabendo de todas as mudanças na demanda e na oferta que, em geral, tornaram o alumínio menos escasso e o magnésio mais escasso, mas por tomar conhecimento do simples fato de que o preço pelo qual o alumínio lhe é oferecido baixou em relação ao preço do magnésio. Com efeito, provavelmente o elemento mais importante do sistema de preços que faz com que se leve em conta os desejos conflitantes que normalmente teriam sido ignorados é a contabilidade de custos — em geral, o aspecto mais importante no interesse da comunidade, isto é, aquele mais propenso a beneficiar muitas outras pessoas e aquele em que a empresa privada se destaca, mas a empresa estatal notoriamente fracassa.

DIREITO, LEGISLAÇÃO E LIBERDADE

Assim, na ordem de mercado, cada um é constituído pelo ganho visível para si mesmo, para atender necessidades que lhe são invisíveis, e para fazê-lo, valer-se de circunstâncias particulares desconhecidas que o colocam em posição de satisfazer essas necessidades ao menor custo possível em termos de outras coisas que é possível produzir no seu lugar. E quando apenas poucos já têm conhecimento de um fato novo e importante, os tão difamados especuladores tratarão de difundir rapidamente essa informação relevante por uma oportuna mudança de preços. O efeito importante disso será, é claro, que todas as mudanças geralmente são levadas em conta à medida que se tornam conhecidas por alguém ligado àquele ramo de negócios, e não que uma adaptação será sempre perfeita aos novos fatos.

Em particular, é preciso assinalar que os preços correntes servem, nesse processo, como indicadores do que deve ser feito nas circunstâncias presentes, não tendo necessariamente relação com o que foi feito no passado para trazer a oferta atual de qualquer bem específico no mercado. Pela mesma razão que os preços que orientam as diferentes iniciativas refletem acontecimentos que o produtor desconhece, o retorno dos seus esforços será muitas vezes diferente do que ele esperava, e deve sê-lo para que os preços possam orientar a produção adequadamente. As remunerações que o mercado determina não estão, por assim dizer, relacionadas funcionalmente com o que as pessoas *fizeram*, mas apenas com o que elas *deveriam* fazer. São incentivos que, via de regra, orientam a pessoa para o sucesso, mas que produzirão uma ordem viável só porque costumam frustrar as expectativas que provocaram quando circunstâncias relevantes mudaram inesperadamente. Uma das principais funções da concorrência é mostrar quais planos estão errados. O fato de que a plena utilização das informações limitadas transmitidas pelos preços é geralmente recompensada, e de que isso faz valer a pena prestar-lhe a maior atenção, é tão importante quanto de que, no caso de mudanças imprevistas, as expectativas são frustradas. O fator sorte é tão inseparável do funcionamento do mercado quanto o fator habilidade.

Não há necessidade de justificar moralmente distribuições específicas (de renda ou riqueza) que não foram promovidas deliberadamente, mas são o resultado de um jogo praticado porque melhora as chances de todos. Nesse jogo, ninguém "trata" as pessoas de forma diferente, e o respeito igual a todos está inteiramente em consonância com os resultados do jogo serem muito diferentes para diferentes pessoas. Também seria um jogo de azar se o valor que teriam os efeitos dos esforços de qualquer homem fosse dirigido

CAPÍTULO 10 • A ORDEM DE MERCADO OU CATALAXIA

por uma autoridade de planejamento — esforços esses para cuja determinação do sucesso ou fracasso seria usado não o conhecimento dele, e sim aquele da autoridade.

A soma da informação refletida ou sedimentada nos preços é inteiramente produto da concorrência, ou pelo menos da abertura do mercado a qualquer pessoa que tenha informação relevante acerca de alguma fonte de demanda ou oferta do bem em questão. A concorrência funciona como um processo de descoberta não só dando a todos que tenham a oportunidade de se aproveitar de circunstâncias especiais a possibilidade de fazê-lo vantajosamente, mas também transmitindo às outras partes a informação de que há essa oportunidade. É por meio dessa transmissão de informação em forma codificada que as iniciativas competitivas do jogo do mercado asseguram a utilização do conhecimento amplamente disperso.

Talvez ainda mais importante que a informação acerca das necessidades que podem ser satisfeitas e para cuja satisfação é oferecido um preço atraente seja a informação da possibilidade de fazê-lo por meio de um desembolso menor do que o incorrido geralmente de recursos que também são necessários em outros lugares. E o que é de importância decisiva não é só, ou talvez nem mesmo principalmente, o fato de que os preços difundirão o conhecimento de que existem algumas possibilidades técnicas para produzir uma mercadoria com mais eficiência, mas sobretudo a indicação dos métodos técnicos disponíveis mais econômicos em determinadas circunstâncias, e as mudanças na escassez relativa dos diferentes materiais e outros fatores, os quais alteram as vantagens relativas dos diferentes métodos. Quase todo produto pode ser produzido por meio de um grande número de combinações quantitativas diferentes de diversos fatores de produção, e qual deles será o menos dispendioso, isto é, envolverá o menor sacrifício de outros bens que poderiam ser produzidos, é indicado pelos preços relativos desses fatores.[15]

Assim, empenhados em produzir os seus produtos da forma menos dispendiosa, os produtores, em certo sentido, tornarão o produto total da catalaxia tão grande quanto possível. Os preços pelos quais eles podem comprar os diferentes fatores no mercado informarão a cada um que quantidades de dois desses fatores quaisquer custam o mesmo porque proporcionam em outro lugar o mesmo retorno marginal; e, com isso, o produtor será induzido a ajustar as quantidades relativas de qualquer par de fatores que necessite a fim de que estas produzam as mesmas contribuições marginais ao seu produto (sejam "substitutos marginais" um do outro) que lhe custarão o mesmo montante de dinheiro. Se isso for feito em geral, e as taxas marginais de substituição entre dois fatores quaisquer se tornarem iguais em todos os seus usos, o mercado alcançará o horizonte das possibilidades cataláticas, em que estará sendo produzida a maior quantidade possível da combinação específica de bens que pode ser produzida nessas circunstâncias.

No caso de apenas dois bens, esse horizonte de possibilidades cataláticas pode ser ilustrado por um diagrama simples conhecido na teoria econômica como curva de transformação: se as quantidades dos dois bens são medidas ao longo de duas coordenadas cartesianas, qualquer linha reta que passa pela origem representará o lugar geométrico de todas as quantidades totais possíveis de dois produtos numa dada proporção quantitativa, por exemplo, $a + 2b$, $2a + 4b$, $3a + 6b$ etc., etc., e haverá, para qualquer oferta de fatores dada, um máximo absoluto capaz de ser obtido se esses dois fatores forem distribuídos economicamente entre os dois usos. A curva convexa que liga os pontos que correspondem aos máximos das diferentes combinações de dois bens é a "curva de transformação", que representa o horizonte das possibilidades cataláticas para esses dois bens na situação existente. O aspecto importante acerca desse conjunto de máximos potenciais é que ele não é simplesmente um fato técnico, mas é determinado pela escassez ou abundância momentânea dos diferentes fatores, e que o horizonte das possibilidades cataláticas só será alcançado se as taxas marginais de substituição entre os diferentes fatores forem igualadas em todos os seus usos — o que, evidentemente, numa catalaxia que produz muitos bens, só pode ser alcançada mediante o ajuste por parte de todos os produtores das quantidades relativas dos diferentes fatores que utilizam segundo os seus preços uniformes de mercado.

O horizonte das possibilidades cataláticas (que para um sistema que produzisse n bens seria representado por uma superfície n-dimensional) indicaria o conjunto do que agora é usualmente chamado de ótimo de Pareto, isto é, todas as combinações de diferentes bens que podem ser produzidos para os quais é impossível reorganizar a produção de modo que algum consumidor obtenha maior quantidade de alguma coisa sem que, em consequência, outro obtenha menor quantidade de qualquer coisa (o que será sempre possível se o produto corresponder a qualquer ponto dentro do horizonte).

Se não há uma ordem aceita de classificação das diferentes necessidades, não há como decidir qual, entre as diferentes combinações de bens correspondentes a esse horizonte, é maior do que qualquer outra. Apesar disso, cada uma dessas combinações é um "máximo" num sentido limitado peculiar que é, no

CAPÍTULO 10 • A ORDEM DE MERCADO OU CATALAXIA

entanto, o único sentido em que, para uma sociedade que não possui uma hierarquia de fins consensual, podemos falar de um máximo: corresponde à maior quantidade da combinação particular de bens capaz de ser produzida pelas técnicas conhecidas (sentido em que a maior quantidade de um único bem que poderia ser produzida, se nada mais fosse produzido, seria um dos máximos incluídos no horizonte de possibilidades!). A combinação de fato produzida será determinada pela força relativa da demanda dos diferentes bens — que, por sua vez, depende da distribuição de rendas, ou seja, os preços pagos pelas contribuições dos diferentes fatores de produção, e estes, por outro lado, servem (ou são necessários) simplesmente para assegurar que haja uma aproximação ao horizonte das possibilidades cataláticas.

Assim, o efeito de tudo isso é que, embora a participação de cada fator de produção no produto total seja determinada pelas necessidades instrumentais do único processo conhecido pelo qual podemos assegurar uma aproximação contínua a esse horizonte, o equivalente material de qualquer fração individual dada será tão grande quanto possível. Em outras palavras, embora a fração de cada jogador no jogo da catalaxia seja determinada em parte pela habilidade e em parte pela sorte, o conteúdo da fração que é alocado a ele por esse jogo misto de sorte e habilidade será um verdadeiro máximo.

Evidentemente, seria insensato exigir mais do funcionamento de um sistema em que os diversos participantes não atendem uma hierarquia comum de fins, mas cooperam entre si só porque podem com isso ajudar-se mutuamente na busca respectiva dos seus fins individuais. Aliás, nada mais é possível numa ordem em que os participantes são livres no sentido de poderem utilizar o próprio conhecimento para os próprios propósitos. Na medida em que se joga o único jogo pelo qual todo esse conhecimento pode ser utilizado e todos esses fins são levados em conta, seria incoerente e injusto desviar parte do fluxo de bens para um grupo de jogadores que alguma autoridade considere merecedor. Por outro lado, num sistema centralmente dirigido, seria impossível recompensar as pessoas conforme o valor que as suas contribuições voluntárias têm para os seus semelhantes, porque sem um mercado eficaz os indivíduos não poderiam saber, nem poderiam decidir, onde aplicar os seus esforços. A responsabilidade pelo uso desses dons e pela utilidade dos resultados caberia inteiramente à autoridade dirigente.

Os homens só podem se permitir agir com base no próprio conhecimento e para os próprios propósitos se a recompensa que obtêm depende, em parte, das circunstâncias que não podem controlar nem prever. E se tiverem permissão para ser

DIREITO, LEGISLAÇÃO E LIBERDADE

*orientados nas suas ações por meio das próprias crenças morais, também não po-
derá ser moralmente exigido que os efeitos agregados das suas respectivas ações
nas diferentes pessoas correspondam a algum ideal de justiça distributiva. Nesse
sentido, a liberdade é inseparável das recompensas que muitas vezes não têm relação com o mérito e, portanto, são percebidas como injustas.*

Ao julgar as adaptações às mudanças das circunstâncias, as comparações da nova posição com a anterior são irrelevantes

Ao passo que as vantagens recíprocas para ambas as partes são fáceis de perceber no caso do escambo bilateral, a situação pode, a princípio, parecer diferente nas condições de troca multilateral ou multiangular, que são a regra
da sociedade moderna. Nesse caso, uma pessoa normalmente prestará serviços a um grupo de pessoas, mas ela mesma receberá serviços de outro grupo. E como cada decisão será, em geral, uma questão de saber de quem
comprar e para quem vender, ainda que seja verdade que, nesse caso, ambas
as partes da nova transação vão ganhar, também devemos considerar os efeitos naqueles com quem os participantes das novas transações decidiram não
voltar a negociar porque os seus novos parceiros lhes ofereceram condições
mais favoráveis. Os efeitos dessas decisões em terceiros serão sentidos de
maneira particularmente grave quando estes tiverem passado a contar com
a oportunidade de negociar com aqueles com quem negociavam no passado,
e agora perceberem as suas expectativas frustradas e as suas rendas diminuí-
das. Não devemos, neste caso, levar em conta a perda daqueles de quem a
demanda ou a oferta mudou como uma compensação em relação ao ganho
daqueles que se aproveitaram das novas oportunidades?

Como vimos no capítulo anterior, esses rebaixamentos imerecidos das
posições materiais de grupos inteiros são a origem de uma das principais
queixas contra a ordem de mercado. Contudo, esses rebaixamentos da posição relativa, e muitas vezes até mesmo da posição absoluta, de alguns será
um efeito necessário e constantemente recorrente, na medida em que, em
diversas transações, as partes levem em consideração apenas as suas próprias
vantagens, e não os efeitos das suas decisões em outros. Isso significa que
algo é ignorado e que deveria ser levado em conta na formação de uma ordem desejável?

CAPÍTULO 10 • A ORDEM DE MERCADO OU CATALAXIA

Todavia, as condições que antes prevaleceram são totalmente irrelevantes para o que é apropriado depois da mudança das circunstâncias externas. A posição anterior daqueles que agora são forçados ao rebaixamento material foi determinada pela ação do mesmo processo que agora favorece os outros. A ação do mercado só leva em conta as condições que se sabe que existem no presente (ou que se espera que prevaleçam no futuro); adapta-lhes valores relativos sem considerar o passado. Aqueles cujos serviços valiam mais no passado foram então pagos à altura deles. A nova posição não é uma melhoria em relação à condição anterior, no sentido de constituir uma melhor adaptação às mesmas circunstâncias; representa o mesmo tipo de adaptação a novas circunstâncias que a posição anterior representou quanto às circunstâncias então existentes.

No contexto de uma ordem cuja vantagem é que adapta continuamente o uso de recursos a condições imprevistas e desconhecidas pela maioria, o que passou, passou[16] — as condições passadas nada nos dizem acerca do que é apropriado agora. Ainda que, até certo ponto, os preços passados sirvam como a principal base para a formação de expectativas sobre os preços futuros, só farão isso quando grande parte das condições tiverem permanecido inalteradas, mas não quando tiverem ocorrido grandes mudanças.

Qualquer descoberta de oportunidades mais favoráveis para a satisfação das suas necessidades por parte de alguns será, assim, uma desvantagem para aqueles a cujos serviços eles teriam de outro modo recorrido. No entanto, a esse respeito, os efeitos de oportunidades novas e mais favoráveis de intercâmbio que surgem para determinados indivíduos são, para a sociedade em geral, tão benéficos quanto a descoberta de recursos materiais novos ou até então desconhecidos. As partes da nova transação de troca serão agora capazes de satisfazer as suas necessidades mediante o dispêndio de uma menor parcela dos seus recursos, e o quanto com isso economizam poderá ser usado na prestação de serviços adicionais a outros. Evidentemente, aqueles que, por isso, serão privados dos seus antigos clientes sofrerão uma perda que seria do seu interesse evitar. Porém, como todos os outros, eles vinham se beneficiando o tempo todo das repercussões de milhares de mudanças semelhantes em outros lugares que liberaram recursos para um melhor suprimento do mercado. E ainda que a curto prazo o efeito desfavorável possa pesar mais sobre eles que a soma dos efeitos benéficos indiretos, a longo prazo a soma de todos esses efeitos particulares, embora sempre prejudique alguns, tenderá a aumentar as oportunidades de todos. No entanto, esse resultado só acontecerá se os efeitos imediatos e geralmente mais visíveis forem sistematicamente ignorados e se a política governamental for gerida pela probabilidade de que, a longo prazo, todos venham a se beneficiar com a utilização de cada oportunidade desse tipo.

Em outras palavras, não se deve permitir que o prejuízo conhecido e concentrado daqueles que perdem parte ou a totalidade da sua fonte habitual de renda seja contabilizado em relação aos benefícios difusos (e, do ponto de vista da política governamental, geralmente desconhecidos e, dessa maneira, indiscriminados) obtidos por muitos. Veremos que a tendência universal da política é dar atenção preferencial a poucos efeitos intensos e, portanto, evidentes em detrimento dos numerosos efeitos fracos e, portanto, ignorados, concedendo então privilégios especiais a grupos ameaçados de perder as posições conquistadas. Contudo, quando refletimos que grande parte dos benefícios que atualmente devemos ao mercado são resultado de adaptações contínuas que desconhecemos, e por causa das quais apenas algumas consequências, mas não todas, das nossas decisões deliberadas podem ser previstas, deveria ser óbvio que obteremos os melhores resultados se cumprirmos uma norma que, se aplicada sistematicamente, tenderá a melhorar as oportunidades de todos. Embora a fração de cada um seja imprevisível, porque dependerá apenas em parte da sua habilidade e das suas oportunidades de tomar conhecimento dos fatos, e em parte do acaso, essa é a condição que, por si só, fará com que seja do interesse de todos agir de modo a aumentar tanto quanto possível o produto agregado, do qual obterão uma fração imprevisível. Da distribuição resultante não se pode afirmar que seja materialmente justa, mas apenas que é o resultado de um processo que, como se sabe, melhora as oportunidades de todos, e não a consequência de medidas específicas dirigidas que favorecem alguns com base em princípios que nem todos podem pôr em prática.

As normas de conduta justa protegem apenas domínios materiais, e não valores de mercado

O valor que os produtos ou serviços de qualquer pessoa terão no mercado, e, portanto, a sua fração no produto agregado, também sempre dependerá das decisões que outras pessoas tomarem em função das possibilidades de mudança que conhecem. Assim, determinado preço ou determinada fração do produto total só pode ser assegurado a qualquer pessoa exigindo-se que outras pessoas em particular comprem dela a um determinado preço. Sem dúvida, isso é incompatível com o princípio de que a coerção deve se limitar à aplicação de normas uniformes de conduta justa aplicáveis igualmente a todos. As normas de conduta justa que são independentes dos fins não podem determinar o que alguém deve fazer (exceto o cumprimento das obrigações voluntariamente assumidas), mas apenas o que não deve fazer. Elas apenas estabelecem os princípios determinantes do domínio protegido de cada um, o qual ninguém deve invadir.

Em outras palavras, as normas de conduta justa só nos podem permitir descobrir que coisas específicas pertencem a pessoas específicas, mas não o valor dessas coisas, ou o benefício que concederão àqueles a quem pertencem. As normas servem para fornecer informações para a decisão dos indivíduos e, assim, ajudam a reduzir a incerteza, mas não podem determinar que uso o indivíduo pode fazer dessas informações e, portanto, tampouco eliminam *toda* a incerteza. Elas relatam a cada indivíduo apenas quais são as coisas específicas que ele poderá usar, mas não quais serão os resultados do seu uso, na medida em que estes dependem da troca do produto dos seus esforços com terceiros.

Sem dúvida, é enganoso expressar isso dizendo que as normas de conduta justa alocam determinadas coisas a determinadas pessoas. Essas normas formulam as condições segundo as quais qualquer pessoa pode adquirir ou abrir mão de determinadas coisas, mas, por si mesmas, não estabelecem definitivamente as condições específicas em que essa pessoa se encontrará. Em qualquer momento, o domínio dessa pessoa dependerá de com que sucesso usou essas condições e das oportunidades específicas que por acaso encontrou. Em certo sentido, não deixa de ser verdade que esse sistema dá aos que já têm. Porém, esse é o seu mérito, e não a sua falha, porque é essa característica que faz valer a pena que todos direcionem os seus esforços não só para resultados imediatos, mas também para o aumento da sua capacidade de prestar serviços aos outros. É a possibilidade de aquisição com o propósito de aumentar a capacidade de aquisição futura que engendra um processo geral contínuo em que não precisamos começar do zero a cada momento, mas podemos começar com um conhecimento que resulta de esforços anteriores para aumentar ao máximo os ganhos dos meios que controlamos.

A correspondência entre as expectativas é provocada pela frustração de algumas delas

Assim, a norma abstrata de conduta pode (e, para assegurar a formação de uma ordem espontânea, deve) proteger apenas a expectativa de controle sobre coisas físicas e serviços específicos, e não as expectativas relativas ao seu valor de mercado, isto é, as condições em que podem ser trocados por outras coisas. Esse é um ponto de importância central que costuma ser incompreendido. A partir disso, resultam diversos corolários significativos. Em primeiro lugar, embora o objetivo das leis seja aumentar a certeza, elas conseguem eliminar apenas certas fontes de incertezas, e seria prejudicial se tentassem eliminar toda a incerteza: elas podem proteger expectativas apenas proibindo a interferência na propriedade de um homem (incluindo direitos em relação a serviços futuros de terceiros que estes tenham voluntariamente prometido prestar), e não exigindo que outros tomem determinadas iniciativas. Elas não podem, portanto, assegurar a ninguém que os bens e os serviços que tem a oferecer terão determinado valor, mas somente que lhe será permitido obter por eles o preço que puder.

A razão pela qual a lei pode proteger apenas algumas expectativas, mas não todas, ou eliminar somente algumas fontes de incerteza, mas não todas, é que as normas de conduta justa só podem limitar o âmbito das ações permitidas, de tal maneira que as intenções das diferentes pessoas não entrem em conflito, mas não podem determinar em absoluto que ações esses indivíduos devem desempenhar. Ao restringir o âmbito de ações que qualquer indivíduo pode desempenhar, a lei abre a todos a possibilidade de colaboração eficaz com terceiros, mas não a garante. As normas de conduta que limitam igualmente a liberdade de cada um, tendo em vista assegurar a mesma liberdade a todos, podem apenas possibilitar acordos para a obtenção do que agora é possuído por terceiros e, com isso, canalizar as iniciativas de todos para a busca de acordo com terceiros. Porém, não podem garantir o sucesso dessas iniciativas, ou determinar os termos em que esses acordos podem ser concluídos.

A correspondência entre as expectativas, que possibilita que todas as partes obtenham o que ambicionam, é de fato ocasionada por um processo de aprendizagem por tentativa e erro que envolve necessariamente uma frustração constante de algumas expectativas. O processo de adaptação funciona, como os ajustamentos de qualquer sistema de auto-organização, mediante

CAPÍTULO 10 • A ORDEM DE MERCADO OU CATALAXIA

aquilo que a cibernética nos ensinou a chamar de *feedback* negativo: respostas às diferenças entre os resultados esperados e os resultados incorridos das ações, de modo que essas diferenças se reduzam. Isso produzirá uma maior correspondência entre expectativas das diferentes pessoas na medida em que os preços correntes forneçam algumas indicações de quais serão os preços futuros, isto é, na medida em que, numa estrutura razoavelmente constante de fatos conhecidos, apenas uma pequena parte deles sempre se altera; e na medida em que o mecanismo de preços atua como meio de comunicação de conhecimento que faz com que os fatos que se tornam conhecidos por alguns, mediante os efeitos das suas ações nos preços, passem a influenciar a decisão dos outros.

A princípio pode parecer paradoxal que, para alcançar a maior certeza possível, seja necessário deixar incerto um objeto de expectativas tão importante quanto as condições pelas quais as coisas podem ser compradas e vendidas. No entanto, o paradoxo desaparece quando lembramos que só podemos visar fornecer a melhor base para julgar o que é necessariamente incerto e para assegurar a contínua adaptação ao que não era conhecido antes: podemos aspirar apenas a melhor utilização do conhecimento parcial em constante mudança, que é transmitido sobretudo por meio de mudanças de preços, e não pela melhor utilização de um estoque dado e constante de conhecimento. Nessa situação, o melhor que podemos alcançar não é a certeza, mas a eliminação da incerteza evitável — que não pode ser alcançada impedindo que mudanças imprevistas espalhem os seus efeitos, mas somente facilitando a adaptação a essas mudanças.

Costuma-se alegar que é injusto deixar o ônus dessas mudanças imprevisíveis recair sobre pessoas que não poderiam prevê-las, e que, se esses riscos fossem inevitáveis, deveriam ser agrupados e as perdas suportadas igualmente por todos. No entanto, seria difícil saber se qualquer mudança em particular foi imprevisível para todos. O sistema como um todo se baseia em fornecer incentivos para que todos usem as suas habilidades para descobrir circunstâncias específicas a fim de prever mudanças iminentes com a maior precisão possível. Esse incentivo seria eliminado se cada decisão não implicasse risco de perda, ou se uma autoridade tivesse que decidir se determinado erro na expectativa seria perdoável ou não.[17]

As normas abstratas de conduta justa só podem determinar probabilidades, e não resultados específicos

As normas de conduta justa que se aplicam igualmente a todos os membros da sociedade só podem se referir a algumas condições, mas não a todas, segundo as quais as suas ações ocorrem. Em consequência, essas normas podem assegurar a todos os indivíduos apenas probabilidades, e não a certeza de um determinado resultado. Mesmo num jogo com probabilidades iguais para todos os jogadores haverá algum ganhador e algum perdedor. Ao assegurar ao indivíduo alguns dos elementos da situação em que ele precisará atuar, as suas perspectivas melhorarão, mas diversos fatores dos quais depende o seu sucesso permanecerão necessariamente indeterminados. O objetivo da legislação, ao estabelecer normas para um número desconhecido de ocorrências futuras, só pode ser, portanto, melhorar as chances de pessoas desconhecidas, cujas oportunidades dependerão sobretudo dos seus conhecimentos e das suas habilidades individuais, assim como das condições específicas em que o acaso vai colocá-las. Assim, as iniciativas do legislador podem se destinar apenas a melhorar as chances de todos, não no sentido de que será conhecida a incidência dos efeitos difusos das suas decisões nos diversos indivíduos, mas somente no sentido de que ele pode visar a melhoria das oportunidades que se tornarão disponíveis para algumas pessoas desconhecidas.

Um corolário disso é que cada indivíduo terá direito à justiça, não a uma oportunidade igual em geral, mas apenas que os princípios norteadores de todas as medidas coercitivas do governo devam ter a mesma probabilidade de beneficiar as chances de qualquer um; e que essas normas sejam aplicadas em todas as ocorrências em particular, independentemente do fato de o efeito em indivíduos específicos parecer desejável ou não. Na medida em que as posições dos diferentes indivíduos permaneçam mesmo dependentes da sua habilidade e das circunstâncias específicas com que se deparam, ninguém pode assegurar que todos terão as mesmas chances.

Nesse jogo em que os resultados dos indivíduos dependem em parte da sorte e em parte da sua habilidade, evidentemente não faz sentido chamar o resultado de justo ou de injusto. A situação é algo parecida com a de uma competição por um prêmio, em que tentamos criar condições tais que possamos dizer quem teve o melhor desempenho, mas não seremos capazes de decidir se o melhor desempenho efetivo é prova de maior mérito. Não poderemos impedir a interferência de casualidades e, em consequência,

CAPÍTULO 10 • A ORDEM DE MERCADO OU CATALAXIA

não poderemos ter certeza de que os resultados serão proporcionais à capacidade dos competidores ou às suas qualidades específicas que desejamos encorajar. Ainda que não queiramos que ninguém trapaceie, não podemos impedir que alguém tropece. Embora empreguemos a competição para descobrir quem tem o melhor desempenho, o resultado só mostrará quem se saiu melhor naquela ocasião, mas não que o vencedor via de regra se sairá melhor. Muitas vezes descobriremos que "a corrida não é para os ligeiros, nem a batalha para os fortes, nem o pão para os sábios, nem a riqueza para os prudentes, nem o prestígio para os instruídos; mas o tempo e o acaso afetam a todos".[18] É a nossa ignorância dos efeitos da aplicação das normas em pessoas específicas que possibilita a justiça numa ordem espontânea de homens livres.[19]

Com frequência, a justiça coerente exigirá até mesmo que atuemos como se ignorássemos as circunstâncias que na verdade conhecemos. A liberdade e a justiça são valores que só podem prevalecer entre homens de conhecimento limitado; não fariam sentido numa sociedade de indivíduos oniscientes. O uso coerente do poder que possuímos sobre a estrutura do mercado exigirá desconsideração sistemática dos efeitos concretos previsíveis que terá uma decisão judicial. Assim como o juiz só pode ser justo se seguir os princípios do direito e ignorar todas as circunstâncias não referidas pelas suas normas abstratas (mas que podem ser bastante relevantes para a avaliação moral da ação), assim também as normas de justiça devem limitar as circunstâncias que podem ser levadas em conta em todas as ocorrências. Se *tout comprendre c'est tout pardonner,* isto é precisamente o que o juiz não deve tentar fazer, porque ele nunca sabe tudo. A necessidade de se basear em normas abstratas para a manutenção de uma ordem espontânea é consequência dessa ignorância e incerteza; e a aplicação das normas de conduta só atingirá o seu propósito se as respeitarmos sistematicamente, e não as tratarmos como um mero substituto do conhecimento que, no caso específico, não possuímos. Portanto, não é o efeito da sua aplicação em casos específicos, mas apenas os efeitos da sua aplicação universal que levarão à melhoria das oportunidades de todos e, então, serão aceitos como justos.[20] Em particular, toda preocupação em relação aos efeitos a curto prazo está ligada ao aumento da preponderância dos efeitos visíveis e previsíveis sobre os invisíveis e distantes, ao passo que as normas destinadas a beneficiar igualmente a todos não devem permitir que os efeitos trazidos por acaso ao conhecimento do juiz prevaleçam sobre aqueles que ele não pode conhecer.

DIREITO, LEGISLAÇÃO E LIBERDADE

Numa ordem espontânea, as frustrações imerecidas não podem ser evitadas. Elas estão destinadas a causar ressentimentos e o sentimento de ter sido tratado injustamente, ainda que ninguém tenha agido injustamente. Em geral, os afetados, de boa-fé e como questão de justiça, reivindicarão medidas corretivas. Porém, para que a coerção se restrinja à aplicação de normas uniformes de conduta justa, é fundamental que o governo não possua o poder de aceder a essas reivindicações. O rebaixamento da posição relativa de alguns acerca do que se queixam é consequência de eles terem se submetido às mesmas oportunidades a que não só alguns outros agora devem a ascensão da sua posição, mas a que eles mesmos deveram a sua posição anterior. Apenas porque inúmeros outros se sujeitam constantemente a frustrações das suas expectativas razoáveis é que cada um alcança a renda que tem; e, assim, nada mais justo que se aceite a mudança desfavorável dos acontecimentos quando vão contra a pessoa. Isso não deixa de ser verdade quando, em vez de um único indivíduo, os membros de um grande grupo compartilham — e reforçam mutuamente — esse ressentimento e, em consequência, a mudança passa a ser considerada um "problema social".

Prescrições específicas ("interferência") numa catalaxia criam desordem e nunca podem ser justas

Uma norma de conduta justa serve para a conciliação dos diferentes propósitos de diversos indivíduos. Uma prescrição serve para a obtenção de determinados resultados. Ao contrário da norma de conduta justa, não apenas limita a gama de escolha dos indivíduos (ou exige que eles satisfaçam as expectativas que criaram deliberadamente), mas ordena que eles ajam de uma determinada maneira não exigida em relação a terceiros.

O termo "interferência" (ou "intervenção") só se aplica adequadamente àquelas ordens específicas que, ao contrário das normas de conduta justa, não servem apenas para a formação de uma ordem espontânea, mas visam resultados específicos. Foi só nesse sentido que os economistas clássicos empregaram o termo. Eles não o teriam aplicado à criação ou ao aperfeiçoamento daquelas normas genéricas necessárias ao funcionamento da ordem de mercado e que pressuporiam explicitamente nas suas análises.

Mesmo na linguagem usual, "interferência" implica o funcionamento de um processo que evolui por si mesmo com base em certos princípios, porque

CAPÍTULO 10 • A ORDEM DE MERCADO OU CATALAXIA

os seus elementos obedecem a certas normas. Não chamaríamos de interferência o fato de lubrificar um mecanismo de relógio, ou de assegurar, de uma forma qualquer, as condições exigidas por um maquinário em atividade para o seu funcionamento adequado. Só se mudássemos a posição de qualquer peça específica de uma maneira que não estivesse de acordo com o princípio geral do seu funcionamento, como por exemplo trocando os ponteiros de um relógio poder-se-ia dizer que realizamos uma interferência. Assim, o objetivo da interferência sempre é provocar um determinado resultado que é diferente do que se produziria se o mecanismo pudesse seguir sem ajuda os seus princípios inerentes.[21] Se as normas segundo as quais esse processo evolui são determinadas de antemão, os resultados específicos que ele produzirá a qualquer momento serão independentes dos desejos momentâneos das pessoas.

Os resultados específicos determinados pela alteração de uma ação específica do sistema sempre serão incompatíveis com a sua ordem geral: se não fossem, poderiam ter sido alcançados alterando-se as normas pelas quais o sistema deveria funcionar dali em diante. A interferência, se o termo é usado adequadamente, é, portanto, por definição, um ato isolado de coerção,[22] realizado com o propósito de alcançar determinado resultado e sem se comprometer a fazer o mesmo em todos os casos em que algumas circunstâncias definidas por uma norma são as mesmas. Então, trata-se sempre de um ato injusto, em que alguém é coagido (em geral, no interesse de um terceiro) em circunstâncias em que outro não o seria, e para propósitos que não são os seus.

Além disso, trata-se de um ato que sempre perturbará a ordem geral e impedirá aquele ajustamento mútuo de todas as suas partes no qual se baseia a ordem espontânea. Fará isso impedindo que as pessoas a quem as prescrições específicas são dirigidas adaptem as suas ações às circunstâncias por elas conhecidas, e fazendo com que elas atendam alguns fins específicos que outros não são obrigados a atender, e que serão satisfeitos à custa de alguns outros efeitos imprevisíveis. Assim, cada ato de interferência cria um privilégio no sentido de assegurar benefícios a alguns em detrimento de outros, de uma maneira incapaz de ser justificada pelos princípios suscetíveis de aplicação geral. A esse respeito, o que a formação de uma ordem espontânea exige é o que também é exigido pela limitação de toda coerção à aplicação das normas de conduta justa: que a coerção seja usada só quando é exigida por normas uniformes aplicáveis igualmente a todos.

O objetivo da lei deveria ser aumentar igualmente as oportunidades de todos

Como as normas de conduta justa podem afetar apenas as chances de sucesso das iniciativas humanas, o objetivo de alterá-las ou aperfeiçoá-las deveria ser aumentar tanto quanto possível as oportunidades de qualquer pessoa selecionada ao acaso. Já que não se pode prever a longo prazo quando e onde ocorrerá a conjunção específica de circunstâncias a que qualquer norma se refere, tampouco se saberá quem se beneficiará dessa norma abstrata e quantas pessoas diferentes se beneficiarão. Essas normas universais destinadas à aplicação por um período indefinido podem, assim, visar unicamente aumentar as *oportunidades* de pessoas desconhecidas.

Nesse contexto, preferimos falar de oportunidades em vez de probabilidades, porque este último termo sugere grandezas numéricas que não serão conhecidas. Tudo o que as leis podem fazer é aumentar o número de possibilidades favoráveis propensas a surgir para alguma pessoa desconhecida e, assim, aumentar a probabilidade de que surjam oportunidades no caminho de alguém. Porém, ainda que o objetivo deva ser melhorar as perspectivas de todos, geralmente não se saberá quem terá as suas perspectivas melhoradas por um determinada medida legislativa, e o quanto.

Convém notar que o conceito de oportunidade entra aqui de duas maneiras. Em primeiro lugar, a posição relativa de determinadas pessoas só pode ser definida como uma gama de oportunidades que, se conhecidas com exatidão, podem ser representadas como uma distribuição de probabilidade. Em segundo lugar, há a questão da probabilidade de que qualquer membro da sociedade ocupe qualquer das posições assim definidas. O conceito resultante das probabilidades de que qualquer membro da sociedade tenha certa gama de oportunidades é, dessa maneira, um conceito complexo, ao qual é difícil conferir precisão matemática. No entanto, isso só seria útil se as grandezas numéricas fossem conhecidas, mas, evidentemente, elas não são.[23]

É claro que o esforço para aumentar indiscriminadamente as oportunidades de qualquer pessoa não resultará em tornar iguais as oportunidades de todos. As oportunidades sempre dependerão não só dos eventos futuros que as leis não controlam como também da posição inicial de qualquer indivíduo no momento em que as normas em questão são adotadas. Num processo contínuo, essa posição inicial de qualquer pessoa sempre será o resultado de fases anteriores e, portanto, um fato tão imprevisto e dependente do acaso

CAPÍTULO 10 • A ORDEM DE MERCADO OU CATALAXIA

quanto o desenvolvimento futuro. E como parte das iniciativas da maioria das pessoas será geralmente dirigida à melhoria das suas oportunidades futuras, em vez da satisfação das suas necessidades atuais, e mais ainda na medida em que já conseguiram prover estas últimas, a posição inicial de qualquer indivíduo será sempre o resultado tanto de uma série de acasos passados quanto das suas iniciativas e previsões. Depreende-se, assim, que é pelo fato de o indivíduo poder decidir livremente usar o fruto das suas iniciativas atuais para o consumo atual ou para a melhoria das suas oportunidades futuras que a posição já alcançada por ele aumentará a sua probabilidade de alcançar uma posição ainda melhor, ou que "aos que têm será dado". A possibilidade de distribuir o uso dos seus recursos ao longo do tempo também sempre tenderá a aumentar a discrepância entre os méritos das iniciativas atuais de uma pessoa e os benefícios que ela recebe no momento.

Na medida em que nos baseamos na instituição familiar para a educação do indivíduo para a vida, a cadeia de acontecimentos que afeta as perspectivas de qualquer pessoa se estenderá necessariamente até além do período da sua vida individual. Desse modo, é inevitável que, no processo contínuo de catalaxia, o ponto de partida e, consequentemente, também as perspectivas dos diferentes indivíduos sejam diferentes.

Isso não quer dizer que não possa haver um processo na justiça para corrigir posições que foram determinadas por atos, ou instituições anteriores, injustos. Porém, a menos que essa injustiça seja evidente e recente, em geral será impraticável corrigi-la. No conjunto, parecerá preferível aceitar a posição dada como devida ao acaso e, a partir do presente, simplesmente abster-se de quaisquer medidas destinadas a beneficiar determinados indivíduos ou grupos. Embora possa parecer razoável formular leis que tendam mais fortemente a aumentar as oportunidades daqueles cujas probabilidades de êxito são relativamente pequenas, isso raramente pode ser obtido por meio de normas genéricas. Há, sem dúvida, casos em que o desenvolvimento anterior das leis introduziu um viés a favor ou em prejuízo de determinados grupos; e, evidentemente, essas disposições legais devem ser corrigidas. Porém, em geral, aparentemente o fato que, ao contrário de uma convicção bastante generalizada, mais contribuiu ao longo dos últimos duzentos anos para elevar não só a posição absoluta como também relativa dos membros dos grupos de mais baixa renda foi o crescimento geral da riqueza, que tendeu a aumentar mais a renda dos grupos de posição mais baixa do que a dos grupos de posição relativamente mais alta. É claro que isso decorre da circunstância de que, uma vez

DIREITO, LEGISLAÇÃO E LIBERDADE

exorcizado o demônio malthusiano, o crescimento da riqueza global tende a tornar o trabalho mais escasso que o capital. Mas nada que possamos fazer, exceto o estabelecimento da igualdade absoluta de todas as rendas, pode alterar a realidade de que determinada porcentagem da população deve se encontrar na faixa de renda mais baixa; e por uma questão de lógica, a probabilidade de que qualquer indivíduo escolhido aleatoriamente esteja entre os dez por cento com renda mais baixa deve ser de um décimo![24]

A Boa Sociedade é aquela em que as oportunidades de qualquer pessoa selecionada aleatoriamente tenderão a ser as melhores possíveis

As nossas considerações nos levam a concluir que deveríamos tomar como a ordem social mais desejável aquela que escolheríamos se soubéssemos que a nossa posição inicial seria decidida apenas pelo acaso (como o fato de termos nascido numa determinada família). Como a atração que esse acaso exerceria sobre qualquer indivíduo adulto provavelmente dependeria das habilidades, das aptidões e dos gostos que ele já tivesse adquirido, uma maneira melhor de formular isso seria dizer que a melhor sociedade seria aquela em que preferiríamos colocar os nossos filhos se soubéssemos que a posição deles nela seria determinada pela sorte. É provável que, nesse caso, pouquíssimas pessoas preferissem uma ordem estritamente igualitária. No entanto, embora um indivíduo possa, por exemplo, considerar o estilo de vida da aristocracia rural do passado como o mais atraente e escolher uma sociedade em que essa classe existisse se tivesse certeza de que ele (ou os seus filhos) seria um membro dessa classe, ele provavelmente tomaria uma decisão diferente se soubesse que essa posição seria determinada por sorteio e que, em consequência, seria muito mais provável que ele se tornasse um trabalhador agrícola. Então, ele escolheria, muito provavelmente, aquele tipo de sociedade industrial que não oferecesse esses privilégios para poucos, mas proporcionasse melhores perspectivas para a grande maioria.[25]

CAPÍTULO 11

A DISCIPLINA DAS NORMAS ABSTRATAS E OS SENTIMENTOS DA SOCIEDADE TRIBAL

O liberalismo — é bom lembrar isso hoje — é a forma suprema de generosidade; é o direito que a maioria concede às minorias e, portanto, é o brado mais nobre que já ressoou neste planeta. Ele anuncia a determinação de compartilhar a existência com o inimigo; mais do que isso, com um inimigo que é fraco. Era inacreditável que a espécie humana tivesse chegado a uma atitude tão nobre, tão paradoxal, tão refinada, tão antinatural. Por isso, não é de se admirar que essa mesma espécie logo pareça ansiosa para se livrar dela. É uma disciplina difícil e complexa demais para criar raízes firmes na terra.

JOSÉ ORTEGA Y GASSET*

A busca de objetivos inatingíveis pode impedir a realização do possível

Não basta reconhecer que a expressão "justiça social" é vazia, sem conteúdo determinável. Ela se tornou uma fórmula encantatória poderosa que serve para reforçar emoções profundamente arraigadas que ameaçam destruir a Grande Sociedade. Infelizmente, não é verdade que se algo não pode ser alcançado não há mal nenhum em lutar por ele.[1] Como a perseguição de qualquer miragem, essa luta tenderá a produzir resultados que alguém teria feito muito para evitar se os tivesse previsto. Muitos objetivos desejáveis serão sacrificados na vã esperança de tornar possível o que sempre vai estar fora do nosso alcance.

Vivemos atualmente sob o domínio de duas concepções diferentes e incompatíveis do que é justo; e, após um período de supremacia de concepções que possibilitaram a visão de uma Sociedade Aberta, estamos retornando rapidamente para as concepções da sociedade tribal da qual emergimos lentamente. Tínhamos a esperança de que, com a derrota dos ditadores europeus, tivéssemos banido a ameaça do estado totalitário; porém, tudo o que conseguimos foi sufocar o primeiro surto de uma reação que aos poucos se alastra por toda parte. O socialismo é simplesmente uma reafirmação daquela ética tribal cujo enfraquecimento gradual havia possibilitado uma aproximação à Grande Sociedade. A submersão do liberalismo clássico sob as forças inseparáveis do socialismo e do nacionalismo é consequência de um ressurgimento desses sentimentos tribais.

A maioria ainda reluta em encarar a lição mais alarmante da história moderna, ou seja, os maiores crimes do nosso tempo foram cometidos por governos que possuíam o apoio entusiástico de milhões de pessoas guiadas por impulsos morais. Simplesmente não é verdade que Hitler ou Mussolini, Lênin ou Stálin recorreram apenas aos piores instintos dos seus povos: além disso, eles também apelaram para alguns dos sentimentos que também dominam as democracias contemporâneas. Seja qual for a desilusão que os partidários mais maduros desses movimentos possam ter experimentado quando começaram a perceber os impactos das políticas que apoiaram, não restam dúvidas de que as bases dos movimentos comunista, nacional-socialista ou fascista incluíam muitos homens e mulheres inspirados por ideais não muito diferentes daqueles de alguns dos filósofos sociais mais influentes dos países ocidentais. Alguns deles certamente acreditavam estar engajados na criação de uma sociedade justa, em que as necessidades dos mais merecedores ou de "maior valor social" seriam mais bem atendidas. Eles eram movidos por um desejo em prol de um propósito comum visível, que é a nossa herança da sociedade tribal e que ainda vemos irromper por toda parte.

As causas do ressurgimento do pensamento organizacional tribal

Nos últimos tempos, uma razão pela qual temos visto um vigoroso ressurgimento do pensamento organizacional e um declínio da compreensão do funcionamento da ordem de mercado é que uma porcentagem sempre crescente dos membros da sociedade trabalha em grandes organizações encontrando o seu horizonte de compreensão limitado ao que é exigido pela estrutura interna dessas organizações. Enquanto o camponês e o artesão

CAPÍTULO 11 • A DISCIPLINA DAS NORMAS ABSTRATAS E OS SENTIMENTOS DA SOCIEDADE TRIBAL

independente, o comerciante e o diarista estavam familiarizados com o mercado e, mesmo que não entendessem o seu funcionamento, tinham passado a aceitar os seus ditames como o curso natural das coisas, a expansão da grande empresa e das grandes burocracias administrativas fez com que uma parcela cada vez maior da população passasse toda a sua vida profissional como membro de grandes organizações, sendo levada a pensar em termos das exigências da forma organizacional de vida. Mesmo que na sociedade pré-industrial a grande maioria também passasse a maior parte da sua vida no âmbito de uma organização familiar, que era a unidade de toda a atividade econômica,[2] os chefes de família percebiam a sociedade como uma rede de unidades familiares conectadas pelos mercados.

Atualmente, o pensamento organizacional domina cada vez mais as atividades de grande parte das figuras mais poderosas e influentes da sociedade moderna, os próprios organizadores.[3] As modernas melhorias da técnica organizacional, e o consequente aumento da gama de tarefas específicas que podem ser executadas por meio da organização em grande escala, muito além do que era possível anteriormente, criaram a convicção de que não há limites para o que organização pode conseguir. A maioria das pessoas já não tem mais consciência do grau em que a ordem mais abrangente da sociedade, da qual depende o próprio sucesso das organizações no seu interior, deve-se a forças ordenadoras de um tipo totalmente diferente.

A outra principal razão para o crescente domínio do pensamento organizacional é que o sucesso da criação deliberada de novas normas para organizações dotadas de propósito foi, sob muitos aspectos, tão grande que os homens já não percebem que a ordem mais abrangente, em cujo âmbito as organizações atuam, baseia-se numa espécie diferente de normas que não foram inventadas com um propósito definido e previsto em mente, mas são o resultado de um processo de tentativa e erro ao longo do qual se acumulou mais experiência do que qualquer um possa ter consciência.

As consequências imorais das iniciativas inspiradas pela moral

Embora, na perspectiva a longo prazo da civilização ocidental, a história do direito seja a do surgimento gradativo de normas de conduta justa suscetíveis de aplicação universal, o seu desenvolvimento durante os últimos cem anos se tornou cada vez mais o da destruição da justiça pela "justiça social", até o ponto em que alguns estudiosos da filosofia do direito perderam de vista o significado original da palavra "justiça". Vimos como o processo assumiu sobretudo a forma de uma substituição das normas de conduta justa por aquelas normas organizacionais que chamamos de direito público (um "direito subordinador"), distinção que alguns juristas socialistas estão tentando arduamente eliminar.[4] Basicamente, isso significou que o indivíduo já não está mais limitado apenas por normas que restringem o âmbito das suas ações privadas, mas se tornou cada vez mais sujeito às prescrições da autoridade. As crescentes possibilidades tecnológicas de controle, acompanhadas da suposta superioridade moral de uma sociedade cujos membros atendem a mesma hierarquia de fins, fizeram essa tendência totalitária aparecer sob um disfarce moral. De fato, o conceito de "justiça social" foi o cavalo de Troia por meio do qual o totalitarismo se introduziu.

No entanto, os valores que ainda sobrevivem dos pequenos grupos voltados para fins cuja coerência dependia deles, não só são diferentes dos valores que possibilitam a coexistência pacífica de grandes grupos na Sociedade Aberta, mas costumam ser incompatíveis com eles. É ilusória a crença de que enquanto perseguimos o novo ideal dessa Grande Sociedade, em que todos os seres humanos são considerados iguais, também podemos preservar os diferentes ideais da pequena sociedade fechada. Tentar fazer isso leva à destruição da Grande Sociedade.

A possibilidade de os homens viverem juntos em paz e em prol do seu proveito mútuo sem precisar concordar sobre objetivos concretos comuns, e limitados apenas por normas abstratas de conduta,[5] foi talvez a maior descoberta já feita pela humanidade. O sistema "capitalista" que se originou dessa descoberta decerto não satisfez plenamente os ideais do liberalismo, porque evoluiu num tempo em que legisladores e governos não entendiam muito bem o *modus operandi* do mercado e, em grande medida, a despeito das políticas realmente praticadas.[6] Em consequência, o capitalismo, tal como existe hoje, apresenta inegavelmente diversos defeitos remediáveis que uma política inteligente de liberdade deveria corrigir. Um sistema que se baseia nas forças ordenadoras espontâneas do mercado, depois que tenha alcançado certo nível de prosperidade, não é também, de maneira nenhuma, incompatível com o fornecimento por parte do governo, à margem do mercado, de alguma proteção contra a pobreza extrema. Todavia, a tentativa de assegurar a cada um o que ele julga merecer, impondo a todos um sistema de fins concretos comuns para os quais os seus esforços são dirigidos pela autoridade, como o socialismo pretende fazer, seria um retrocesso que nos privaria da utilização do conhecimento e das aspirações de milhões de pessoas, e, com isso, das vantagens de uma civilização livre. O socialismo não se baseia apenas num sistema de valores últimos, diferente daquele do liberalismo, que deveria ser respeitado mesmo se discordando dele; também se baseia num erro intelectual que torna os seus adeptos cegos às suas consequências. Isso deve ser dito claramente porque a ênfase na suposta diferença dos valores últimos se tornou a desculpa comum dos socialistas para se esquivar da verdadeira questão intelectual. A suposta diferença entre os juízos de valor subjacentes passou a ser uma camuflagem utilizada para ocultar o raciocínio falho que fundamenta os esquemas socialistas.

Na Grande Sociedade, a "justiça social" se torna uma força disruptiva

Não só é impossível para a Grande Sociedade se manter e ao mesmo tempo aplicar normas de justiça "social" ou distributiva; para a sua preservação, também é necessário que nenhum grupo específico com pontos de vista comuns acerca dos seus direitos possa impô-los, impedindo que outros ofereçam os seus serviços em condições mais favoráveis. Ainda que os interesses comuns daqueles cuja posição é influenciada pelas mesmas circunstâncias tendam a apresentar opiniões comuns firmes sobre o que merecem, e forneçam um motivo para a ação comum para alcançar os seus objetivos, qualquer dessas ações grupais para assegurar determinada renda ou posição para os seus membros cria um obstáculo à integração da Grande Sociedade, e é, portanto, antissocial no verdadeiro sentido da palavra. Torna-se necessariamente uma força desagregadora porque gera não a conciliação, mas sim o conflito entre os interesses de diferentes grupos. Como bem sabem os participantes ativos na luta pela "justiça social", ela se converte, na prática, numa luta pelo poder de interesses organizados em que os argumentos de justiça servem apenas como pretextos.

A principal percepção à qual devemos nos ater é que, quando um grupo de pessoas tem pontos de vista veementes acerca do que considera os seus direitos justos, nem sempre isso significa que existe (ou pode ser descoberta) uma norma correspondente que, se aplicada universalmente, geraria uma ordem viável. É uma ilusão acreditar que sempre que se apresenta uma questão como uma de justiça deve ser possível descobrir uma norma suscetível de aplicação universal capaz de resolvê-la.[7] Tampouco o fato de uma lei procurar satisfazer a reivindicação de justiça de alguém prova que ela seja uma norma de conduta justa.

Todos os grupos cujos membros perseguem os objetivos iguais ou paralelos desenvolverão pontos de vista comuns acerca do que é justo para os membros desses grupos. No entanto, esses pontos de vista só serão justos para todos aqueles que perseguem os mesmos objetivos, mas podem ser totalmente incompatíveis com quaisquer princípios pelos quais esse grupo é capaz de ser integrado à ordem geral da sociedade. Os produtores de qualquer mercadoria ou serviço em particular que visam uma boa remuneração para os seus esforços considerarão injusta a ação de qualquer companheiro produtor que tenda a reduzir as rendas dos demais. Contudo, serão justamente os tipos de ações de alguns membros do grupo que os demais consideram prejudiciais que adequarão as atividades dos membros do grupo ao padrão geral da Grande Sociedade beneficiando com isso a todos.

Sem dúvida, não é injusto em si mesmo que um barbeiro de uma cidade receba três dólares por um corte de cabelo enquanto, em outra cidade, apenas dois dólares são pagos pelo mesmo trabalho. Porém, sem dúvida, seria injusto se os barbeiros da primeira cidade impedissem qualquer barbeiro da segunda cidade de melhorar a sua situação oferecendo os seus serviços por, digamos, dois dólares e cinquenta centavos, assim, melhorando a sua situação enquanto reduz a renda do outro grupo. No entanto, é justamente contra essas iniciativas que atualmente os grupos estabelecidos têm permissão para se unir em defesa da sua posição consolidada. A regra "não faça nada que diminua a renda dos membros do seu próprio grupo" será muitas vezes considerada como um dever de justiça para com os companheiros do grupo. Mas não pode ser aceita como norma de conduta justa numa Grande Sociedade, onde entrará em conflito com os princípios gerais que coordenam as atividades dessa sociedade. Os demais membros dessa sociedade terão todo interesse e o direito moral de impedir a aplicação dessa norma que os membros de um grupo específico consideram justa, porque os princípios de integração da Grande Sociedade exigem que a ação de alguns dos empregados de determinada maneira acarrete muitas vezes na redução das rendas dos seus companheiros. É exatamente essa a virtude da concorrência. As concepções de justiça grupal condenariam muitas vezes como injusta toda a concorrência efetiva — e, na verdade, muitas das demandas por "concorrência justa" têm quase esse objetivo.

Provavelmente seja verdade que em qualquer grupo cujos membros saibam que as suas perspectivas dependem das mesmas circunstâncias, desta forma se desenvolverão concepções que consideram injusta toda conduta de qualquer membro que prejudique os demais; e em consequência surgirá o desejo de impedir essa conduta. Porém, toda pessoa de fora considerará injusto com razão que algum membro desse grupo seja impedido pelos seus companheiros de lhe oferecer condições mais vantajosas do que o restante do grupo está disposto a oferecer. E o mesmo acontece quando algum "intruso", anteriormente não reconhecido como membro do grupo, é obrigado a se adequar aos padrões do grupo assim que as suas atividades comecem a concorrer com as dos demais membros.

O fato importante que grande parte das pessoas reluta em admitir, ainda que na maioria dos casos seja provavelmente verdadeiro, é que, enquanto a busca de objetivos egoístas do indivíduo o leva normalmente a servir ao interesse geral, as ações coletivas dos grupos organizados são quase invariavelmente contrárias ao interesse geral. De fato, o que nos leva, por um lado, a condenar como antissocial a busca de interesses individuais que contribui para o interesse geral, e por outro, a elogiar como "social" a subserviência daqueles interesses setoriais que destroem a ordem geral são sentimentos que herdamos de formas antigas de sociedade. O uso da coerção a serviço desse tipo de "justiça social", ou seja, os interesses do grupo específico ao qual o indivíduo pertence, significará sempre, assim, a criação de reservas particulares de grupos específicos unidos contra os de fora — grupos de interesse que existem porque podem usar a força ou a pressão sobre o governo em benefício dos seus membros. Todavia, por mais que os membros desses grupos concordem entre si que aquilo que desejam é justo, não existe nenhum princípio que possa fazê-lo parecer justo para quem está fora. No entanto, atualmente, se esse grupo é grande o suficiente, a sua representação das demandas dos seus membros como justa é geralmente aceita como uma concepção de justiça que deve ser levada em conta na ordenação do todo, mesmo que não se baseie em nenhum princípio que pode ser de aplicação geral.

Da assistência aos mais desafortunados à proteção dos direitos adquiridos

Contudo, não devemos perder de vista o fato de que na origem da luta pela "justiça social" estava o louvável desejo de abolir a miséria, e que a Grande

Sociedade conseguiu brilhantemente eliminar a pobreza no sentido absoluto.[8] No momento atual, nos países desenvolvidos, ninguém capaz de realizar trabalho útil carece de alimento e abrigo, e para os incapazes de ganhar o suficiente por si mesmos, essas necessidades são atendidas em geral à margem do mercado. Claro que a pobreza, no sentido relativo, continuará existindo em toda sociedade não completamente igualitária: enquanto existir desigualdade, alguém deverá estar no nível mais baixo da sociedade. Porém, a abolição da pobreza absoluta não é ajudada pelo esforço de obter a "justiça social"; na verdade, em muitos países em que a pobreza absoluta ainda é um problema grave, a preocupação com a "justiça social" se tornou um dos maiores obstáculos para a eliminação da pobreza. No Ocidente, a ascensão das grandes massas a um bem-estar aceitável resultou do crescimento geral da riqueza e foi apenas desacelerada por medidas de interferência no mecanismo de mercado. Foi esse mecanismo que gerou o aumento da renda agregada, o que também tornou possível prover, à margem do mercado, o sustento daqueles incapazes de ganhar o suficiente. Contudo, as tentativas de "corrigir" os resultados do mercado no rumo da "justiça social" provavelmente causaram mais injustiça sob a forma de novos privilégios, obstáculos à mobilidade e frustração em relação a iniciativas que contribuíram para o alívio da situação dos pobres.

Esse desenvolvimento é consequência da circunstância de que o apelo à "justiça social" feito inicialmente em nome dos mais desafortunados foi arrebatado por muitos outros grupos cujos membros achavam não ter recebido tanto quanto acreditavam merecer e, em particular, por grupos que se sentiam ameaçados nas suas posições. Como exigência de que a ação política atribua aos membros de qualquer grupo a posição que, em algum sentido, este mereça, a "justiça social" é incompatível com o ideal de que a coerção só deve ser usada para aplicar as mesmas normas de conduta justa que todos poderiam levar em conta ao fazer os seus planos. No entanto, quando essas reivindicações foram admitidas pela primeira vez em favor dos grupos de cujos infortúnios todos se compadeciam, abriram-se as comportas para a exigência, por todos que consideravam a sua posição relativa ameaçada, de que essa posição fosse protegida pela ação governamental. No entanto, o infortúnio não pode criar um direito à proteção contra riscos que todos tiverem que correr para conseguir as posições que ocupam. A própria linguagem de uso corrente que ao mesmo tempo rotula como "problema social" qualquer coisa que provoca insatisfação a qualquer grupo, e sugere que é dever do legislativo fazer algo

CAPÍTULO 11 • A DISCIPLINA DAS NORMAS ABSTRATAS E OS SENTIMENTOS DA SOCIEDADE TRIBAL

acerca dessa "injustiça social", transformou a concepção de "justiça social" em mero pretexto para reivindicações de privilégios por grupos de pressão.

Os que se voltam com indignação contra uma concepção de justiça que não conseguiu, por exemplo, impedir "o rápido processo de desenraizamento do campesinato, iniciado pouco depois das guerras napoleônicas, o declínio do artesanato após meados do século ou a pauperização dos trabalhadores assalariados"[9] compreendem de maneira totalmente distorcida o que se pode obter mediante a aplicação das normas de conduta justa num mundo de homens livres que servem uns aos outros em benefício próprio, e para quem ninguém atribui tarefas ou aloca benefícios. Como atualmente podemos talvez até alimentar a quantidade de gente para a qual a humanidade cresceu graças apenas à utilização intensiva do conhecimento disperso possibilitada pelo mercado — sem falar na manutenção do nível de bem-estar alcançado pela grande maioria em algumas partes do mundo —, decerto não seria justo eximir alguns da necessidade de aceitar uma posição menos favorável do que já haviam alcançado se uma reviravolta imprevista rebaixar o valor dos seus serviços para os demais. Por mais pena que sintamos daqueles que, não por culpa própria, mas como resultado de eventos imprevisíveis, se veem numa posição rebaixada, isso não significa que possamos ter um aumento progressivo do nível de riqueza geral, do qual depende a melhoria futura das condições das grandes massas, e não termos esses declínios recorrentes da posição de alguns grupos.

Na prática, a expressão "justiça social" se tornou simplesmente o *slogan* empregado por todos os grupos cujo *status* tende a declinar: o agricultor, o artesão independente, o mineiro de carvão, o pequeno lojista, o empregado de escritório e uma parte considerável da velha "classe média", e não pelos trabalhadores industriais, em cujo nome a expressão foi suscitada pela primeira vez, mas que, em geral, têm sido os beneficiários dos progressos recentes. O fato de o apelo à justiça por parte desses grupos conseguir frequentemente mobilizar a solidariedade de muitos que consideram a hierarquia tradicional da sociedade como uma hierarquia natural, e que se ressentem da ascensão de novas pessoas àquela posição média à qual, outrora, a simples capacidade de ler e escrever dava acesso, não demonstra que essas exigências tenham qualquer ligação com as normas de conduta justa aplicáveis de modo geral.

Na ordem política existente, essas reivindicações só são de fato satisfeitas quando esses grupos são suficientemente grandes para contar politicamente e, sobretudo, quando é possível organizar os seus membros para a ação comum. Veremos adiante que apenas alguns desses grupos de interesses, mas não

DIREITO, LEGISLAÇÃO E LIBERDADE

todos, podem ser assim organizados, e que, em consequência, as vantagens resultantes só podem ser obtidas por alguns, prejudicando os demais. Todavia, quanto mais grupos de interesses são usados para esse fim, mais necessário se torna que cada grupo se organize para pressionar o governo, pois aqueles que não conseguirem fazê-lo serão deixados ao relento. Assim, a concepção de "justiça social" resultou na garantia pelo governo de uma renda adequada a determinados grupos, o que tornou inevitável a progressiva organização de todos esses grupos de pressão. Porém, a proteção de expectativas que essa garantia envolve não pode ser concedida a todos, exceto numa sociedade estacionária. Portanto, o único princípio justo é não conceder esse privilégio a ninguém.

No passado, esse argumento teria que ter sido dirigido principalmente contra os sindicatos, já que foram os primeiros desses grupos a conseguir revestir as suas exigências com a aura da legitimidade (e em poder usar a coerção para a sua aplicação), apresentando-as como requisitos de "justiça social". Porém, embora de início tenha sido o uso a serviço de grupos relativamente pobres e desafortunados que fez a discriminação em seu favor parecer justificável, essa discriminação serviu como primeiro passo para a destruição do princípio da igualdade nos termos da lei. Hoje, unicamente os grupos grandes em termos numéricos, ou os que podem ser organizados rapidamente para suspender serviços essenciais, é que ganham no processo de barganha política que rege os atos legislativos na democracia contemporânea. Contudo, os absurdos fora do normal que surgem quando uma democracia procura determinar a distribuição de rendas mediante o voto majoritário vai nos ocupar ainda mais no terceiro volume da presente obra.

As tentativas de "corrigir" a ordem de mercado
levam à sua destruição

A visão predominante hoje parece ser a de que devemos aproveitar, em geral, as forças ordenadoras do mercado — de fato, em grande medida, devemos fazê-lo —, mas que deveríamos "corrigir" os seus resultados quando flagrantemente injustos. No entanto, na medida em que os ganhos de indivíduos ou grupos específicos não são determinados pela decisão de algum órgão, nenhuma distribuição específica de renda pode ser considerada significativamente mais justa do que outra. Se quisermos torná-la substancialmente justa, só podemos fazê-lo substituindo toda a ordem espontânea por uma organização em que a fração de cada um seja definida por alguma autoridade central. Em outras palavras, num processo espontâneo, as "correções" de distribuição produzidas mediante atos específicos de interferência nunca podem ser justas no sentido de satisfazer uma norma igualmente aplicável a todos. Cada ato desse tipo dará origem a exigências dos demais para serem tratados segundo o mesmo princípio; e essas exigências só poderão ser satisfeitas se todas as rendas forem assim alocadas.

O esforço atual de se basear numa ordem espontânea corrigida conforme princípios de justiça equivale à tentativa de ter o melhor de dois mundos que são mutuamente incompatíveis. Talvez um governante absoluto, totalmente independente da opinião pública, possa se limitar a mitigar as privações dos mais desafortunados por meio de atos isolados de intervenção, deixando uma ordem espontânea determinar as posições dos demais. E, sem dúvida, é possível retirar inteiramente do processo de mercado aqueles que não conseguem se manter adequadamente no mercado e sustentá-los com recursos reservados para esse fim. Para uma pessoa no início de uma carreira incerta, e para os seus filhos, pode até ser perfeitamente racional concordar que todos deveriam garantir um mínimo de amparo em tal eventualidade. Porém, um governo dependente da opinião pública, e, em particular, uma democracia não será capaz de limitar essas tentativas de suplementar o mercado para a atenuação da sorte dos mais pobres. Pretenda ele ou não se deixar guiar por princípios, se tiver poder para isso, será certamente conduzido pelos princípios implícitos nos precedentes estabelecidos. Pelas medidas que tomar, gerará opiniões e estabelecerá padrões que o forçarão a prosseguir no rumo enveredado.

Só é possível "corrigir" uma ordem assegurando que os princípios em que ela se baseia sejam aplicados sistematicamente, mas não aplicando a uma parte do todo princípios que não se aplicam às restantes. Como é a essência da justiça que os mesmos princípios sejam aplicados universalmente, ela exige que o governo apenas auxilie grupos específicos em condições nas quais esteja preparado para agir com base no mesmo princípio em todas as circunstâncias semelhantes.

A revolta contra a disciplina das normas abstratas

A ascensão do ideal de justiça impessoal baseada em normas formais foi alcançado numa luta contínua contra os sentimentos de lealdade pessoal que constituíam a base da sociedade tribal, mas que na Grande Sociedade não devem poder influenciar o uso dos poderes coercitivos do governo. A extensão gradual de uma ordem comum de paz do pequeno grupo para comunidades cada vez maiores envolveu confrontos constantes entre as exigências de justiça setorial baseada em propósitos comuns visíveis e as exigências de uma justiça universal igualmente aplicável ao estranho e ao membro do grupo.[10] Isso provocou um conflito constante entre sentimentos profundamente arraigados na natureza humana ao longo de milênios de existência tribal e as exigências de princípios abstratos cujo significado ninguém captava inteiramente. Os sentimentos humanos estão ligados a objetos concretos, e os sentimentos de justiça, em particular, ainda estão muito ligados às necessidades visíveis do grupo ao qual cada pessoa pertence — as necessidades de ofício ou profissão, do clã ou da aldeia, da cidade ou do país a que cada um pertence. Apenas uma reconstrução mental da ordem geral da Grande Sociedade nos permite compreender que a procura deliberada de propósitos concretos comuns, que para grande parte das pessoas ainda parece mais meritório e superior do que a obediência cega a normas abstratas, destruiria a ordem maior em que todos os seres humanos valem de forma igual.

Como já vimos, muito do que será verdadeiramente social no pequeno grupo voltado para fins, porque é propício à coerência da ordem de funcionamento dessa sociedade, será antissocial do ponto de vista da Grande Sociedade. De fato, a demanda por "justiça social" é uma expressão de revolta do espírito tribal contra as exigências abstratas de coerência da Grande Sociedade, que não possui propósito comum visível. Apenas estendendo as normas de conduta justa para as relações com todos os outros homens e, ao mesmo tempo, privando do seu caráter compulsório as normas que não podem ser aplicadas universalmente é que conseguiremos nos aproximar de uma ordem universal de paz capaz de integrar toda a humanidade numa única sociedade.

Enquanto na sociedade tribal a condição de paz interna é a dedicação de todos os membros a alguns propósitos comuns visíveis e, portanto, à vontade de alguém capaz de decidir quais deverão ser esses propósitos em algum momento e como deverão ser alcançados, a Sociedade Aberta de homens livres só se torna possível quando os indivíduos são constrangidos apenas a obedecer as normas abstratas que demarcam o domínio dos meios que cada um pode usar para os seus propósitos. Na medida em que quaisquer fins específicos, que numa sociedade de qualquer tamanho sempre devem ser os fins de determinadas pessoas ou grupos, são considerados uma justificativa da coerção,

CAPÍTULO 11 • A DISCIPLINA DAS NORMAS ABSTRATAS E OS SENTIMENTOS DA SOCIEDADE TRIBAL

sempre devem surgir conflitos entre grupos com diferentes interesses. De fato, na medida em que propósitos específicos constituem o fundamento da organização política, aqueles cujos propósitos são diferentes são forçosamente inimigos; e é verdade que, nessa sociedade, a política é necessariamente dominada pela relação entre amigo e inimigo.[11] As normas de conduta justa só podem se tornar as mesmas para todos quando fins particulares não são considerados justificativas para a coerção (exceto em circunstâncias especiais temporárias, como guerra, rebelião ou catástrofes naturais).

A moral da sociedade aberta e da sociedade fechada

O processo que estamos descrevendo está intimamente associado — e na verdade é uma consequência necessária disso — com a circunstância de que numa ampla ordem de mercado os produtores são levados a atender as pessoas sem conhecer as suas necessidades individuais. Essa ordem, que se baseia em pessoas trabalhando para satisfazerem os desejos de outras pessoas que não conhecem, pressupõe e exige concepções morais um tanto diferentes daquelas em que as pessoas atendem necessidades visíveis. A orientação indireta por meio de um retorno monetário esperado, que funciona como um indicador das necessidades de terceiros, exigiu novas concepções morais que não prescrevem objetivos específicos, mas sim normas gerais que limitam a gama de ações permitidas.

Tornou-se parte do *ethos* da Sociedade Aberta que era melhor investir a própria fortuna em instrumentos que possibilitassem produzir mais com custos menores do que distribuí-la entre os pobres, ou atender as necessidades de milhares de desconhecidos do que prover a subsistência de alguns próximos conhecidos. É claro que essas concepções não evoluíram porque aqueles que primeiro as puseram em prática entenderam que assim confeririam maiores benefícios aos seus semelhantes, mas porque os grupos e as sociedades que agiram dessa maneira prosperaram mais do que os outros; em consequência, fazê-lo passou a ser aos poucos o dever moral reconhecido da "vocação". Na sua forma mais pura, esse *ethos* considera dever primordial perseguir um fim escolhido por conta própria da maneira mais eficaz possível sem prestar atenção ao papel que ele desempenha na complexa rede de atividades humanas. Trata-se da concepção que hoje é de maneira geral, mas um tanto errônea, considerada como a ética calvinista — errônea porque já prevalecia nas cidades da Itália medieval e foi ensinada pelos jesuítas espanhóis por volta da mesma época de Calvino.[12]

Ainda consideramos estar fazendo o bem só se o fizermos para favorecer necessidades conhecidas específicas de pessoas conhecidas, e, na realidade, achamos melhor ajudar um faminto que conhecemos do que aliviar a necessidade premente de uma centena de desconhecidos; porém, na verdade, estamos fazendo em geral maior bem ao buscar o lucro. Foi um tanto enganoso, e prejudicou a sua causa, quando Adam Smith deu a impressão de que a diferença significativa era aquela entre o esforço egoísta em busca do lucro e o empenho altruísta em satisfazer necessidades conhecidas. A finalidade para a qual um empresário bem-sucedido deseja usar os seus lucros pode muito bem ser oferecer um hospital ou uma galeria de arte para a sua cidade natal. Porém, independentemente da questão do que esse empresário deseja fazer com os seus lucros, ele é levado a beneficiar mais pessoas ao visar o maior lucro que poderia se apenas se concentrasse na satisfação das necessidades de pessoas conhecidas. Ele é conduzido pela mão invisível do mercado a levar o auxílio das comodidades modernas aos lares mais pobres que nem sequer conhece.[13]

É verdade, no entanto, que as concepções morais subjacentes à Sociedade Aberta ficaram durante muito tempo restritas a pequenos grupos de uma poucas localidades urbanas e, em geral, passaram a reger o direito e a opinião do mundo ocidental há relativamente tão pouco tempo que muitas vezes ainda parecem artificiais e antinaturais em contraste com os sentimentos intuitivos e, em parte, talvez até instintivos herdados da sociedade tribal mais antiga. Os sentimentos morais que tornaram a Sociedade Aberta possível se desenvolveram nos centros comerciais das cidades, enquanto as impressões de grandes grupos ainda eram regidas por sentimentos paroquiais e pelas atitudes xenófobas e agressivas que norteavam o grupo tribal.[14] A ascensão da Grande Sociedade é um acontecimento demasiado recente para ter dado tempo ao homem de se livrar dos efeitos de uma evolução de centenas de milhares de anos, e de não considerar artificiais e desumanas aquelas normas abstratas de conduta que costumam conflitar com os instintos profundamente arraigados de se deixar guiar pela ação das necessidades percebidas.

A resistência contra a nova moral da Sociedade Aberta também se fortaleceu por meio da compreensão de que ela não só ampliava indefinidamente o círculo de outras pessoas em relação às quais se deviam obedecer normas morais, mas de que essa ampliação do alcance do código moral necessariamente trazia consigo uma redução do seu conteúdo. Se as atribuições aplicáveis a todos devem ser as mesmas, as atribuições para com alguém não podem ser maiores do que as atribuições para com todos — exceto quando existem relações naturais especiais ou contratuais. Em caso de necessidade, pode haver uma obrigação geral de prestar assistência a um grupo limitado de concidadãos, mas não à humanidade em geral. O progresso moral pelo qual avançamos para a Sociedade Aberta — isto é, a ampliação da obrigação de tratar da mesma forma não só os membros da nossa tribo como também as pessoas de círculos cada vez mais amplos e, no final das contas, todos os homens — deve ser adquirido ao preço de uma atenuação do dever aplicável de visar deliberadamente o bem-estar dos demais membros do mesmo grupo. Quando já não conseguimos conhecer os outros ou as circunstâncias em que vivem, esse dever se torna uma impossibilidade psicológica e intelectual. No entanto, o desaparecimento desses deveres específicos deixa um vazio emocional ao privar os homens tanto de tarefas gratificantes quanto da garantia de apoio em caso de necessidade.[15]

Portanto, não seria realmente surpreendente que a primeira tentativa do homem de sair de uma sociedade tribal para uma sociedade aberta fracassasse, pois o homem ainda não está preparado para se livrar de concepções morais desenvolvidas para a sociedade tribal; ou, como Ortega y Gasset escreveu sobre o liberalismo clássico no trecho situado na epígrafe deste capítulo, não é de se admirar que a espécie humana "logo pareça ansiosa para se livrar (...) [de] uma atitude tão nobre, tão paradoxal, tão refinada, tão antinatural (...) uma disciplina difícil e complexa demais para criar raízes firmes na terra". Numa época em que a grande maioria das pessoas está empregada em organizações e tem pouca oportunidade de aprender a moral do mercado, o seu desejo intuitivo por uma moral mais humana e pessoal correspondente aos seus instintos herdados muito provavelmente destruirá a Sociedade Aberta.

No entanto, deve-se perceber que os ideais do socialismo (ou da "justiça social"), que na posição de empregados de organizações se mostram tão atraentes, não oferecem realmente uma nova moral, mas apenas agradam os instintos herdados de um tipo mais antigo de sociedade. São um atavismo, uma tentativa vã de impor à Sociedade Aberta a moral da sociedade tribal, que, se prevalecesse, não só destruiria a Grande Sociedade como também ameaçaria enormemente a sobrevivência dos grandes números a que cerca de trezentos anos de uma ordem de mercado permitiram que a humanidade se expandisse.

Da mesma forma, as pessoas consideradas alienadas ou estranhas de uma sociedade baseada na ordem de mercado não são as portadoras de uma nova moral, mas sim as não domesticadas ou não civilizadas, que nunca aprenderam as normas de conduta em que se baseia a Sociedade Aberta, mas querem impor-lhe as suas concepções "naturais" instintivas derivadas da sociedade tribal. Sobretudo, o que grande parte dos membros da Nova Esquerda não parece perceber é que o tratamento igualitário de todos os homens, que eles também demandam, só é possível num sistema em que as ações individuais sejam limitadas apenas por normas formais, em vez de orientadas por seus efeitos conhecidos.

A nostalgia rousseauniana de uma sociedade pautada não por normas morais aprendidas, que só se justificam por uma compreensão racional dos princípios em que essa ordem se baseia, mas por sentimentos "naturais" irrefletidos e profundamente enraizados ao longo de milênios de vida na pequena horda leva, desse modo, diretamente à demanda por uma sociedade socialista em que a autoridade assegura que a "justiça social" visível seja feita de uma maneira a gratificar os sentimentos naturais. Nesse sentido, porém, é óbvio que toda a cultura é não natural e, embora não premeditada, continua a ser artificial porque se vale da obediência a normas aprendidas, e não dos instintos naturais. Esse conflito entre o que os homens ainda experimentam como sentimentos naturais e a disciplina de normas necessárias para a preservação da Sociedade Aberta é, na verdade, uma das principais causas do que foi chamado de "fragilidade da liberdade": todas as tentativas de modelar a Grande Sociedade à imagem do pequeno grupo conhecido ou de transformá-la numa comunidade direcionando os indivíduos para propósitos visíveis comuns devem gerar uma sociedade totalitária.

O velho conflito entre lealdade e justiça

O conflito persistente entre moral tribal e justiça universal se manifestou ao longo da história num conflito recorrente entre o sentimento de lealdade e o da justiça. A lealdade a grupos específicos, como o da atividade profissional ou de classe, assim como o do clã, da raça ou da religião, continua a ser o maior obstáculo a uma aplicação universal das normas de conduta justa. Apenas lenta e gradualmente essas normas gerais de conduta passam a prevalecer sobre as normas especiais que permitem ao indivíduo prejudicar o estranho se isso atender o interesse do grupo. No entanto, embora somente esse processo tenha possibilitado a ascensão da Sociedade Aberta, e ofereça a esperança remota de uma ordem universal de paz, a moral vigente ainda não aprova

CAPÍTULO 11 • A DISCIPLINA DAS NORMAS ABSTRATAS E OS SENTIMENTOS DA SOCIEDADE TRIBAL

sinceramente essa evolução; de fato, nos últimos tempos, ocorreu um recuo das posições que já tinham sido amplamente alcançadas no mundo ocidental.

Se, no passado distante, exigências talvez totalmente desumanas às vezes eram feitas em nome da justiça formal, como quando, na Roma antiga, louvava-se o pai que, como magistrado, condenou com firmeza o filho à morte, aprendemos a evitar os mais graves desses conflitos e, em geral, a reduzir as exigências da justiça formal ao que é compatível com os nossos sentimentos. Até tempos recentes, a evolução da justiça prosseguiu como uma progressiva ascendência das normas gerais de conduta justa aplicáveis às nossas relações com qualquer membro da sociedade sobre as normas especiais que atendem as necessidades de grupos específicos. Em certa medida, é verdade que essa evolução se deteve nas fronteiras nacionais; mas a maioria das nações tinha tais dimensões que ela ainda assim ocasionou a progressiva substituição das normas da organização voltada para propósitos pelas normas da ordem espontânea de uma Sociedade Aberta.

A principal resistência a essa evolução se deveu a ela exigir a predominância dos princípios racionais abstratos sobre os sentimentos evocados pelo particular e pelo concreto, ou exigir a predominância de conclusões derivadas de normas abstratas, cujo significado era pouco compreendido, sobre a reação espontânea à percepção dos efeitos concretos que mexiam com as vidas e as condições daqueles que nos são familiares. Isso não significa que as normas de conduta que se referem a relações pessoais especiais tenham perdido a sua importância para o funcionamento da Grande Sociedade. Significa simplesmente que, como numa sociedade de homens livres a participação nesses grupos especiais será voluntária, tampouco deverá existir poder para impor as normas desses grupos. É nessa sociedade livre que se torna tão importante uma distinção clara entre as normas morais, que não são impostas, e as normas jurídicas, que são impostas. Se os grupos menores devem ser integrados à ordem mais abrangente da sociedade em geral, isso deve se dar por meio do livre trânsito dos indivíduos entre os grupos em que podem ser aceitos caso se submetam às suas normas.

O pequeno grupo da Sociedade Aberta

A revolta contra a abstração das normas a que somos obrigados a obedecer na Grande Sociedade e a predileção pelo concreto que nos parece humano são, portanto, apenas um sinal de que ainda não estamos plenamente maduros, intelectual e moralmente, para as necessidades da ordem abrangente e impessoal da humanidade. Submeter-se compreensivamente às normas que possibilitaram a aproximação à Sociedade Aberta e as quais obedecíamos na medida em que as atribuíamos à prescrição de uma autoridade pessoal superior, e não culpar um imaginário agente pessoal por qualquer infortúnio com que nos deparamos, requer evidentemente um grau de compreensão do funcionamento de uma ordem espontânea que poucas pessoas já alcançaram.

Até mesmo alguns filósofos morais parecem muitas vezes simplesmente se deleitar com os sentimentos herdados da sociedade tribal sem examinar a sua compatibilidade com as aspirações do humanismo universal que também advogam. Com efeito, a maioria das pessoas testemunhará com pesar o declínio do pequeno grupo em que um número limitado de pessoas estava ligado por diversos laços pessoais, e o desaparecimento de certos sentimentos relacionados a ele. Porém, o preço que temos de pagar pelo avanço da Grande Sociedade, em que todos têm as mesmas obrigações em relação a todos os seres humanos, é que essas obrigações devem ser reduzidas para evitar ações prejudiciais, e não podem incluir deveres positivos. Em geral, a livre escolha dos seus associados pelos indivíduos terá o efeito de que, para diferentes propósitos, ele estará atuando com diferentes companheiros e que nenhuma dessas ligações será compulsória. Isso pressupõe que nenhum desses pequenos grupos tem o poder de impor os seus padrões a qualquer pessoa relutante.

O selvagem em nós ainda considera positivo o que era bom no pequeno grupo, sendo que a Grande Sociedade não só deve se abster de impor como também não pode permitir que grupos específicos imponham. Uma Sociedade Aberta pacífica somente é possível se renunciar ao método de criar solidariedade — que é mais eficaz no pequeno grupo —, especificamente agindo com base no princípio de que "se as pessoas devem estar em harmonia, então que elas lutem por algum fim comum". Essa é a concepção de criação da coerência, que leva diretamente à interpretação de toda a política como uma questão de relações entre amigo e inimigo.

CAPÍTULO 11 • A DISCIPLINA DAS NORMAS ABSTRATAS E OS SENTIMENTOS DA SOCIEDADE TRIBAL

A não ser que a própria existência de uma sociedade livre seja ameaçada por um inimigo, ela deve recusar a si mesma aquilo que, sob muitos aspectos, ainda é a força mais poderosa para criação da coesão: o propósito comum visível. No que se refere ao uso da coerção, deve se despedir do uso de alguns sentimentos morais que ainda nos mantêm em boa posição no pequeno grupo e que, ainda que continuem necessários nos pequenos grupos que constituem a Grande Sociedade, devem resultar em tensão e conflito se a ela impostos.

A concepção pela qual o desejo atávico por propósitos comuns visíveis — que tão bem atenderam as necessidades do pequeno grupo — que se manifesta hoje, sobretudo, é a concepção da "justiça social". Ela é incompatível com os princípios em que se baseia a Grande Sociedade, e, na verdade, é o oposto das forças que proporcionam a sua coerência que podem verdadeiramente ser chamadas de "sociais". Neste caso, os nossos instintos inatos entram em conflito com as normas racionais que aprendemos, um conflito que só podemos solucionar limitando a coerção ao que é exigido pelas normas abstratas e nos abstendo de impor o que apenas pode ser justificado pelo desejo em prol de resultados específicos.

O tipo de ordem abstrata da qual o homem aprendeu a se valer e que lhe permitiu coordenar pacificamente as iniciativas de milhões de pessoas não pode, infelizmente, basear-se em sentimentos como o amor, que constituiu a mais alta virtude do pequeno grupo. O amor é um sentimento só evocado pelo concreto, e a Grande Sociedade se tornou possível por meio das iniciativas dos indivíduos sendo pautados não pelo objetivo de ajudar outras pessoas em particular, mas sim pela restrição na busca dos seus propósitos por normas abstratas.

A importância das associações voluntárias

Seria um lamentável mal-entendido em relação aos princípios básicos de uma sociedade livre concluir que pelo fato de que esses princípios devem privar o pequeno grupo de todos os poderes coercitivos, eles não atribuem grande valor à ação voluntária em pequenos grupos. Ao restringir toda coerção aos organismos governamentais e limitar o seu emprego à aplicação de normas gerais, esses princípios visam reduzir ao máximo toda coerção e deixar o máximo possível às iniciativas voluntárias. A ideia perniciosa de que todas as necessidades públicas deveriam ser satisfeitas pela organização compulsória e de que todos os meios que os indivíduos estão dispostos a destinar a propósitos públicos deveriam ficar sob o controle governamental é totalmente estranha aos princípios básicos de uma sociedade livre. O verdadeiro liberal deve, ao contrário, desejar a maior quantidade possível daquelas "sociedades particulares no âmbito do estado", organizações voluntárias entre o indivíduo e o governo, que o falso individualismo de Rousseau e a Revolução Francesa quiseram suprimir; mas o verdadeiro liberal deseja mesmo privá-las de todos os poderes exclusivos e compulsórios. O liberalismo não é individualista no sentido de "cada um por si", ainda que necessariamente suspeite da tendência das organizações de arrogar direitos exclusivos para os seus membros.

Mais adiante (no Capítulo 15), devemos examinar mais detalhadamente os problemas suscitados pela ponderação de que essas organizações voluntárias, por terem um poder muito maior que o de qualquer indivíduo, podem precisar sofrer restrições legais nas suas atividades que o indivíduo não precisa, e, em particular, que podem ser negados a elas alguns dos direitos de discriminação que são parte importante da liberdade do indivíduo. Neste momento, no entanto, o que queremos enfatizar não são os limites necessários, mas sim a importância da existência de numerosas associações voluntárias, não quanto a propósitos específicos das que compartilham um interesse comum, mas até mesmo quanto aos propósitos públicos no verdadeiro sentido. Que o governo deva ter o monopólio da coerção é necessário para limitá-la; porém, isso não significa que o governo deve ter o direito exclusivo de perseguir propósitos públicos. Numa sociedade verdadeiramente livre, os assuntos de interesse público não se limitam às questões de governo (menos ainda do governo central), e o espírito público não deve se esgotar num interesse do governo.[16]

Uma das maiores fragilidades do nosso tempo é que carecemos de paciência e fé para construir organizações voluntárias em prol de propósitos a que damos muito valor, pedindo prontamente ao governo que viabilize por meio da coerção (ou com meios criados pela coerção) tudo que pareça desejável a grandes grupos de pessoas. No entanto, nada pode ter um efeito mais embotador na real participação do cidadão do que o governo, em vez de simplesmente prover a estrutura essencial para o crescimento espontâneo, tornar-se monolítico e se encarregar da provisão de todas as necessidades que só podem ser proporcionadas pelos esforços comuns de muitos. O grande mérito da ordem espontânea voltada apenas para meios é possibilitar a existência de um número elevado de comunidades distintas e voluntárias a

CAPÍTULO 11 • A DISCIPLINA DAS NORMAS ABSTRATAS E OS SENTIMENTOS DA SOCIEDADE TRIBAL

serviço de valores como a ciência, as artes, os esportes e afins. E é uma evolução bastante desejável que, no mundo moderno, esses grupos tendam a se estender além das fronteiras nacionais e que, por exemplo, um alpinista suíço possa ter mais em comum com um alpinista japonês do que com um torcedor de futebol do seu próprio país; e que ele possa até pertencer a uma associação comum com o primeiro, totalmente independente de qualquer organização política a que um ou outro pertença.

A atual tendência dos governos de colocar sob o seu controle todos os interesses comuns de grandes grupos tende a destruir o verdadeiro espírito público; e, por causa disso, uma quantidade crescente de homens e mulheres que no passado teriam dedicado muito esforço aos propósitos públicos estão se afastando da vida pública. Na Europa continental, em tempos idos, o excesso de solicitude dos governos impediu, em grande medida, o desenvolvimento de organizações voluntárias em prol de propósitos públicos e gerou uma tradição em que as iniciativas privadas costumavam ser consideradas uma ingerência gratuita de intrometidos. As evoluções modernas parecem ter criado progressivamente uma situação semelhante nos países anglo-saxões, nos quais, outrora, as iniciativas privadas em prol de propósitos públicos eram um aspecto muito característico da vida social.

NOTAS

Capítulo 7

* David Hume, *Treatise, Works*, ed. T. H. Green e T. H. Grose (Londres, 1890), vol. XI, p. 318.

1. Quanto ao significado dos conceitos de utilidade (ou interesse) comum ou pública na Antiguidade clássica, quando os seus equivalentes eram muito usados tanto em grego como em latim, ver A. Steinwenter, "Utilitas public — utilitas singulorum", *Festschrift Paul Koschaker* (Weimar, 1939), vol. I, e J. Gaudemet, "Utilitas publica", *Revue historique de droit français et étrange*, 4ª série, 29, 1951. O uso medieval é abordado em W. Merk, "Der Gedanke des gemeinen Besten in der deutschen Staats- und Rechtsentwicklung", *Festschrift für A. Schultze* (Weimar, 1934).

2. Para os resultados da discussão ampla, mas não muito proveitosa, desse assunto, principalmente nos Estados Unidos, ver *Nomos V, The Public Interest*, ed. C. J. Friedrich (Nova York, 1962), e a literatura anterior mencionada nessa obra.

3. J. Bentham, *An Introduction to the Principles of Morals and Legislation*, nova ed. (Londres, 1823), vol. 1, p. 4: "Então, qual é o interesse da comunidade? — a soma dos interesses dos diversos membros que a compõem".

4. James Harrington, *The Prerogative of Popular Government* (1658); em *The Oceana and his Other Works*, ed. J. Toland (Londres, 1771), p. 224: "(...) o interesse público (que não é outro senão o direito comum e a justiça) pode ser chamado de o império das leis, e não dos homens".

5. Cf. o Livro dos Provérbios, 18:18: "A sorte põe fim às desavenças e decide entre os poderosos".

6. Nesse sentido, o "princípio da subsidiariedade" é muito enfatizado nas doutrinas sociais da Igreja Católica Romana.

7. Eu talvez devesse ter explicado antes por que prefiro a expressão "cada um podendo usar o próprio conhecimento para os próprios fins" à expressão basicamente equivalente de Adam Smith de que todos deveriam ter a liberdade de "perseguir os próprios interesses do seu próprio modo" (*Wealth of Nations*, ed. E. Cannan, Londres, 1904 e posteriormente, vol. 11, p. 43, e em outros lugares). A razão é que, ao ouvido moderno, a frase de Smith sugere um espírito de egoísmo que provavelmente não foi intencional e que sem dúvida não é essencial ao argumento.

8. Cf. os meus ensaios sobre "Rules, Perception, and Intelligibility", em *Proceedings of the British Academy*, XLVIII, 1962 (Londres, 1963), reeditado em *Studies in Philosophy, Politics, and Economics* (Londres e Chicago, 1967), e "The Primacy of the Abstract", em A. Koestler e J. R. Smithies (eds.), *Beyond Reductionism* (Londres, 1969).

9. Aparentemente, o uso elogioso da palavra "vontade", em vez de "opinião", surgiu apenas com a tradição cartesiana e só se generalizou por meio de J.-J. Rousseau. Os gregos antigos estavam protegidos contra a confusão subjacente pelo fato de que a única palavra correspondente a "vontade" que a sua língua oferecia (*boulomai*) se referia claramente à aspiração por um objeto concreto específico (cf. M. Pohlenz, *Der Hellenische Mensch* (Göttingen, 1946), p. 210.). Quando Aristóteles (*A Política*, 1287a) sustenta que a "razão", e não a "vontade", deve governar, isso significa claramente que normas abstratas, e não fins específicos, devem governar todos os atos de coerção. Posteriormente, na Roma antiga, encontramos o contraste entre *voluntas* e *habitus animi*, este último uma tradição do *héxis psychés* aristotélico. (Cf. esp. o interessante contraste entre a definição de justiça de Cícero: "(...) *iustitia est habitus animi, communi utilitate conservata, suam cuique tribuens dignitatem*", em *De inventione*, 2, 53, 161, e a fórmula mais conhecida de Ulpiano: "(...) *iustitia est constans et perpetua voluntas ius suum cuique tribuendi*", em *Dig.* 1, 1.) Ao longo da Idade Média e na Idade Moderna, encontramos *ratio* e *voluntas* constantemente contrastadas e, finalmente, a arbitrariedade caracterizada pela breve fórmula *"stat pro ratione voluntas"*. Sem dúvida, C. H. McIlwain tem razão quando, em *Constitutionalism and the Modern State* (rev. ed., Ithaca, Nova York, 1947, p. 145), enfatizou nos velhos termos que "mesmo num estado popular, como cremos ser o nosso, o problema da lei *versus*

NOTAS

vontade continua a ser o mais importante de todos os problemas políticos". Talvez seja interessante observar que G. W. F. Hegel (*Grundlinien der Philosophie des Rechts*, parágrafo 258, na edição de Leipzig, 1911, p. 196) credita a Rousseau o estabelecimento da *vontade* como o princípio do estado.

10. Cf. J. Bentham, *Introduction to the Principles of Morals and Legislation* (Londres, 1789) cap. XI, seção I, p. 131 da edição de Oxford, 1889: "A disposição é uma espécie de entidade fictícia, inventada para a conveniência do discurso, para expressar o que é suposto ser *permanente* na estrutura mental de um homem, quando, nesta ou naquela ocasião, ele foi influenciado por este ou aquele motivo a se engajar numa ação que, como lhe pareceu, tinha esta ou aquela tendência". Parece claro que Bentham só pode conceber tal disposição como resultado de processos mentais conscientes que recorrentemente decidem agir de determinada maneira.

11. Cf. M. Polanyi, *The Logic of Liberty* (Londres, 1951).

12. D. Hume, *A Treatise on Human Nature, Works* (Londres, 1890), vol. 11, p. 269. Todo o longo parágrafo do qual essas sentenças foram retiradas merece leitura cuidadosa.

13. Tomás de Aquino, *Summa Theologiae*, Ia IIae, q. 95, art. 3: "*Finis autem humanae legis est utilitas hominum*".

É equivocado retratar como utilitaristas todos os autores que justificam a existência de determinadas instituições por sua utilidade, porque autores como Aristóteles ou Cícero, Tomás de Aquino ou Mandeville, Adam Smith ou Adam Ferguson, ao falarem de utilidade, parecem tê-la considerado como favorecendo uma espécie de seleção natural das instituições, e não como determinando a sua escolha deliberada pelos homens. Quando, no trecho citado na nota 9 acima, Cícero fala da justiça como um "*habitus animi, communi utilitate conservata*", isso certamente não é no sentido de um utilitarismo construtivista, mas de uma espécie de utilitarismo evolucionista. Quanto à origem de ambas as tradições no mundo moderno em Bernard Mandeville, ver minha conferência "Dr. Bernard Mandeville", *Proceedings of the British Academy*, vol. LII, p. 134 e segs.

14. Para o uso da concepção de utilidade por David Hume, ver em particular a sua reflexão sobre a estabilidade da propriedade em *Treatise*, vol. XI, p. 273 e segs., onde ele sustenta que essas normas "não derivam de nenhuma utilidade ou vantagem que uma *determinada* pessoa ou o público possa colher do seu desfrute de quaisquer bens *específicos*". (...)

"Conclui-se, portanto, que a norma geral de que a *propriedade deve ser estável* não é aplicada mediante julgamentos particulares, mas por meio de outras normas gerais, que devem se estender a toda a sociedade e ser inflexíveis ao contrariar ou favorecer." Não sei se Bentham alguma vez disse explicitamente, como apregoa C. W. Everett (*The Education of Jeremy Bentham* (Londres, 1931), p. 47), que a ideia de utilidade de Hume "era vaga, pois era usada simplesmente como sinônimo de causa para um fim, e sem nenhuma insinuação de felicidade associada com a ideia". Se o fez, ele tinha uma noção certa do significado da palavra.

15. O próprio Bentham estava bem ciente dessa origem intelectual e do contraste da sua abordagem construtivista com a tradição evolucionista do direito consuetudinário; cf. a sua carta a Voltaire de cerca de 1776, citada em C. W. Everett, *The Education of Jeremy Bentham* (Colúmbia, 1931), p. 110 e segs., em que escreve: "Consultei-o muito mais frequentemente que os nossos próprios Lord Coke, Hale e Blackstone. (...) Baseei-me unicamente no fundamento da utilidade, tal como formulado por Helvétius. Beccaria foi *lucerna pedibus* ou, se quiser, *manibus meis*". Diversas informações sobre a influência dos racionalistas da Europa continental, sobretudo Beccaria e Maupertuis, podem ser encontradas em D. Baumgardt, *Bentham and the Ethics of Today* (Princeton, 1952), esp. p. 85, 221-6, e, em particular, o trecho esclarecedor de um manuscrito de Bentham de cerca de 1782, citado na p. 557:

> A ideia de considerar a felicidade decomponível em uma série de prazeres (individuais) eu tirei de Helvétius, diante da qual mal podemos dizer que tenha algum significado. (Isso é diretamente contrário à doutrina formulada nas *Discussões Tusculanas*, de Cícero: livro que, como a maior parte dos escritos filosóficos desse grande mestre da linguagem, nada mais é do que um amontoado de absurdos.) A ideia de estimar o valor de cada sensação decompondo-a nesses quatro ingredientes, tirei de Beccaria.

16. Alguns dos mais importantes desses estudos (de J. O. Urmson, J. Harrison, John Rawls, J. J. C. Smart, H. J. McCloskey, R. B. Brandt, A. Donagan, B. J. Diggs e T. L. S. Sprigge) foram convenientemente reunidos em um volume editado por M. D. Bayles, *Contemporary Utilitarianism* (Garden City, Nova York, 1968). A estes devem ser acrescentados dois artigos de J. D. Mabbott, "Interpretations of Mill's 'Utilitarianism'", *Philosophical Quarterly*, vol. VI, 1956, e "Moral Rules", *Proceedings of the British Academy*, vol. XXXIX, 1953, e os livros de R. M. Hare, *Freedom and Reason* (Oxford, 1963), J. Hospers, *Human Conduct* (Nova York, 1961), M. G. Singer, *Generalisation in Ethics* (Londres, 1963) e S. E. Toulmin, *An Examination of the Place of Reason in Ethics* (Cambridge, 1950). Dois livros mais recentes de considerável importância que, por ora, deveriam encerrar essa discussão são David Lyons, *Forms and Limits of Utilitarianism* (Oxford, 1965), e D. H. Hodgson, *Consequences of Utilitarianism* (Oxford, 1967). Uma bibliografia mais completa será encontrada em N. Rescher, *Distributive Justice* (Nova York, 1966). Quando o presente capítulo já estava pronto, a questão central foi discutida em J. J. C. Smart e Bernard Williams, *Utilitarianism: For and Against* (Cambridge, 1973). No texto, o que é chamado de utilitarismo "particularista" e agora é mais frequentemente denominado "utilitarismo de atos" também foi designado utilitarismo "bruto", "extremo" e "direto", enquanto o

173

DIREITO, LEGISLAÇÃO E LIBERDADE

que é chamado de utilitarismo "genérico", e é mais comumente denominado "utilitarismo de regras", também foi designado utilitarismo "modificado", "restrito" e "indireto".

17. Henry Sidgwick, *The Methods of Ethics* (Londres, 1874), p. 425.
18. G. E. Moore, *Ethics* (Londres, 1912), p. 232, mas cf. os seus *Principia Ethica* (Cambridge, 1903), p. 162.
19. W. Paley, *The Principles of Moral and Political Philosophy* (1785; Londres, ed. 1824), p. 47, e cf. John Austin, *The Province of Jurisprudence* (1832; ed. H. L. A. Hart, Londres, 1954), conferência 11, p. 38:

> Já a tendência de uma ação humana (como a sua tendência é assim compreendida) é o conjunto da sua tendência: a soma das suas prováveis consequências, na medida em que são importantes e materiais: a soma das suas consequências remotas e colaterais, como também diretas, na medida em que qualquer das suas consequências possa influenciar a felicidade geral (...) devemos considerar a *classe* de ações a que pertencem. As consequências *específicas* prováveis de realizar essa ação individual não são objeto de investigação.

20. A abordagem mais perto de levar a ignorância a sério em qualquer discussão sobre o utilitarismo que conheço se encontra no artigo "Utilitarianism", de J. J. C. Smart, na *Encyclopaedia of Philosophy*, vol. VIII, p. 210.
21. John W. Chapman, "Justice and Fairness", em *Nomos VI, Justice* (Nova York, 1964), p. 153: "A justiça como reciprocidade só fará sentido se a sociedade for vista como uma pluralidade de pessoas, e não, como o utilitarista gostaria, como uma espécie de grande e única pessoa".
22. Hastings Rashdall, *The Theory of Good and Evil* (Londres, 1907), vol. I, p. 184.
23. Cf. Gregory Vlastos, "Justice", *Revue Internationale de la Philosophie*, XI, 1957, p. 338: "A característica do benthamismo à qual todos esses mais vigorosamente se oporiam é que o que costumamos chamar de 'agir por princípio' quase não tem lugar nessa teoria: supõe-se que as pessoas vivem aplicando o cálculo da felicidade de ato em ato". No mesmo artigo (p. 333), Vlastos cita um trecho interessante da *Dissertation Upon the Nature of Virtue*, do bispo Butler (um Apêndice de *The Analogy of Religion*, 1736, reeditado como Apêndice de *Five Sermons by Butler*, ed. S. M. Brown, Nova York, 1950), em que Butler argumenta contra autores que imaginam "que toda virtude consiste em simplesmente almejar, de acordo com o melhor do seu julgamento, promover a felicidade da humanidade na situação atual".
24. Theodor Geiger, *Vorstudien zu einer Soziologie des Rechts* (Copenhague, 1947, 2a ed., Darmstadt, 1964), p. 111: *"Es ist nun in der Tat so, dass die Ursachen für die So-Gestaltung eines gegebenen habituellen Ordnungsgefüges unbekannt sind-und es vorläufig wohl auch bleiben."*
25. Creio que é isso o que Karl Popper (*The Open Society and its Enemies*, Princeton, 1963) entende por "engenharia gradual", uma expressão que reluto em adotar porque a palavra "engenharia" me sugere demais um problema tecnológico de reconstrução com base no conhecimento total dos dados físicos, ao passo que o aspecto fundamental sobre o aperfeiçoamento factível envolve uma tentativa experimental de aprimorar o funcionamento de alguma parte sem a plena compreensão da estrutura do todo.
26. Cf. E. Westermarck, *The Origin and Development of Moral Ideas*, vol. I (Londres, 1906), p. 386 e segs. e 399 e segs., resumido no seu *Ethical Relativity* (Londres, 1932), p. 184 e segs.
27. Cf. M. G. Singer, *Generalization in Ethics* (Nova York, 1961).

Capítulo 8

* Paul Vinogradoff, *Common-Sense in Law* (Londres e Nova York, 1914), p. 70. Cf. também *ibid.*, p. 46 e seg.:

> O problema consiste em permitir um exercício de cada vontade pessoal que seja compatível com o exercício de outras vontades. (...) [Uma lei] é uma limitação da liberdade de ação de uma pessoa para se evitar a colisão com outras. (...) Na vida social, como sabemos, os homens devem não só evitar colisões, mas também promover a cooperação de todas as maneiras, e a única característica de todas essas formas de cooperação é a limitação das vontades individuais a fim de se alcançar um propósito comum.

E p. 61 e seguinte: "Não podemos definir melhor um direito do que dizendo que ele é o *raio de ação atribuído a uma vontade particular no âmbito da ordem social estabelecida pela lei*". Na terceira edição, por H. G. Hambury (Londres, 1959), as passagens se encontram nas p. 51, 34 e seg. e 45.

1. Ver Franz Boehm, "Privatrechtsgesellschaft und Marktwirtschaft", *Ordo* XVII, 1966, p. 75-151, e "Der Rechtsstaat und der soziale Wohlfahrtsstaat", em *Reden und Schriften*, ed. E. S. Mestmäcker (Karlsruhe, 1960), p. 102 e seg.
2. Para interpretações de justiça como atributo de um estado factual de coisas, e não de ações humanas, cf. Hans Kelsen, *What is Justice?* (Califórnia, 1957), p. 1:

> A justiça é antes de tudo uma qualidade possível, mas não necessária, de uma ordem social que regula as relações mútuas dos homens. Apenas de forma secundária é uma virtude do homem, já que o homem é justo se o seu comportamento se adapta às normas de uma ordem social supostamente justa. (...) Justiça é felicidade social. É felicidade garantida por uma ordem social.

> Da mesma forma, A. Brecht, *Political Theory* (Princeton, 1959), p. 146: "Os postulados de justiça são geralmente expressos em termos de um estado de coisas desejável, por exemplo, um em que a igualdade,

174

NOTAS

ou 'mais' igualdade, seria estabelecida. (...) Mesmo quando não expressos nesses termos, os postulados de justiça podem ser convertidos neles".

3. Cf. H. L. A. Hart, *The Concept of Law* (Oxford, 1961), p. 195: "Não há princípios estabelecidos proibindo o uso da palavra 'lei' em relação a sistemas em que não há sanções centralmente organizadas". Hart faz uma importante distinção entre "normas primárias" segundo as quais "seres humanos são obrigados a praticar ou se abster de certas ações, quer queiram, quer não" (p. 78), e "normas secundárias de reconhecimento, alteração e adjudicação", isto é, as normas organizacionais que foram criadas para fazer cumprir as normas de conduta. Embora isso seja da maior importância, considero difícil encarar o desenvolvimento dessa distinção como "o passo decisivo do mundo pré-legal para o mundo legal" (p. 91) ou caracterizar o direito "como uma união de normas primárias de obrigação como normas secundárias" (*ibid.*) como muito úteis.

4. Seria possível discutir interminavelmente se o direito é ou não um "sistema de normas", mas essa é, em grande medida, uma questão terminológica. Se por "sistema de normas" se entende um acervo de normas expressas, isso certamente não constituiria todo o direito. Ronald M. Dworkin, que num ensaio intitulado "Is Law a System of Rules?" (em R. S. Summers, ed., *Essays in Legal Philosophy*, Oxford e Califórnia, 1968) utiliza o termo "sistema" como equivalente a "acervo" (p. 52) e parece só aceitar normas expressas como normas, mostra, de forma convincente, que um sistema de normas assim interpretado seria incompleto e requer para completá-lo o que ele chama de "princípios". (Cf. também Roscoe Pound, "Why Law Day", *Harvard Law School Bulletin*, vol. X, nº 3, 1958, p. 4: "O componente vital e duradouro do direito está nos princípios — pontos de partida para o raciocínio, não nas normas. Os princípios permanecem relativamente constantes ou se desenvolvem ao longo de linhas constantes. As normas têm vida relativamente curta. Elas não se desenvolvem; são revogadas e substituídas por outras normas".) Prefiro usar o termo "sistema" para caracterizar um conjunto de normas que são mutuamente ajustadas entre si e que possuem uma ordem de classificação e, evidentemente, incluo em "normas" não só aquelas expressas, mas também aquelas ainda não expressas que estão implícitas no sistema ou ainda por descobrir para tornar coerentes as diversas normas. Assim, embora concorde plenamente com a essência da argumentação do professor Dworkin, eu afirmaria, em minha terminologia, que o direito é um sistema (e não um mero acervo) de normas (expressas e não expressas).

5. De forma genérica, essa ideia aparece na literatura inglesa pelo menos desde o século XVIII e foi expressa sobretudo por William Paley nos seus *Principles of Moral and Political Philosophy* (1785, nova ed., Londres, 1824), p. 348: "(...) as leis gerais são feitas (...) sem prever a quem eles podem afetar", e reaparece na sua forma moderna em C. K. Allen, *Law in the Making* (6a ed., Londres, 1958), p. 367: "(...) uma norma jurídica, como todo tipo de norma, visa estabelecer uma generalização para um número indefinido de casos de um determinado tipo". Foi elaborada de forma mais sistemática na discussão realizada na Europa continental (sobretudo na Alemanha) acerca da distinção entre lei no sentido "material" e no sentido meramente "formal" a que nos referimos anteriormente (nota 24 do Capítulo VI), e parece ter sido introduzida ali por Hermann Schulze, *Das Preussische Staatsrecht* (Leipzig, 1877), vol. XI, p. 209: "*Dem Merkmal der Allgemeinheit ist genügt, wenn sich nur der Regel überhaupt eine Zahl von nicht vorauszusehenden Fällen logisch unterzuordnen lässt.*" (Ver também *ibid.*, p. 205, para referência a textos anteriores pertinentes.) Das obras posteriores, ver em particular Ernst Seligmann, *Der Begriff des Gesetzes im materiellen und formellen Sinn* (Berlim, 1886), p. 63: "*In der Tat ist es ein Essentiale des Rechtsgesetzes, dass es abstrakt ist und eine nicht vorauszusehende Anzahl von Fällen ordnet*". M. Planiol, *Traité élémentaire de Droit Civil* (12ª ed., Paris, 1937), p. 69: "*(...) la loi est établie en permanence pour un nombre indéterminé d'actes et de faits, (...) un decision obligatoire d'une manière permanente, pour un nombre de fois indéterminé*". Z. Giacometti, *Die Verfassungsgerichtsbarkeit des schweizerischen Bundesgerichts* (Zurique, 1933), p. 99: "*Generell abstrakt ist jede (...) an eine unbestimmte Vielheit von Personen für eine unbestimmte Vielheit von Fällen gerichtete Anordnung*"; e do mesmo autor, *Allgemeine Lehre des rechtsstaatlichen Verwaltungsrechts* (Zurique, 1960), p. 5: "*Eine solche Bindung der staatlichen Gewaltenträger an generelle, abstrakte Vorschriften, die für eine unbestimmte Vielheit von Menschen gelten und die eine unbestimmte Vielheit von Tatbeständen regeln ohne Rücksicht auf einen bestimmten Einzelfall oder eine bestimmte Person. (...)*". W. Burckhardt, *Einführung in die Rechtswissenschaft* (2a ed., Zurique, 1948), p. 200: "*Die Pflichten, die das Gesetz den Privaten auferlegt, müssen (im Gegensatz zu den Pflichten der Beamten) zum Voraus für eine unbestimmte Anzahl möglicher Fälle vorgeschrieben sein*". H. Kelsen, *Reine Rechtslehre* (2a ed., Viena, 1960), p. 362-3: "*Generell ist eine Norm, wenn sie (...) in einer von vornherein unbestimmten Zahl von gleichen Fällen gilt. (...) In dieser Beziehung ist sie dem abstrakten Begriff analog*". Donato Donati, "I caratteri della legge in senso materiale", *Rivista di Diritto Publico*, 1911 (e reeditado em *Scritti di Diritto Publico*, Pádua, 1961, vol. XI), p. 11 da separata:

> *Questa generalità deve intendersi, non già nel senso, semplicemente, di* pluralità, *ma in quelle, invece, di universalità. Commando generale, in altre termini, sarebbe, non già quelle che concerne una* pluralità *di persone o di azioni, ma soltanto quello che concerne una universalità di persone o di azioni, vale a dire: non quello che concerne un numero di persone o di azioni* determinato o determinabile, *ma quello che concerne un numero di persone o di azioni* indeterminato e indeterminabile.

6. No sentido estrito, todos esses atributos da lei foram trazidos à tona na ampla discussão na Europa continental sobre a distinção entre o que se chamava lei no sentido "material" e lei no sentido meramente "formal", mas foram muitas vezes tratados erroneamente como critérios alternativos ou mesmo incompatíveis

DIREITO, LEGISLAÇÃO E LIBERDADE

da lei no sentido "material". Ver P. Laband, *Staatsrecht des deutschen Reiches* (5ª ed., Tübingen, 1911-14), II, p. 54-6; E. Seligmann, *Der Begriff des Gesetzes im materiellen und formellen Sinn* (Berlim, 1886); A. Haenel, *Studien zum deutschen Staatsrecht*, vol. XI: *Gesetz im formellen und materiellen Sinne* (Leipzig, 1888); L. Duguit, *Traité de droit constitutionel* (2ª ed., Paris, 1921); R. Carré de Malberg, *La Loi: Expression de la volonté générale* (Paris, 1931); e Donato Donati, "I caratteri della legge in senso materiale", *Rivista di Diritto Publico*, 1911, reeditado na obra do mesmo autor *Scritti di Diritto Publico* (Pádua, 1961). A definição de lei mais conhecida no sentido material é provavelmente a que foi apresentada por Georg Jellinek, *Gesetz und Verordnung* (Friburgo, 1887), p. 240:

> *Hat ein Gesetz den nächsten Zweck, die Sphäre der freien Tätigkeiten von Persönlichkeiten gegeneinander abzugrenzen, ist es der sozialen Schrankenziehung halber erlassen, so enthält es Anordnungen eines Rechtssatzes, ist daher auch ein Gesetz im materiellen Sinn; hat es jedoch einen anderen Zweck, so ist es kein materielles, sondern nur ein formelles Gesetz, das seinen Inhalt nach als Anordnung eines Verwaltungsaktes, oder als ein Rechtsspruch sich charakterisiert.*

7. Ver, além da citação de P. Vinogradoff na epígrafe deste capítulo, particularmente, F. C. von Savigny, *System des heutigen Römischen Rechts*, vol. I (Berlim, 1840), p. 331-2:

> *Sollen nun in solcher Berührung freie Wesen nebeneinander bestehen, sich gegenseitig fördernd, nicht hemmend, in ihrer Entwicklung, so ist dieses nur möglich durch Anerkennung einer unsichtbaren Grenze, innerhalb welcher das Dasein, und die Wirksamkeit jedes einzelnen einen sichern, freien Raum gewinne. Die Regel, wodurch jene Grenze und durch die dieser freie Raum bestimmt wird, ist das Recht.*

> Também P. Laband, *Das Staatsrecht des Deutschen Reiches* (4ª ed., Tübingen, 1901), vol. XI, p. 64, em que ele atribui ao estado a tarefa de *"die durch das gesellige Zusammenleben der Menschen gebotenen Schranken und Grenzen der natürlichen Handlungsfreiheit der Einzelnen zu bestimmen"*. J. C. Carter, *Law, Its Origin, Growth, and Function* (Nova York e Londres, 1907), p. 133-4:

> Costumes assim fomentados e aplicados tornaram-se a origem do direito. A tendência direta e necessária dessa restrição foi traçar linhas demarcatórias da ação individual dentro das quais cada pessoa pudesse se mover livremente sem instigar a oposição dos outros. Aqui encontramos exposta a função do direito na sua mais antiga e mais simples forma.

> J. Salmond, *Jurisprudence* (10ª ed. por G. Williams, Londres, 1947), p. 62:

> O domínio da justiça determina a esfera da liberdade individual nos limites em consonância com o bem-estar geral da humanidade. Na esfera da liberdade assim delimitada para cada homem pelo domínio da justiça, ele fica livre para buscar o seu próprio interesse de acordo com o domínio da sabedoria.

> H. Lévy-Ullman, *La Définition du droit* (Paris, 1917), p. 165: *"Nous définirons donc le droit: la délimination de ce que les hommes et leur groupements ont la liberté de faire et de ne pas faire, sans encourir une condemnation, une saisie, une mise en jeu particulière de la force"*. Donato Donati, "I caratteri della legge in senso materiale", *Rivista di Diritto Publico*, 1911 e reeditado na obra do mesmo autor *Scritti di Diritto Publico* (Pádua, 1961), vol. XI, p. 23 da separata do artigo:

> *La funzione del diritto e infatti sorge e si esplica per la deliminazione delle diverse sfere spettanti a ciascun consociato. La società umana si transforma de società anarchica in società ordinata per questo, che interviene una volontà ordinatrice a determinare la cerchia dell'attività di ciascuno: dell'attività lecita come dell'attività doverosa.*

8. Adam Smith, *The Theory of Moral Sentiments* (Londres, 1801), Parte VI, seção II, introd. vol. XI, p. 58:

> A sabedoria de todo estado ou nação procura, o melhor que pode, empregar a força da sociedade para impedir aqueles que estão sujeitos à sua autoridade de prejudicar ou perturbar a felicidade mútua. As normas que estabelece para esse fim constituem o direito civil e penal de cada estado ou país.

9. A ênfase no caráter primário da injustiça já aparece em Heráclito (ver J. Burnet, *Early Greek Philosophy*, 4a ed., Londres, 1930, p. 166) e é claramente exposta por Aristóteles na *Ética a Nicômaco*, 1134a: "O direito existe para homens entre os quais há injustiça". Na Idade Moderna, ela reaparece com frequência, por exemplo, em La Rochefoucauld, *Maximes* (1665) nº 78: *"L'amour de la justice n'est que la crainte de souffrir injustice"*, e se torna proeminente com David Hume, Immanuel Kant e Adam Smith, para quem as normas de conduta justa atendem sobretudo a delimitação e proteção dos domínios individuais. L. Bagolini, *La Simpatia nella morale e nel diritto* (Bolonha, 1952), p. 60, até considera o tratamento do *"probleme de diritto e della giustizia del punto di vista del ingiustizia"* como especialmente característico do pensamento de Adam Smith. Cf., deste último, *Theory of Moral Sentiments* (1759), parte II, seção II, capítulo I, vol. I, p. 165 da ed. de 1801:

> Na maioria das vezes, a mera justiça não passa de uma virtude negativa, e somente nos impede de prejudicar o nosso próximo. Com certeza, o homem que apenas se abstém de violar a pessoa, a propriedade ou a reputação do seu próximo possui pouco mérito positivo. No entanto, ele cumpre todas as normas do que é caracteristicamente chamado de justiça, e faz tudo o que os seus iguais podem com correção obrigá-lo a fazer ou puni-lo por não fazer. Frequentemente podemos cumprir todas as normas da justiça ficando quietos e sem fazer nada.

NOTAS

Cf. também Adam Ferguson, *Institutes of Moral Philosophy* (Edimburgo, 1785), p. 189: "A lei fundamental da moralidade, na sua primeira aplicação às ações dos homens, é proibitória e impede a prática de ilicitudes"; John Millar, *An Historical View of the English Government* (Londres, 1787), citado em W. C. Lehmann, *John Millar of Glasgow* (Cambridge, 1960), p. 340: "A justiça exige apenas que eu me abstenha de prejudicar o meu próximo"; da mesma forma, J.-J. Rousseau, *Émile* (1762), Livro II: *"La plus sublime vertu est negative; elle nous instruit de ne jamais faire de mal à personne"*. Esse enfoque também parece ter se difundido entre os juristas, de modo que F. C. von Savigny, *System des Heutigen Römischen Rechts*, I (Berlim, 1840), p. 332, pôde dizer que *"Viele aber gehen, um den Begriff des Rechts zu finden, von dem entgegengesetzten Standpunkt aus, von dem Begriff des Unrechts. Unrecht ist ihnen Störung der Freiheit durch fremde Freiheit, die der menschlichen Entwicklung hinderlich ist, und daher als ein Übel abgewehrt werden muss"*.

No século XIX, dois declarados representantes desse enfoque foram o filósofo Arthur Schopenhauer e o economista Frédéric Bastiat, que pode eventualmente ter sido influenciado indiretamente pelo primeiro. Ver A. Schopenhauer, *Parerga und Paralipomena*, II, 9, "Zur Rechtslehre und Politik", em *Sämtliche Werke*, ed. A. Hübscher (Leipzig, 1939), vol. VI, p. 257: *"Der Begriff des* Rechts *ist nämlich ebenso wie auch der der* Freiheit *ein negativer, sein Inhalt ist eine blosse Negation. Der Begriff des* Unrechts *ist der positive und gleichbedeutend mit Verletzung im weitesten Sinn, also laesio"*. F. Bastiat, *La Loi* (1850), em *Oeuvres Complètes* (Paris, 1854), vol. IV, p. 35:

> *Cela est si vrai qu'ainsi qu'un des mes amis me le faisait remarquer, dire que le but de la Loi est de faire régner la Justice, c'est de se servir d'une expression qui n'est pas vigoureusement exacte. Il faudrait dire: Le but de la Loi est d'empêcher l'Injustice de régner. En effet, ce n'est pas la Justice qui a une existence propre, c'est l'Injustice. L'un résulte de la absence de l'autre.*

Cf. também J. S. Mill, *Utilitarianism* (1861, ed. J. Plamenatz, Oxford, 1949), p. 206: "(...) pois a justiça, como muitos outros atributos morais, é mais bem definida pelos seus opostos".

Mais recentemente, entre os filósofos, Max Scheler salientou o mesmo ponto. Ver o seu *Der Formalismus in der Ethik und die materielle Wertethik* (3ª ed., 1927), p. 212:

> *Niemals kann daher (bei genauer Reduktion) die Rechtsordnung sagen, was sein soll (oder was recht ist), sondern immer nur, was nicht sein soll (oder nicht recht ist). Alles, was innerhalb der Rechtsordnung positiv gesetzt ist, ist reduziert auf pure Rechtsein- und Unrechtseinverhalte, stets ein Unrechtseinverhalt.*

Cf. também Leonhard Nelson, *Die Rechtswissenschaft ohne Recht* (Leipzig, 1917), p. 133, acerca de *"Auffassung vom Recht (...) wonach das Recht (...) die Bedeutung einer negativen, den Wert möglicher positiver Zwecke einschränkenden Bedingung hat"*; e *ibid.*, p. 151, acerca de *"Einsicht in den negativen (Werte nur beschränkenden) Charakter des Rechts"*.

Entre os autores contemporâneos, ainda cf. L. C. Robbins, *The Theory of Economic Policy* (Londres, 1952), p. 193:

> [O liberal clássico] propõe, por assim dizer, uma divisão do trabalho: o estado deve prescrever o que os indivíduos não devem fazer para não atrapalharem uns aos outros, enquanto os cidadãos devem ter a liberdade para fazer tudo o que não seja assim proibido. A um é atribuída a tarefa de estabelecer normas formais; a outro, a responsabilidade pela essência da ação específica.

K. E. Boulding, *The Organisational Revolution* (Nova York, 1953), p. 83: "Aparentemente, a dificuldade é que a 'justiça' é um conceito negativo; ou seja, não é a justiça que leva à ação, mas a injustiça ou a insatisfação". McGeorge Bundy, "A Lay View of Due Process", em A. E. Sutherland (ed.), *Government under Law* (Harvard, 1956), p. 365:

> Sugiro, então, que o processo legal é mais bem compreendido não como uma fonte de pura e positiva justiça, mas sim como uma solução imperfeita para erros flagrantes. (...) Ou talvez possamos considerar a lei não como algo bom em si mesmo, mas como um instrumento que deriva o seu valor menos do que faz que daquilo que impede. (...) O que se pede [dos tribunais] não é que façam justiça, mas que deem alguma proteção contra a injustiça grave.

Bernard Mayo, *Ethics and Moral Life* (Londres, 1958), p. 204: "Com certas exceções evidentes (...) a função do direito é impedir alguma coisa". H. L. A. Hart, *The Concept of Law* (Oxford, 1961), p. 190: "O requisito comum do direito e da moralidade consiste geralmente não em serviços ativos a ser prestados, mas em abstenções que são usualmente formuladas sob forma negativa como proibições". Lon L. Fuller, *The Morality of the Law* (Yale, 1964), p. 42: "No que se pode chamar de moralidade básica da vida social, os deveres que se dirigem às outras pessoas em geral (...) requerem normalmente apenas abstenções ou, como se diz, são de natureza negativa". J. R. Lucas, *The Principles of Politics* (Oxford, 1966), p. 130:

> Em face da imperfeição humana, enunciamos o estado de direito parcialmente em termos de procedimentos concebidos não para assegurar que a Justiça absoluta será feita, mas para ser uma salvaguarda contra a pior espécie de injustiça. A injustiça mais do que a Justiça é quem manda na filosofia política, porque, sendo falíveis, não podemos adiantar qual será sempre a decisão justa e, vivendo entre homens egoístas, nem sempre

DIREITO, LEGISLAÇÃO E LIBERDADE

podemos garantir que ela será aplicada; assim, por uma questão de certeza, adotamos uma abordagem negativa e estabelecemos procedimentos para evitar certas formas prováveis de injustiça, em vez de aspirarmos a todas as formas de Justiça.

Sobre esse assunto em geral, ver sobretudo E. N. Cahn, *The Sense of Injustice* (Nova York, 1949), que define "justiça" (p. 13 e seg.) como "o processo ativo de remediar ou prevenir o que despertaria um sentimento de injustiça". Cf. também o dito de Lord Atkin, citado por A. L. Goodhart, *English Law and the Moral Law* (Londres, 1953), p. 95: "(...) no direito, o mandamento de amar o seu próximo se converte em não prejudicar o seu próximo".

10. Ver A. L. Goodhart, *op. cit.*, p. 100, e J. B. Ames, "Law and Morals", *Harvard Law Review*, XXII, 1908-9, p. 112.

11. Ver parágrafo 330c do Código Penal alemão, aditado em 1935, que prevê punições para "qualquer pessoa que, em casos de acidente, risco comum ou perigo, não prestar socorro, embora este seja necessário e possa ser razoavelmente esperado dela, sobretudo se puder prestá-lo sem ficar sujeita a risco substancial ou sem violar outros deveres importantes".

12. Essa "obrigação geral de se ajudarem e se ampararem mutuamente" que Max Gluckman (*Politics, Law and Ritual in Tribal Society*, Londres e Chicago, 1965, p. 54) descreve como característica da sociedade tribal e especialmente do grupo de parentesco, e por cuja ausência geralmente se critica a Grande Sociedade, é incompatível com esta, e o seu abandono faz parte do preço que pagamos pela conquista de uma ordem de paz mais abrangente. Essa obrigação só pode existir em relação a pessoas conhecidas e específicas — e, embora numa Grande Sociedade possa muito bem ser uma obrigação moral para pessoas da escolha de alguém, esta não pode ser imposta segundo normas iguais para todos.

13. Cf. Paul A. Freund, "Social Justice and the Law", in Richard B. Brandt, ed., *Social Justice* (Englewood Cliffs, Nova Jersey, 1962), p. 96: "Expectativas razoáveis são em termos mais gerais o fundamento do direito, e não o produto do direito, assim como uma base para uma crítica do direito positivo e, assim, um fundamento do direito no processo de vir a ser".

14. I. Kant, *Metaphysik der Sitten, Rechtslehre*, I, 2, parágrafo 9: "*Bürgerliche Verfassung ist hier allein der rechtliche Zustand, durch welchen jedem das Seine nur gesichert, eigentlich aber nicht ausgemacht oder bestimmt wird. — Alle Garantie setzt also das Seine von jedem (dem es gesichert wird) schon voraus*". Na tradução de John Ladd (*The Metaphysical Elements of Justice*, Indianápolis, 1965, p. 65): "Uma constituição civil determina apenas a condição jurídica sob a qual a propriedade de cada pessoa é assegurada e garantida para ela, mas na verdade não estipula nem determina qual será essa propriedade".

15. R. L. Hale, *Freedom through Law* (Califórnia, 1952), p. 15.

16. Somente por meio dessa interpretação a famosa fórmula de Ulpiano (*Dig.*, I, 1.10), "*Iustitia est constans et perpetua voluntas suum cuique tribuere*", não se converte em uma tautologia. Vale notar que nessa frase Ulpiano evidentemente substituiu *voluntas* por um termo mais antigo que designava uma atitude mental: ver Cícero, *De Inventione*, II, 35, 160: "*Iustitia est habitus animi, communi utilitate conservata, suum cuique tribuens dignitatem.*"

17. John W. Chapman, "Justice and Fairness", *Nomos* VI, 1963, p. 153.

18. D. Hume, *An Enquiry concerning the Principles of Morals, Works* IV, p. 274:

> Todas as leis naturais que regulam a propriedade, assim com as leis civis, são gerais, e consideram apenas algumas circunstâncias fundamentais do caso, sem levar em consideração as características, as situações e as relações das pessoas em questão, ou quaisquer consequências que possam resultar da determinação dessas leis, em qualquer caso específico que se apresente. Elas privam, sem escrúpulos, um homem generoso de todas as suas posses, se adquiridas por mal-entendido, sem um bom direito de propriedade; para entregá-las a um avarento egoísta que já acumulou imensas reservas de bens supérfluos. O interesse público exige que a propriedade seja regulada por normas gerais inflexíveis; e ainda que essas normas sejam adotadas para melhor atender o mesmo fim do interesse público, é impossível para elas impedir todas as adversidades particulares, ou fazer com que consequências benéficas resultem de cada caso individual. Basta que todo o plano ou esquema seja necessário ao apoio da sociedade civil, e que, principalmente, o bem resulte muito superior ao mal.

19. Cf. John Rawls, "Constitutional Liberty and the Concept of Justice", *Nomos* VI, *Justice* (Nova York, 1963), p. 102:

> Em outras palavras, os princípios da justiça não elegem como justas distribuições específicas de coisas desejadas, dadas as necessidades de pessoas específicas. Em princípio, essa tarefa é abandonada como equivocada, sendo, de qualquer forma, incapaz de uma resposta definitiva. Em vez disso, os princípios de justiça definem as limitações que instituições e atividades conjuntas devem satisfazer para que as pessoas envolvidas nelas não tenham queixas contra elas. Se essas limitações são satisfeitas, a distribuição resultante, seja qual for, pode ser aceita como justa (ou pelo menos não injusta).

20. Ver nota 16 acima.

21. Cf. D. Hume, *Enquiry, Works* IV, p. 195: "(...) todas essas instituições surgem simplesmente das necessidades da sociedade humana".

NOTAS

22. D. Hume, *Treatise, Works* II, p. 293.
23. Leon Duguit como descrito por J. Walter Jones, *Historical Introduction to the Theory of Law* (Oxford, 1940), p. 114.
24. Ver M. J. Gregor, *Laws of Freedom* (Londres, 1964), p. 81: Cf. também a afirmação alguns parágrafos antes de que "as leis jurídicas (...) simplesmente nos proíbem de empregar certos meios para alcançar quaisquer fins que almejemos", e a p. 42, para a definição do caráter da prova negativa de Kant para a lei justa como sendo "simplesmente a limitação da liberdade por meio da condição formal da sua total coerência consigo mesma".

    Devo a esse excelente livro ter me dado conta do *quão* rigorosamente as minhas conclusões subscrevem a filosofia do direito de Kant, que, salvo referências ocasionais, eu não examinava seriamente desde os meus tempos de estudante. O que eu não percebera antes de ler o livro da sra. Gregor fora que, na sua filosofia jurídica, Kant se apega sistematicamente ao uso do imperativo categórico como prova negativa e não tenta, como fez na sua filosofia da moral, usá-lo como premissa para um processo de dedução pelo qual o conteúdo positivo das normas morais deve ser derivado. Isso me sugere muito fortemente, embora eu não tenha provas a apresentar, que Kant não descobriu, como em geral se supõe, o princípio do imperativo categórico em moral e, depois, aplicou-o ao direito, mas que ele encontrou a concepção básica na abordagem de Hume a respeito do estado de direito e, então, aplicou-a à moral. Porém, embora a sua brilhante abordagem da evolução do ideal do estado de direito, com a sua ênfase no caráter negativo e independente dos fins das normas jurídicas, me pareça ser um dos seus feitos definitivos, a sua tentativa de transformar o que no direito é uma prova de justiça a ser aplicada a um conjunto de normas existente numa premissa da qual o sistema de normas morais pode ser dedutivamente derivado estava fadada ao fracasso.
25. Karl R. Popper, *The Logic of Scientific Discovery* (Londres, 1955), *The Open Society and its Enemies* (esp. 4a ed., Princeton, 1963), e *Conjectures and Refutations* (2a ed., Londres, 1965).
26. Cf., por exemplo, a afirmação de G. Radbruch citada abaixo, nota 69.
27. Ver a descrição completa dessa evolução em John H. Hallowell, *The Decline of Liberalism as an Ideology with Particular Reference to German Politico-Legal Thought* (Califórnia, 1943), esp. p. 77, 111 e segs. Hallowell mostra claramente como os principais teóricos liberais do direito da Alemanha do final do século XIX, ao aceitarem um positivismo jurídico que considerava todas as leis uma criação deliberada de um legislador e que estavam interessados apenas na constitucionalidade de um ato legislativo, e não no caráter das normas estabelecidas, privaram-se de qualquer possibilidade de resistência à substituição do *Rechtsstaat* "material" pelo puramente "formal" e, ao mesmo tempo, desacreditaram o liberalismo por essa ligação com um positivismo jurídico com o qual é fundamentalmente incompatível. Um reconhecimento desse fato também pode ser encontrado nos primeiros escritos de Carl Schmitt, sobretudo no seu *Die geistesgeschichtliche Lage des deutschen Parlamentarismus* (2a ed., Munique, 1926) p. 26:

    > Konstitutionelles und absolutistisches Denken haben also an dem Gesetzesbegriff ihren Prüfstein, aber natürlich nicht an dem, was man in Deutschland seit Laband Gesetz im formellen Sinn nennt und wonach alles, was unter der Mitwirkung der Volksvertretung zustandekommt, Gesetz heisst, sondern an einem nach logischen Merkmalen bestimmten Satz. Das entscheidende Merkmal bleibt immer, ob das Gesetz ein genereller, rationaler Satz ist, oder Massnahme, konkrete Einzelverfügung, Befehl.

28. William James, *Pragmatism* (nova ed., Nova York, 1940), p. 222: "'O verdadeiro', em poucas palavras, é apenas o conveniente no nosso modo de pensar, assim como "o certo" é apenas o conveniente no nosso modo de nos comportar".
29. John Dewey e James Tuft, *Ethics* (Nova York, 1908 e posteriormente); John Dewey, *Human Nature and Conduct* (Nova York, 1922 e posteriormente); e *Liberalism and Social Action* (Nova York, 1963).
30. Vilfredo Pareto, *The Mind and Society* (Nova e Nova York, 1935), parágrafo 1210: "Quando uma pessoa diz: 'Isso é injusto', o que ela quer dizer é que é ofensivo aos seus sentimentos, pois os seus sentimentos permanecem no estado de equilíbrio social ao qual ela está acostumada".
31. Cf. H. L. A. Hart, *op. cit.*, p. 253.
32. Ver vol. I.
33. Thomas Hobbes, *Leviathan*, cap. 26, ed. Latin (Londres, 1651), p. 143.
34. Thomas Hobbes, *Dialogue of the Common Laws* (1681), in *Works*, vol. VI, p. 26.
35. Jeremy Bentham, *Constitutional Code* (1827), em *Works*, vol. IX, p. 8 e cf. *The Theory of Legislation*, ed. C. K. Ogden (Londres, 1931), p. 8: "O sentido primitivo da palavra *lei*, e o significado comum da palavra, é (...) a vontade de prescrição de um legislador".
36. John Austin, *Lectures on Jurisprudence*, 4ª ed. (Londres, 1879), vol. I, p. 88 e 555. Cf. também 1.c., p. 773: "Os direitos e os deveres dos subordinados políticos e os direitos e os deveres de cada pessoa são produtos da criação de um mesmo autor, especificamente, o Estado Soberano"; também *The Province of Jurisprudence Determined*, ed. H. L. A. Hart (Londres, 1954), p. 124: "Em rigor, toda lei propriamente dita é uma lei *positiva*. Pois foi *formulada* ou estabelecida por seu autor individual ou coletivo, ou existe por *posição* ou instituição do seu autor individual ou coletivo".
37. Hans Kelsen, *What is Justice?* (Califórnia, 1967), p. 20. As obras de Kelsen às quais, a seguir, vamos nos referir com maior frequência serão indicadas apenas pelo ano de publicação, especificamente:

DIREITO, LEGISLAÇÃO E LIBERDADE

1935, "The Pure Theory of Law", *Law Quarterly Review*, 51.
1945, *General Theory of Law and State* (Harvard).
1957, *What is Justice?* (Califórnia).
1960, *Reine Rechtslehr*, 2a ed. (Viena).

38. O próprio Kelsen enfatiza repetidas vezes que "é impossível 'ter vontade' de algo que se ignora" (1949, p. 34, igualmente 1957, p. 273), mas depois contorna, como veremos, a dificuldade que isso criaria para formas menos sofisticadas de positivismo, restringindo a "vontade" do legislador à conferência da validade de uma norma, de modo que o legislador que fez de algo uma "norma" não precisa saber o conteúdo da lei que "fez".
   O primeiro autor a efetuar esse embaralhamento parece ter sido Thomas Hobbes. Ver *Leviathan*, cap. XXVI: "O legislador é aquele não por cuja autoridade as leis foram feitas inicialmente, mas aquele por cuja autoridade elas atualmente continuam a ser leis".

39. As objeções dos historiadores do direito, pelo menos desde H. S. Maine, são dirigidas contra a concepção da lei como a prescrição de um soberano. Cf., por exemplo, H. Kantorowicz, *The Definition of Law* (Cambridge, 1958), p. 35: "Toda a história da ciência jurídica, em particular a obra dos glosadores italianos e dos pandectistas alemães, se tornaria ininteligível se as leis fossem consideradas um conjunto de prescrições do soberano".

40. Gustav Radbruch, *Rechtsphilosophie* (6ª ed., Stuttgart, 1963), p. 179: "*Vermag niemand festzustellen, was gerecht ist, so muss jemand festsetzen, was rechtens sein soll*". Cf. também A. Brecht, *Political Theory* (Princeton, 1959), p. 147: "A ciência (...) é incapaz de chegar à conclusão de que o estado da coisas *é* realmente justo. As opiniões diferem e a ciência não consegue decidir entre elas em termos absolutos".

41. Gustav Radbruch, "Vom individualistischen zum sozialen Recht" (1930), reeditado em *Der Mensch im Recht* (Göttingen, 1957), p. 39: "*Für eine soziale Rechtsordnung* [ist] *das Privatrecht* (...) *nur ein vorläufig ausgesparter und sich immer verkleinernder Spielraum für die Privatinitiative innerhalb des allumfassenden öffentlichen Rechts*". Cf. também na sua *Rechtsphilosophie*, p. 224: "*Der Sozialismus würde ein fast völliges Aufgehen des privaten Rechts im öffentlichen Recht bedeuten*".

42. H. A. L. Hart, *The Concept of Law* (Oxford, 1961), p. 35, com referência à afirmação de H. Kelsen, *Central Theory of Law and State* (Harvard, 1945), p. 63: "Não se deve roubar; se alguém roubar, será punido. (...) Se é que existe, a primeira norma está contida na segunda, que é a única norma genuína. (...) A lei é a norma básica que estipula a sanção". Cf. também Kelsen, 1957, p. 248, onde a propriedade privada é representada como "uma função pública *par excellence*", e a concepção de "uma esfera específica do interesse 'privado'" como uma concepção "ideológica".

43. Glanville Williams, "The Controversy concerning the Word 'Law'", *British Year Book of International Law*, XXII, 1945, versão revista em P. Laslett (ed.), *Philosophy, Politics, and Society* (Oxford, 1956); e "Language and the Law", *Law Quarterly Review* LXI e LXII, 1945 e 1946.

44. Lewis Carroll, *Through the Looking Glass*, capítulo VI.

45. H. Kelsen, "The Pure Theory of Law", *Harvard Law Review*, LI, 1935, p. 517: "Qualquer conteúdo pode ser legal; não há comportamento humano que não possa funcionar como conteúdo de uma norma legal"; também *General Theory of Law and State* (Harvard, 1945), p. 113: "As normas jurídicas podem ter qualquer tipo de conteúdo".

46. Cf. as citações de Paulus e Acúrsio acima, vol. I, capítulo 4, nota à epígrafe.

47. Thomas Hobbes, *Leviathan*, Parte I, cap. 13.

48. H. Kelsen, "The Pure Theory of Law", *Law Quarterly Review*, vol. L, 1934, p. 482.

49. E. Bodenheimer, *Jurisprudence* (Harvard, 1962), p. 169, considera esse uso, com alguma razão, como um *contradictio in adjecto* (uma contradição em termos).

50. Por muito tempo, claro que esse foi um uso jurídico e foi popularizado entre os cientistas sociais por Max Weber, cuja influente reflexão sobre a relação entre "Legal Order and Economic Order" (em *Max Weber of Law in Economy and Society*, ed. Max Rheinstein (Harvard, 1954), cap. I, seção 5; cf. também cap. II, seção I) é completamente inútil para os nossos propósitos e bastante característica de uma confusão generalizada. Para Weber, "ordem" é o tempo todo algo "válido" ou "obrigatório", que deve ser imposto ou contido numa máxima jurídica. Em outras palavras, para ele, a ordem existe apenas como organização, e a existência de uma ordem espontânea nunca se torna um problema. Como a maioria dos positivistas ou socialistas, ele pensa a esse respeito de maneira antropomórfica e entende ordem apenas como *taxis*, mas não como *cosmos*, e com isso impede o próprio acesso aos problemas teóricos genuínos de uma ciência da sociedade.

51. Cf., por exemplo, Kelsen, 1945, p. 3: "O direito é uma ordem do comportamento humano e a "ordem" é um sistema de normas"; *ibid.*, p. 98: "(...) uma ordem, um sistema de normas. É essa ordem — ou o que dá no mesmo, essa organização — (...)"; 1960, p. 32: "*Eine 'Ordnung' ist ein System von Normen, deren Einheit dadurch konstituiert wird, dass sie alle denselben Geltungsgrund haben*"; e *Demokratie und Sozialismus* (Viena, 1967), p. 100, nota: "*So wie ja die Jurisprudenz nicht sanderes ist als eine Ordnungslehre*".
   Pelo menos em um lugar Kelsen apresenta uma definição bastante adequada e defensável para uma ordem "natural", mas evidentemente acredita que por meio dela já demonstrou o seu caráter metafísico e não factual. No ensaio sobre "Die Idee des Naturrechts" (1928), reeditado no seu *Aufsätze zur Ideologiekritik*, ed. E. Topitsch (Neuwied, 1964), p. 75, ele escreve:

NOTAS

Unter einer "natürlichen" Ordnung ist eine solche gemeint, die nicht auf dem menschlichen und darum unzulänglichen Willen beruht, die nicht "willkürlich" geschaffen ist, sondern die sich gleichsam "von selbst", aus einer irgendwie objektiv gegebenen, d.h. aber unabhängig vom subjektiv-menschlichen Willen existenten, dem Menschen aber doch irgendwie fassbaren, vom Menschen erkannten Grundtatsache, aus einem vom menschlichen Verstand nicht ursprünglich produzierten, aber von ihm doch reproduzierbaren Grundprinzip ergibt. Diese objektive Tatsache, dieses Grundprinzip, ist die "Natur", oder in einem religiös-personifikativen Ausdruck "Gott".

Se "ordem" é interpretada aqui como uma ordem factual de ações, "objetiva" como dada independentemente da vontade de *qualquer* pessoa, e "não produzida pela vontade humana" como resultado não da ação humana, mas do desígnio humano, isso (exceto quanto à última frase) torna-se um enunciado não só empiricamente significativo, mas factualmente verdadeiro em relação às ordens sociais espontâneas.

52. Kelsen, 1945, p. 40: "A existência de uma norma jurídica é a sua validade". Cf. também *ibid.*, p. 30, 155 e 170, assim como 1957, p. 267: "Se dizemos que uma norma 'existe', queremos dizer que a norma é válida". Da mesma forma, 1960, p. 9: *"Mit dem Worte 'Geltung' bezeichnen wir die spezifische Existenz einer Norm."*

53. Kelsen, 1945, p. 115-22.

54. Kelsen, 1960, p. 9:

> *Da der Tatbestand der Gewohnheit durch Akte menschlichen Verhaltens konstituiert wird, sind auch die durch die Gewohnheit erzeugten Normen durch Akte menschlichen Verhaltens gesetzt, und sohin, wie die Normen, die der subjektive Sinn von Gesetzgebungsakten sind, gesetzte, das heisst positive Normen.*

Acho difícil acreditar que, em frases como as seguintes, as palavras que grifei sejam sistematicamente usadas para significar a concessão de validade de uma norma ou a determinação do seu conteúdo: 1945, p. 113: "Uma norma é uma norma jurídica válida pelo fato de ter sido criada conforme uma norma definida e apenas em virtude disso"; *ibid.*, p. 392: as normas do direito positivo *"resultam* da vontade arbitrária da autoridade humana"; 1957, p. 138: "(...) o direito positivo (...) *criado* pelo homem"; *ibid.*, p. 25: "Uma norma só pertence a uma certa ordem jurídica se *tiver surgido* de uma determinada maneira"; *ibid.*, p. 251: "(...) o direito consuetudinário — direito *criado* por um método específico"; *ibid.*, p. 289: "(...) a ordem social denominada 'direito' procura *promover um determinado comportamento dos homens* considerado desejável pelo *legislador*", o que parece se referir claramente à determinação do *conteúdo* do direito; "On the Pure Theory of Law", *Israel Law Review*, I, 1966, p. 2: "Para ser 'positiva', uma norma jurídica (...) deve ser 'proposta', isto é, expressa, estabelecida ou — como formulada numa figura de linguagem — 'criada' por um ato de um ser humano", e *Aufsätze zur Ideologiekritik*, ed. E. Topitsch (Neuwied, 1965), p. 85: *"Die Normen des positiven Rechtes gelten (...) weil sie auf eine bestimmte Art erzeugt, von einem bestimmten Menschen gesetzt sind"*. E me confesso completamente desconcertado com o significado de uma afirmação como esta em "Die Lehre von den drei Gewalten oder Funktionen des Staates", *Kant-Festschrift der Internationalen Vereinigung für Rechts- und Wirtschaftsphilosophie* (Berlim, 1924), p. 220: *"Auch das sogenannte Gewohnheitsrecht wird gesetzt, ist "positiv", ist Produkt einer Rechtserzeugung, Rechtsschöpfung, wenn auch keiner Rechts*satzung", que diz literalmente que o direito consuetudinário, embora "estabelecido", não é produto de uma estrutura jurídica.

55. Esse exame mostraria que a concepção de Kelsen de uma "ciência" que "procura descobrir a natureza do próprio direito" (1957, p. 226) se baseia no que Karl Popper chamou de "essencialismo metodológico, isto é, a teoria de que o objetivo da ciência é revelar essências e designá-las por meio de definições" (K. Popper, *The Open Society and its Enemies*, nova ed., Princeton, 1963, vol. I, p. 32). O resultado é que Kelsen descreve como "cognição" o que são meras consequências de uma definição e se considera no direito de declarar como falsos (ou absurdos) todos os enunciados em que o termo "direito" é utilizado num sentido diferente e mais restrito do que aquele que ele lhe confere e apresenta como o único legítimo. Portanto, a "teoria pura do direito" é uma dessas pseudociências como o marxismo e o freudismo, descritas como irrefutáveis porque todas as suas afirmações são verdadeiras por definição, mas não nos dizem nada acerca de qual é o fato. Portanto, Kelsen tampouco tem o direito de declarar, como faz constantemente, como falsos ou absurdos os enunciados em que o termo "direito" é utilizado num sentido diferente.

56. A afirmação de que todo estado é um estado de direito (*Rechtsstaat*) ou que o estado de direito prevalece inevitavelmente em todo estado é uma das mais frequentemente reiteradas ao longo da obra de Kelsen. Ver, por exemplo, *Hauptprobleme der Staatsrechtslehre* (Tübingen, 1911), p. 249, *Der soziologische und der juristische Staatsbegriff* (Tübingen, 1922), p. 190; 1935, p. 486; 1960, p. 314.

57. Kelsen, 1946, p. 392.

58. Kelsen, 1957, p. 20.

59. Kelsen, 1957, p. 295.

60. M. J. C. Vile, *Constitutionalism and the Separation of Powers* (Oxford, 1967), p. 63, baseado sobretudo em John Locke, *Second Treatise of Government*, XI, parágrafo 142: "Eles governarão por *Leis promulgadas e estabelecidas*, que não deverão ser diferentes em casos particulares, mas terão uma única Norma para Ricos e Pobres, para o Favorito da Corte e o Camponês do Arado".

DIREITO, LEGISLAÇÃO E LIBERDADE

61. Hans Kelsen, *Vom Wesen und Wert der Demokratie* (Tübingen, 1920), p. 10: *"Die im Grunde genommen unrettbare Freiheit des Individuums"*, que, na segunda edição de 1929, p. 13, torna-se *"im Grunde unmögliche Freiheit des Individuums"*.
62. Kelsen, 1957, p. 23: "(...) a democracia, por sua própria natureza, significa liberdade".
63. Kelsen, 1957, p. 21 e seg. Quase literalmente a mesma afirmação também em 1945, p. 13.
64. Cf. *ibid.*, p. 295: "Aquele que nega a justiça de tal 'direito' [isto é, qualquer direito positivo] e afirma que o direito assim chamado não é direito 'verdadeiro' tem que provar isso; e essa prova é praticamente impossível, pois não há critério objetivo de justiça".
65. Por exemplo, em "Was ist die Reine Rechtslehre?", em *Demokratie und Rechtsstaat, Festschrift für Z. Giacometti* (Zurique, 1953), p. 155: *"Von den vielen in der traditionellen Jurisprudenz vorgetragenen Doktrinen, die die Reine Rechtslehre als politische Ideologien aufgezeigt hat (...)"*.
66. Ver a Introdução do editor para Hans Kelsen, *Aufsätze zur Ideologiekritik*, ed. E. Topitsch (Neuwied, 1964).
67. Por exemplo, em "Die Lehre von den drei Gewalten oder Funktionen des Staates", em *Kant-Festschrift zu Kant's 200 Geburtstag*, ed. por Internationale Vereinigung für Rechts- und Wirtschaftsphilosophie (Berlim, 1924), p. 219: *"Dagegen muss angenommen werden, dass im Gesetzgebungsbegriff der Gewaltenlehre unter 'Gesetz' nur die generelle Norm verstanden sein soll. (...) Bei dem Worte 'Gesetz' denkt man eben nur oder doch vornehmlich an generelle oder abstrakte Normen"*; e 1945, p. 270: "Por 'legislação' como função não podemos entender outra coisa que não a criação de normas jurídicas gerais".
68. E. Brunner, *Justice and the Social Order* (Nova York, 1945), p. 7: "O estado totalitário é única e exclusivamente o positivismo jurídico na prática política".
69. G. Radbruch, *Rechtsphilosophie* (4a ed. por E. Wolf, Stuttgart, 1950), p. 355:

> *Diese Auffassung vom Gesetz und seiner Geltung (wir nennen sie die positivistische Lehre) hat die Juristen wie das Volk wehrlos gemacht gegen Gesetze noch so willkürlichen und verbrecherischen Inhalts. Sie setzt letzten Endes das Recht der Macht gleich, nur wo die Macht ist, ist das Recht.*

Ver também na mesma obra, p. 352:

> *Der Positivismus hat in der Tat mit seiner Überzeugung "Gesetz ist Gesetz" den deutschen Juristenstand wehrlos gemacht gegen Gesetze willkürlichen und verbrecherischen Inhalts. Dabei ist der Positivismus gar nicht in der Lage, aus eigener Kraft die Geltung von Gesetzen zu begründen. Er glaubt die Geltung von Gesetzen schon damit erwiesen zu haben, dass es die Macht besessen hat, sich durchzusetzen.*

70. Hans Kelsen em *Das Naturrecht in der politischen Theorie*, ed. F. M. Schmoelz (Salzburgo, 1963), p. 148. De acordo com essa concepção, todos os juízes na história que não foram juridicamente independentes e que obedeceram as ordens de um rei absolutista para decidir de maneira contrária às normas de justiça de reconhecimento geral ainda teriam de ser considerados como agindo em conformidade com o direito. Os juízes que sob o regime nazista obedeceram essas ordens, nos termos do que consideravam como compulsão autoritária, podem merecer a nossa compaixão; mas só se gera confusão quando se sustenta que a sua ação foi regida pelo direito.
    Caracteristicamente, essa concepção foi assumida (ao que tudo indica, por intermédio dos juristas socialistas britânicos — cf. *The Constitution of Liberty*, capítulo 16, seção 5) por H. J. Laski, *The State in Theory and Practice*, Londres, 1934, p. 177: "O Estado hitlerista, do mesmo modo que a Grã-Bretanha ou a França, é um *Rechtsstaat*, no sentido de que o poder ditatorial foi transferido para o Führer por ordem legal".
71. Para referência e outras citações, ver o meu livro *The Constitution of Liberty* (Londres e Chicago, 1960), p. 240 e notas, e para as observações de Kelsen, o seu *The Communist Theory of Law* (Nova York, 1955).
72. Principalmente em relação ao documento britânico *Report of the Committee on Homosexual Offences and Prostitution* (Londres, Cmd 247, 1957), mais conhecido como Relatório Wolfenden, e a sua discussão por Lord Devlin na sua conferência na Academia Britânica sobre "The Enforcement of Morals", *Proceedings of the British Academy*, XLV, 1959 (também publicado em separado). Ver, em particular, H. L. A. Hart, *Law, Liberty, and Morality* (Oxford, 1963), e Lon L. Fuller, *The Morality of Law* (Yale, 1964).
73. R. M. Dworkin, "The Model of Rules", *University of Chicago Law Review*, vol. 35, 1967, reeditado em Robert S. Summers, *Essays in Legal Philosophy* (Oxford, 1968).
74. A incapacidade dos filósofos positivistas de conceber uma terceira possibilidade além do conceito de normas inventadas por uma mente humana ou por uma inteligência sobre-humana se evidencia muito claramente na frase de Auguste Comte no seu *Système de la Politique Positive* (Paris, 1854), vol. I, p. 356, sobre "La superiorité nécessaire de la moral demontré sur la moral revellée". Ainda é a mesma concepção quando encontramos Kelsen afirmando, em "On the Pure Theory of Law", *Israel Law Review*, I, 1966, p. 2, nota, que "Direito natural é — em última instância — direito divino, porque se a natureza deve criar leis, ela deve ter uma vontade, e a vontade só pode ser a vontade de Deus, que se manifesta na natureza criada por Ele". Isso aparece ainda mais claramente no ensaio em que Kelsen se refere a este lugar, especificamente, "Die Grundlage der Naturrechtslehre", *Österreichische Zeitschrift für öffentliches Recht*, XIII, 1963.
75. Cf. David Hume, *Treatise*, Parte II, seção II, *Works* II, p. 258:

182

NOTAS

(...) quando uma invenção é óbvia e absolutamente necessária, pode ser tão adequadamente chamada de natural quanto qualquer coisa que provenha diretamente de princípios originais, sem a intervenção do pensamento ou da reflexão. Embora as normas da justiça sejam *artificiais*, elas não são *arbitrárias*. Tampouco é impróprio chamá-las de *Leis da Natureza*, se por natural entendemos o que é comum a qualquer espécie, ou mesmo se o limitamos a se referir ao que é inseparável da espécie.

Cf. também K. R. Popper, *The Open Society and its Enemies* (4a ed., Princeton, 1963), I, p. 60 e segs., sobretudo p. 64: "Quase todos os mal-entendidos podem remontar a um equívoco fundamental, especificamente, à crença de que 'convenção' implica 'arbitrariedade'".

76. Cf., por exemplo, E. Westermarck, *Ethical Relativity* (Londres, 1932), p. 183: "Objetividade implica universalidade".

77. Quanto a essas questões, devem ser ainda consultadas as primeiras obras de Kelsen, *Über Grenzen juristischer und soziologischer Methode* (Tübingen, 1911) e *Der soziologische und der juristische Staatsbegriff* (Tübingen, 1922), para se obter uma visão da sua concepção de uma "ciência" jurídica.

78. Cf. Maffeo Pantaleoni, *Erotemi di Economia* (Bari, 1925), vol. I, p. 112. "*Quella disposizione che crea un ordine è la disposizione giusta; essa è quella che crea un stato di diritto. Ma, la creazione di un ordine, or di un ordinamento, è appunto ciò stesso che esclude il caso, l'arbitrio o il cappricio l'incalcolabile l'insaputo il mutevole senza regola*". Também Ludwig von Mises, *Theory and History* (Yale, 1957), p. 54: "O padrão supremo de justiça é contribuir para a preservação da cooperação social"; e Max Rheinstein, "The Relations of Morals and Law", *Journal of Public Law*, I, 1952, p. 298: "A lei justa é aquela que a razão nos mostra ser apta a facilitar, ou pelo menos não impedir, a conquista e a preservação de uma ordem social pacífica".

Capítulo 9

* A primeira citação é de autoria de David Hume, *An Enquiry Concerning the Principles of Morals*, seção III, parte II, *Works* IV, p. 187, e deve ser apresentada aqui em seu contexto:

o pensamento mais óbvio seria atribuir as maiores posses à maior virtude, e dar a cada um o poder de fazer o bem proporcional à sua inclinação. (...) Porém, se a humanidade pusesse em prática essa lei, tão grande é a incerteza do mérito, tanto por causa da sua natural obscuridade como por causa da vaidade de todo indivíduo, que nenhuma norma de conduta definida jamais resultaria dele; e a consequência imediata seria a total dissolução da sociedade.

** A segunda citação é traduzida de Immanuel Kant (*Der Streit der Fakultäten* (1798), seção 2, parágrafo 6, nota 2), e diz no original: "*Wohlfahrt aber hat kein Prinzip, weder für den der sie empfängt, noch für den der sie austeilt (der eine setzt sie hierin, der andere darin); weil es dabei auf das* Materiale *des Willens ankommt, welches empirisch und so einer allgemeinen Regel unfähig ist*". Uma edição em inglês deste ensaio em que essa passagem é traduzida de maneira um pouco diferente pode ser encontrada em *Kant's Political Writings*, ed. H. Reiss, tradução de H. B. Nisbett (Cambridge, 1970), p. 183, nota.

1. Cf. Cf. P. H. Wicksteed, *The Common Sense of Political Economy* (Londres, 1910), p. 184: "É inútil supor que resultados eticamente desejáveis serão necessariamente produzidos por um instrumento eticamente neutro".

2. Cf. G. del Vecchio, *Justice* (Edimburgo, 1952), p. 37. No século XVIII, a expressão "justiça social" foi usada ocasionalmente para designar a aplicação das normas de conduta justa numa dada sociedade; assim, por exemplo, por Edward Gibbon, *Decline and Fall of the Roman Empire*, capítulo 41 (ed. World's Classics, vol. IV, p. 367).

3. Por exemplo, por John Rawls, *A Theory of Justice* (Harvard, 1971).

4. John Stuart Mill, *Utilitarianism* (Londres, 1861), capítulo 5, p. 92; em H. Plamenatz, ed., *The English Utilitarians* (Oxford, 1949), p. 225.

5. *Ibid.*, p. 66 e 208, respectivamente. Cf. também a resenha de J. S. Mill da obra de F. W. Newman, *Lectures on Political Economy*, publicada originalmente em 1851 na *Westminster Review* e reeditada em *Collected Works*, vol. V (Toronto e Londres, 1967), p. 444: "(...) a distinção entre rico e pobre, tão pouco relacionada com mérito e demérito, ou mesmo com esforço ou falta de esforço, é sem dúvida injusta". Também *Principles of Political Economy*, livro II, cap. 1, §, ed. W. J. Ashley (Londres, 1909), p. 211 e segs.: "A repartição da remuneração pelo trabalho feito só é realmente justa na medida em que mais trabalho ou menos trabalho é uma questão de escolha: quando isso depende de diferenças naturais de força e capacidade, esse princípio de remuneração é em si uma injustiça, pois dá para aqueles que têm".

6. Ver, por exemplo, A. M. Honoré, "Social Justice", em *McGill Law Journal*, VIII, 1962, e versão revista em R. S. Summers, ed., *Essays in Legal Philosophy* (Oxford, 1968), p. 62 da reedição:

A primeira [das duas proposições em que consiste o princípio da justiça social] é a alegação de que *todos os homens considerados simplesmente homens, e independentemente da sua conduta ou escolha, têm direito a uma parte igual em todas essas coisas, aqui chamadas de vantagens, que são geralmente desejadas e são de fato propícias ao bem-estar.*

Também W. G. Runciman, *Relative Deprivation and Social Justice* (Londres, 1966), p. 261.

DIREITO, LEGISLAÇÃO E LIBERDADE

7. Cf., em especial, as encíclicas *Quadragesimo Anno* (1931) e *Divini Redemptoris* (1937), e Johannes Messner, "Zum Begriff der sozialen Gerechtigkeit", no volume *Die soziale Frage und der Katholizismus* (Paderborn, 1931), publicado para comemorar o quadragésimo aniversário da encíclica *Rerum Novarum*.

8. A expressão "justiça social" (ou melhor, a sua equivalente em italiano) parece ter sido usada pela primeira vez em seu sentido moderno por Luigi Taparelli-d'Anzeglio, *Saggio teoretico di diritto naturale* (Palermo, 1840) e ter sido difundida por Antonio Rosmini-Serbati, *La costituzione secondo la giustizia sociale* (Milão, 1848). Para discussões mais recentes, cf. N. W. Willoughby, *Social Justice* (Nova York, 1909); Stephen Leacock, *The Unsolved Riddle of Social Justice* (Londres e Nova York, 1920); John A. Ryan, *Distributive Justice* (Nova York, 1916); L. T. Hobhouse, *The Elements of Social Justice* (Londres e Nova York, 1922); T. N. Carver, *Essays in Social Justice* (Harvard, 1922); W. Shields, *Social Justice, The History and Meaning of the Term* (Notre Dame, Indiana, 1941); Benevuto Donati "Che cosa è giustizia sociale?", *Archivio giuridico*, vol. 134, 1947; C. de Pasquier, "La notion de justice sociale", *Zeitschrift für Schweizerisches Recht*, 1952; P. Antoine, "Qu-est-ce la justice sociale?", *Archives de Philosophie*, 24, 1961; para uma lista mais completa dessa literatura, ver G. del Vecchio, *op. cit.*, p. 37-9.

Apesar da profusão de publicações sobre o assunto, quando há cerca de dez anos escrevi a primeira versão deste capítulo, achei muito difícil encontrar qualquer análise séria do que as pessoas queriam dizer quando usavam essa expressão. Porém, quase imediatamente depois vários estudos sobre o assunto foram publicados, em particular as duas obras citadas na nota 6 acima, assim como as de R. W. Baldwin, *Social Justice* (Oxford e Londres, 1966), e R. Rescher, *Distributive Justice* (Indianápolis, 1966). Muito da abordagem mais perspicaz do tema pode ser encontrado numa obra em alemão do economista suíço Emil Küng, *Wirtschaft und Gerechtigkeit* (Tübingen, 1967), e diversos comentários sensatos são feitos por H. B. Acton, *The Morals of the Market* (Londres, 1971), sobretudo p. 71: "Pobreza e infortúnio são males, mas não injustiças". Também muito importante é Bertrand de Jouvenel, *The Ethics of Redistribution* (Cambridge, 1951), assim como certas passagens do seu *Sovereignty* (Londres, 1957), duas das quais podem ser citadas aqui. Página 140: "A justiça atualmente preconizada é uma qualidade não de um homem ou das ações de um homem, mas de uma certa configuração de coisas na geometria social, não importando por que meios seja produzida. A justiça é agora algo que existe independentemente de homens justos". Página 164:

Nenhuma proposição é mais propensa a escandalizar os nossos contemporâneos do que esta: é impossível estabelecer uma ordem social justa. No entanto, ela deriva logicamente da própria ideia de justiça, sobre a qual, não sem dificuldade, lançamos luz. Fazer justiça é aplicar, ao fazer uma partilha, a ordem seriada pertinente. Contudo, é impossível para a inteligência humana estabelecer uma ordem seriada pertinente para todos os recursos e em todos os aspectos. Os homens têm necessidades a satisfazer, méritos a recompensar, possibilidades a realizar; mesmo que consideremos apenas esses três aspectos e suponhamos — o que não é o caso — que existem indícios precisos que podemos aplicar a esses aspectos, ainda assim não conseguiríamos ponderar corretamente entre eles os três conjuntos de indícios adotados.

O ensaio muito conhecido e influente de Gustav Schmoller sobre "Die Gerechtigkeit in der Volkswirtschaft", em *Jahrbuch für Volkswirtschaft etc.*, vol. V, 1895, desse autor, é bastante decepcionante intelectualmente — uma exposição pretensiosa da confusão característica do reformador idealista prenunciando alguns desagradáveis acontecimentos posteriores. Sabemos hoje o que significa deixar as grandes decisões a "*jeweilige Volksbewusstsein nach der Ordnung der Zwecke, die im Augenblick als die richtige erscheint*"!

9. Cf. nota 7 do Capítulo 7.

10. Cf. Adam Smith, *The Theory of Moral Sentiments* (Londres, 1801), vol. XI, parte VII, seção II, cap. 1, p. 198: "Os estoicos parecem ter considerado a vida humana um jogo de grande habilidade, no qual havia, porém, uma mistura de sorte ou do que se entende vulgarmente por sorte". Ver também Adam Ferguson, *Principles of Moral and Political Science* (Edimburgo, 1792), vol. I, p. 7: "Os estoicos concebiam a vida humana segundo a imagem de um jogo, em que o entretenimento e o mérito dos jogadores consistiam em jogar com atenção e bastante bem, quer a aposta fosse grande, quer pequena". Numa nota, Ferguson se refere aos *Discourses of Epictetus*, preservados por Arriano, livro II, cap. 5.

11. Cf. G. Hardin, *Nature and Man's Fate* (Nova York, 1961), p. 55: "Num livre mercado, afirma Smith, os preços são regulados por *feedback* negativo". O tão ridicularizado "milagre" de que a busca do interesse próprio atende ao interesse geral se reduz à proposição autoevidente de que uma ordem em que a ação dos elementos deve ser orientada por efeitos que eles não podem conhecer só pode ser obtida se tais elementos são induzidos a reagir aos sinais que refletem os efeitos desses eventos. O que era familiar a Adam Smith foi redescoberto tardiamente à maneira científica pelo nome de "sistemas auto-organizadores".

12. Ver L. von Mises, *Human Action* (Yale, 1949), p. 255, nota: "Não há nada no funcionamento da economia de mercado que possa ser propriamente chamado de distribuição. Os bens não são produzidos primeiro e depois distribuídos, como sucederia num estado socialista". Cf. também M. R. Rothbard, "Towards a Reconstruction of Utility and Welfare Economics", em M. Sennholz (ed.), *On Freedom and Free Enterprise* (Nova York, 1965), p. 231.

13. Cf. W. G. Runciman, *op. cit.*, p. 274: "As reivindicações por justiça social são reivindicações em favor de um grupo, e se a pessoa relativamente destituída numa categoria específica for vítima de uma desigualdade injusta, será vítima apenas de injustiça individual".

NOTAS

14. Ver Irving Kristol, "When Virtue Loses all Her Loveliness — Some Reflections on Capitalism and 'The Free Society'", *The Public Interest*, nº 21 (1970), reeditado na obra do mesmo autor *On the Democratic Idea in America* (Nova York, 1972), assim como em Daniel Bell e Irving Kristol (eds.), *Capitalism Today* (Nova York, 1970).

15. Cf. J. Höffner, *Wirtschaftsethik und Monopole im 15. und 16. Jahrhundert* (Jena, 1941) e "Der Wettbewerb in der Scholastik", *Ordo*, V, 1953; também Max Weber, *On Law in Economy and Society*, ed. Max Rheinstein (Harvard, 1954), p. 295 e segs., mas sobre este último também H. M. Robertson, *Aspects on the Rise of Economic Individualism* (Cambridge, 1933) e B. Groethuysen, *Origines de l'esprit bourgeois en France* (Paris, 1927). Para as exposições mais importantes da concepção de um preço justo realizadas pelos jesuítas espanhóis do final do século XVI, ver, em particular, L. Molina, *De iustitia et de iure*, vol. XI, *De Contractibus* (Colônia, 1594), Parte 347, nº 3 e, sobretudo, Parte 348, nº 3, em que o preço justo é definido como aquele que se formará quando *"absque fraude, monopoliis, atque aliis versutiies, communiter res aliqua vendi consuevit pretio in aliqua regione, aut loco, it habendum est pro mensura et regula judicandi pretium iustum rei illius in ea regione"*. Quanto à incapacidade humana de determinar previamente um preço justo, ver também, em particular, Johannes de Salas, *Commentarii in Secundum Secundae D. Thomas de Contractibus* (Lyon, 1617), *Tr. de empt. et Vend.* IV, no 6, p. 9: *"(...) quas exacte comprehendere, et ponderare Dei est, not hominum"*; e J. de Lugo, *Disputationes de Iustitia et Iure* (Lyon, 1643), vol. XI, Parte 26, seção 4, nº 40: *"(...) pretium iustum matematicum, licet soli Deo notum"*. Ver também L. Molina, *op. cit.*, Parte 365, nº 9: *"(...) omnesque rei publicae partes ius habent conscendendi ad gradum superiorem, si cuiusque sors id tulerit, neque cuiquam certus quidam gradus debitur, qui descendere et conscendere possit"*. Aparentemente, H. M. Robertson (*op. cit.*, p. 164) não exagera ao escrever: "Não seria difícil asseverar que a religião que favoreceu o espírito do capitalismo foi o jesuitismo, e não o calvinismo".

16. John W. Chapman, "Justice and Fairness", *Nomos VI, Justice* (Nova York, 1963), p. 153. Essa concepção lockiana foi preservada até por John Rawls, pelo menos em seu texto anterior, "Constitutional Liberty and the Concept of Justice", *Nomos VI, Justice* (Nova York, 1963), p. 117, nota:

> Se assumirmos que a lei e o governo atuam efetivamente para manter os mercados competitivos, os recursos plenamente utilizados, a propriedade e a riqueza amplamente distribuídas ao longo do tempo, e mantêm um mínimo social razoável, então, se existir igualdade de oportunidade, a distribuição resultante será justa ou, pelo menos, não injusta. Ela terá resultado do funcionamento de um sistema justo (...) um mínimo social é simplesmente uma forma de seguro racional e de prudência.

17. Ver passagens citadas na nota 15 acima.

18. Ver M. Fogarty, *The Just Wage* (Londres, 1961).

19. Barbara Wootton, *The Social Foundation of Wage Policy* (Londres, 1962), p. 120 e 162, e agora também o seu livro *Incomes Policy, An Inquest and a Proposal* (Londres, 1974).

20. Sem dúvida, Samuel Butler (*Hudibras*, II, 1) tinha razão quando escreveu:

> For what is worth in any thing
> But so much money as 'twill bring.

21. Quanto ao problema geral da remuneração segundo o mérito, além das passagens de David Hume e Immanuel Kant, na epígrafe deste capítulo, ver o capítulo VI do meu livro *The Constitution of Liberty* (Londres e Chicago, 1960) e cf. também Maffeo Pantaleoni, "L'atto economico", em *Erotemi di Economia* (2 vols., Pádua, 1963), vol. I, p. 101:

> E tre sono le proposizioni che conviene comprendere bene: La prima è che il merito è una parola vuota di senso. La seconda è che il concetto di giustizia è un polisenso che si presta a quanti paralogismi si vogliono ex amphibologia. La terza è che la remunerazione non può essere commisurata da una produttività (marginale) capace di determinazione isolamente, cioè senza la simultanea determinazione della produttività degli altri fattori con i quali entra in una combinazione di complimentarità.

22. Sobre a história do termo "social", ver Karl Wasserab, *Sozialwissenschaft und soziale Frage* (Leipzig, 1903); Leopold von Wiese, *Der Liberalismus in Vergangenheit und Zukunft* (Berlim, 1917) e *Sozial, Geistig, Kulturell* (Colônia, 1936); Waldemar Zimmermann, "Das 'Soziale' im geschichtlichen Sinn- und Begriffswandel", em *Studien zur Soziologie, Festgabe für L. von Wiese* (Mainz, 1948); L. H. A. Geck, *Über das Eindringen des Wortes "sozial" in die deutsche Sprache* (Göttingen, 1963); e Ruth Crummenerl, "Zur Wortgeschichte von 'sozial' bis zur englischen Aufklärung", ensaio inédito para o exame público em filologia (Bonn, 1963). Cf. também o meu ensaio "What is 'Social'? What does it Mean?", em uma versão em inglês corrigida nos meus *Studies in Philosophy, Politics and Economics* (Londres e Chicago, 1967).

23. Cf. G. del Vecchio, *op. cit.*, p. 37.

24. Muito instrutivo a esse respeito é Leopold von Wiese, *Der Liberalismus in Vergangenheit und Zukunft* (Berlim, 1917), p. 115 e segs.

25. Típico de diversas reflexões sobre a questão por filósofos sociais é o texto de W. A. Frankena, "The Concept of Social Justice", em *Social Justice*, ed. R. B. Brandt (Nova York, 1962), p. 4, cuja argumentação se

DIREITO, LEGISLAÇÃO E LIBERDADE

baseia no pressuposto de que a "sociedade" *age*, que é um termo sem sentido caso aplicado a uma ordem espontânea. No entanto, essa interpretação antropomórfica da sociedade parece ser aquela à qual os utilitaristas são particularmente propensos, embora isso muitas vezes não seja admitido tão ingenuamente como o foi por J. W. Chapman na afirmação citada na nota 21 do capítulo VII.

26. Lamento o uso dessa expressão, ainda que por meio dela alguns amigos meus na Alemanha (e, mais recentemente, também na Inglaterra) tenham aparentemente conseguido tornar aceitável a círculos mais amplos o tipo de ordem social que defendo.

27. Cf. a "Statement of Conscience" acolhida pela "Aspen Consultation on Global Justice", uma "reunião ecumênica de líderes religiosos norte-americanos", realizada em Aspen, no Colorado, de 4 a 7 de junho de 1974, que reconheceu que "a injustiça global se caracteriza por uma dimensão de pecado nas estruturas e nos sistemas econômicos, políticos, sociais, raciais, sexuais e de classe da sociedade global". *Aspen Institute Quarterly* (Nova York), nº 7, terceiro trimestre, 1974, p. 4.

28. Ver, em particular, A. M. Honoré, *op. cit.* O absurdo da alegação de que numa Grande Sociedade é necessário justificar moralmente que *A* tenha mais do que *B*, como se isso fosse o resultado de algum artifício humano, torna-se evidente quando consideramos não só o elaborado e complexo aparelho governamental que seria necessário para impedir isso como também que esse aparelho precisaria ter poder para orientar as iniciativas de todos os cidadãos e para reivindicar os produtos dessas iniciativas.

29. Um dos poucos filósofos modernos a enxergar isso com clareza e falar abertamente foi R. G. Collingwood. Ver o seu ensaio "Economics as a philosophical science", *Ethics* 36, 1926, sobretudo p. 74: "Um preço justo, um salário justo, uma taxa de juros justa são uma contradição em termos. A questão do que uma pessoa deve receber em troca dos seus bens e do seu trabalho é totalmente desprovida de significado".

30. Se existe algum fato único que todos os estudiosos importantes das reivindicações por igualdade reconheceram é que a igualdade material e a liberdade são inconciliáveis. Cf. A. de Tocqueville, *Democracy in America*, livro II, cap. I (Nova York, ed. 1946, vol. XI, p. 87): as comunidades democráticas "pedem igualdade na liberdade e, se não conseguem obtê-la, ainda pedem igualdade na escravidão"; William S. Sorley, *The Moral Life and the Moral Worth* (Cambridge, 1911), p. 110: "A igualdade só é conquistada por meio da constante interferência na liberdade"; ou, mais recentemente, Gerhard Leibholz, "Die Bedrohung der Freiheit durch die Macht der Gesetzgeber", em *Freiheit der Persönlichkeit* (Stuttgart, 1958), p. 80: "*Freiheit erzeugt notwendig Ungleichheit und Gleichheit notwendig Unfreiheit*", são apenas alguns exemplos que encontrei rapidamente nas minhas anotações. No entanto, pessoas que se declaram defensoras entusiastas da liberdade ainda clamam constantemente por igualdade material.

31. Gustav Radbruch, *Rechtsphilosophie* (Stuttgart, 1956), p. 87: "*Auch das sozialistische Gemeinwesen wird also ein Rechtsstaat sein, ein Rechtsstaat freilich, der statt von der ausgleichenden von der austeilenden Gerechtigkeit beherrscht wird.*"

32. Ver M. Duverger, *The Idea of Politics* (Indianápolis, 1966), p. 201.

33. Karl Mannheim, *Man and Society in an Age of Reconstruction* (Londres, 1940), p. 180.

34. P. J. Stuchka (presidente do Supremo Tribunal soviético), em *Encyclopedia of State and Law* (em russo, Moscou, 1927), citado por V. Gsovski, *Soviet Civil Law* (Ann Arbor, Michigan, 1948), I, p. 70. A obra de E. Paschukanis, o autor soviético que desenvolveu de modo mais coerente a ideia do desaparecimento do direito no socialismo, foi considerada por Karl Korsch, em *Archiv sozialistischer Literatur*, III (Frankfurt, 1966), como o único desenvolvimento coerente dos ensinamentos de Karl Marx.

35. *The Road to Serfdom* (Londres e Chicago, 1944), cap. IV. Para discussões sobre a tese central desse livro por juristas, ver W. Friedmann, *The Planned State and the Rule of Law* (Melbourne, 1948), reeditado na obra do mesmo autor *Law and Social Change in Contemporary Britain* (Londres, 1951); Hans Kelsen, "The Foundations of Democracy", *Ethics* 66, 1955; Roscoe Pound, "The Rule of Law and the Modern Welfare State", *Vanderbilt Law Review*, 7, 1953; Harry W. Jones, "The Rule of Law and the Modern Welfare State", *Columbia Law Review*, 58, 1958; A. L. Goodhart, "The Rule of Law and Absolute Sovereignty", *University of Pennsylvania Law Review*, 106, 1958.

36. G. Radbruch, *op. cit.*, p. 126.

37. As concepções de Radbruch dessas questões são sumariadas de forma sucinta por Roscoe Pound (na sua introdução da obra de R. H. Graves, *Status in the Common Law*, Londres, 1953, p. XI):

> [Radbruch] (...) parte de uma distinção entre justiça comutativa — uma justiça corretiva que restitui a uma pessoa o que lhe foi tirado ou lhe dá um substituto substancial — e justiça distributiva — uma distribuição de bens existentes não de forma equitativa, mas segundo uma escala de valores. Assim, há um contraste entre lei coordenadora, que assegura interesses por meio de reparações e afins, tratando todos os indivíduos como iguais, e lei subordinadora, que privilegia alguns ou os interesses de alguns segundo a sua escala de valores. O direito público, ele diz, é um direito de subordinação, subordinando os interesses individuais aos interesses públicos, mas não os interesses de outros indivíduos que tenham esses interesses públicos.

38. Cf. Bertrand de Jouvenel, *Sovereignty* (Chicago, 1957), p. 136:

> A pequena sociedade, como o meio em que o homem é encontrado pela primeira vez, conserva uma atração infinita para ele; sem dúvida, ele a procura para renovar as suas forças; mas (...) qualquer tentativa de

NOTAS

transplantar as mesmas características para uma grande sociedade é utópica e leva à tirania. Admitido isso, fica evidente que, à medida que as relações sociais se tornam maiores e mais variadas, o bem comum, entendido como confiança mútua, não pode ser buscado por meio de métodos inspirados no modelo da pequena sociedade fechada; pelo contrário, esse modelo é inteiramente desorientador.

39. Edwin Cannan, *The History of Local Rates in England*, 2a ed. (Londres, 1912), p. 162.
40. Embora tenhamos nos acostumado a encontrar filósofos sociais confusos falando sobre "justiça social", me entristece muito encontrar um pensador eminente como o historiador Peter Geyl (*Encounters in History*, Londres, 1963, p. 358) usando irrefletidamente a expressão. J. M. Keynes (*The Economic Consequences of Mr. Churchill*, Londres, 1925, *Collected Writings*, vol. IX, p. 223) também escreve sem hesitação que "com base na justiça social, nenhuma justificativa pode ser dada em favor da redução dos salários dos mineiros".
41. Cf., por exemplo, Walter Kaufmann, *Without Guilt and Justice* (Nova York, 1973), que após rejeitar justificadamente os conceitos de justiça distributiva e retributiva acredita que isso deve levá-lo a rejeitar totalmente o conceito de justiça. Mas isso não surpreende depois que até o *Times* (Londres), num editorial ponderado (1º de março de 1957) a propósito da publicação de uma tradução para o inglês da obra de Josef Pieper, *Justice* (Londres, 1957), observou que "*grosso modo*, pode-se dizer que, na medida em que a noção de justiça continua a influenciar o pensamento político, essa noção se reduziu ao significado da expressão 'justiça distributiva', e que a ideia de justiça comutativa deixou de influenciar quase inteiramente os nossos cálculos, exceto na medida em que está incorporada às leis e aos costumes — por exemplo, nas máximas do Direito Consuetudinário —, que são preservados por puro conservadorismo". Aliás, alguns filósofos sociais contemporâneos dão por resolvida a questão, *definindo* "justiça" de modo que ela inclua *apenas* a justiça distributiva. Ver, por exemplo, Brian M. Barry, "Justice and the Common Good", *Analysis*, 19, 1961, p. 80: "(...) embora Hume empregue a expressão 'normas de justiça' para abordar coisas como normas de propriedade, o conceito de '*justiça*' *está agora vinculado analiticamente a 'merecimento' e 'necessidade'*, de modo que se poderia dizer justificadamente que parte do que Hume chama de 'normas de justiça' era injusta" (grifo do autor). Cf. *ibid.*, p. 89.
42. J. S. Mill, *On Liberty*, ed. McCallum (Oxford, 1946), p. 70.
43. Quanto à destruição de valores morais por erros científicos, ver as minhas reflexões na conferência inaugural que proferi como professor visitante da Universidade de Salzburgo, *Die Irrtümer des Konstruktivismus und die Grundlagen legitimer Kritik gesellschaftlicher Gebilde* (Munique, 1970, agora reeditada para o Instituto Walter Eucken em Friburgo em Brisgóvia por J. C. B. Mohr, Tübingen, 1975).
44. John Rawls, "Constitutional Liberty and the Concept of Justice", *Nomos IV, Justice* (Nova York, 1963), p. 102, em que a passagem citada é precedida pela afirmação de que "o sistema de instituições deve ser julgado, e julgado de um ponto de vista geral". Até onde sei, a obra posterior e mais conhecida do professor Rawls, *A Theory of Justice* (Harvard, 1971), não contém uma afirmação tão clara a esse respeito como essa sobre a questão principal, o que pode explicar por que esse livro parece ter sido muitas vezes — mas, para mim, erroneamente — interpretado como dando apoio às demandas socialistas, por exemplo, por Daniel Bell, "On Meritocracy and Equality", *Public Interest*, outono de 1972, p. 72, que define a teoria de Rawls como "a iniciativa mais abrangente na filosofia moderna de justificar uma ética socialista".

Apêndice ao Capítulo 9

* Esse apêndice foi publicado como artigo na revista norueguesa *Farmand* (Oslo, 1966), na edição do seu 75º aniversário.
1. Para reflexões sobre o problema, cf. os artigos reunidos em *Philosophical Review*, abril de 1955, e em D. D. Raphael (ed.), *Political Theory and the Rights of Man* (Londres, 1967).
2. Ver a *Declaração Universal dos Direitos Humanos* adotada pela Assembleia Geral das Nações Unidas em 10 de dezembro de 1948. Esse documento foi reeditado e os seus fundamentos intelectuais podem ser encontrados no volume intitulado *Human Rights, Comments and Interpretations*, simpósio publicado pela UNESCO (Londres e Nova York, 1945). No apêndice, contém não só um "Memorandum Circulated by UNESCO on the Theoretical Bases of the Rights of Men" (p. 251-4) como também um "Report of the UNESCO Committee on the Theoretical Bases of the Human Rights" (em outros lugares apresentado como "UNESCO Committee on the Principles of the Rights of Men"), em que se explica que as suas iniciativas estavam dirigidas para conciliar os dois conceitos funcionais de direitos humanos diferentes e "complementares", dos quais um "começava das premissas dos direitos individuais inerentes (...), enquanto o outro se baseava em princípios marxistas", e para encontrar "algum parâmetro comum relativo às duas tendências". "Essa formulação comum", explica-se, "deve conciliar, de alguma forma, as diversas formulações divergentes ou antagônicas hoje existentes!". (Nesse comitê, os representantes britânicos eram os professores H. J. Laski e E. H. Carr!)
3. *Ibid.*, p. 22. O professor E. H. Carr, presidente do comitê de especialistas da UNESCO, explica que "Se a nova declaração dos direitos do homem incluir cláusulas a favor dos serviços sociais, da proteção na infância, na velhice, na invalidez ou no desemprego, fica evidente que nenhuma sociedade pode assegurar a

DIREITO, LEGISLAÇÃO E LIBERDADE

satisfação desses direitos a menos que, por sua vez, ela tenha o direito de exortar e dirigir as capacidades produtivas dos indivíduos que os desfrutam"!

4. G. Vlastos, "Justice", *Revue Internationale de la Philosophie*, 1957, p. 331.
5. Quanto ao documento em geral, cf. Maurice Cranston, "Human Rights, Real and Supposed", no volume publicado sob a direção de D. D. Raphael, citado na nota 1 acima, em que o autor sustenta que "um conceito filosoficamente respeitável dos direitos humanos foi turvado, obscurecido e debilitado nos últimos anos por uma tentativa de incorporar nele direitos específicos de uma categoria lógica diferente". Ver também, do mesmo autor, *Human Rights Today* (Londres, 1955).

Capítulo 10

* Edwin Cannan, *The History of Local Rates in England* (Londres, 2a ed., 1912), p. 173. Nesse caso, o termo "antieconômico" é utilizado no sentido lato em que se refere ao que é exigido pela ordem de mercado — sentido em que o termo é um tanto enganoso e em que teria sido melhor evitá-lo.

1. Cf. Carl Menger, *Problems of Economics and Sociology* (Illinois, 1963), p. 93:

> A *nação* como tal não é uma grande pessoa que tem necessidades, trabalha, poupa e consome; e o que é chamado de "economia nacional" não é, portanto, a economia de uma nação no verdadeiro sentido da palavra. A "economia nacional" não é um fenômeno análogo às economias singulares da nação, à qual também pertence a economia financeira. Não é uma grande economia singular; assim como tampouco é uma economia oposta ou que existe ao lado das economias singulares da nação. Na sua forma mais geral de fenômenos, trata-se de uma complexidade peculiar de economias singulares.

> Cf. também o Apêndice I dessa obra.

2. Richard Whately, *Introductory Lectures on Political Economy* (Londres, 1855), p. 4.
3. Sobretudo por L. von Mises, *Human Action* (Yale, 1949), *passim*.
4. H. G. Liddell e R. A. Scott, *A Greek-English Dictionary* (Londres, nova ed., 1940), s.vv. "katallagden", "katallage", "katallagma", "katallaktikos", "katallasso(-tto)", "katallakterios" e "katallaxis".
5. Nos termos gregos que já usamos, uma economia propriamente dita é, dessa maneira, uma *taxis* e uma *teleocracia*, enquanto a catalaxia é um *cosmos* e uma *nomocracia*.
6. Foram essas as normas às quais David Hume e Adam Smith se referiram enfaticamente como "normas de justiça", e que Adam Smith tinha em mente ao falar (*The Theory of Moral Sentiments*, Parte I, seção II, cap. III) da justiça como "o pilar principal de todo o edifício. Se for retirado, a grandiosa e imensa estrutura da sociedade humana, a estrutura cuja construção e sustentação parece ter sido neste mundo, se assim posso dizê-lo, o cuidado especial e favorito da Natureza, num instante se desintegrará em átomos".
7. No início do século XVIII, quando Bernard Mandeville, com seu *Fable of the Bees*, tornou-se o seu mais influente expositor. Porém, parece ter se difundido e pode ser encontrado, por exemplo, na literatura Whig mais antiga, como em Thomas Gordon, "Cato's Letter" nº 63, datada de 27 de janeiro de 1721 (na reedição em *The English Libertarian Heritage*, ed. David L. Jacobson, Indianápolis, 1965, p. 138-9):

> Toda Atividade honesta e Talentos úteis do homem, embora sejam empregados em prol do Público, será empregado em benefício próprio; e embora atenda a si mesmo, ele atenderá ao Público; o Interesse Público e o privado protegerão um ao outro; todos cederão de bom grado uma Parte para assegurar o Todo — e terão coragem para defendê-lo.

> Posteriormente, encontrou a sua primeira expressão em textos clássicos (em ambos os casos, provavelmente por influência de Mandeville), em C. de S. de Montesquieu, *The Spirit of the Laws*, Livro III, seção 7 (tradução para o inglês de T. Nugent, Nova York, 1949), p. 35: "Todo indivíduo promove o bem público, embora apenas pense em atender o seu próprio interesse", e em David Hume, *Treatise*, em *Works* II, p. 289: "Aprendo a prestar serviço a outrem, sem lhe fazer nenhum favor"; e *ibid.*, p. 291: "(...) proveito para o público, ainda que não se destine a esse propósito"; cf. também *Essays, Works* III, p. 99: "(...) não fez com que fosse do interesse, mesmo dos homens maus, agir para o bem público". Surge posteriormente em Josiah Tucker, *Elements of Commerce* (Londres, 1756), em Adam Smith, *Theory of Moral Sentiments* (Londres, 1759), Parte IV, capítulo I, onde ele fala dos homens sendo "conduzidos por uma mão invisível (...) sem pretender e sem saber, [para] promover o interesse da sociedade", e, sem dúvida, na sua formulação mais conhecida, na obra *Wealth of Nations* (ed. Cannan, Londres, 1910), vol. I, p. 421:

> Ao orientar essa atividade de tal maneira que o seu produto possa ter o maior valor, ele tem em mente apenas o seu próprio ganho, e nisso, como em muitos outros casos, ele é conduzido por uma mão invisível para promover um fim que não fazia parte da sua intenção. Nem sempre é pior para a sociedade que não fizesse parte. Ao perseguir o seu próprio interesse, ele frequentemente promove o da sociedade com mais eficácia do que quando realmente pretende fazê-lo.

> Cf. também Edmund Burke, *Thoughts and Details of Scarcity* (1795), em *Works* (ed. World's Classics), vol. VI, p. 9: "O bondoso e sábio ordenador de todas as coisas, que obriga os homens, quer queiram, quer não, na busca do seu interesse egoísta, a associar o bem geral com o seu próprio sucesso individual".

NOTAS

8. Cf. Adam Smith, *Wealth of Nations*, I, p. 16: "Não é da benevolência do açougueiro, do cervejeiro ou do padeiro que esperamos o nosso jantar, mas da consideração deles ao seu próprio interesse".

9. É na insistência na "solidariedade" social que a abordagem construtivista da sociologia de Auguste Comte, Emile Durkheim e Léon Duguit se mostra com maior clareza.

10. Ambos os quais foram considerados de forma característica por John Stuart Mill como os únicos sentimentos "elevados" que restavam ao homem moderno.

11. Sobre o significado do desenvolvimento da crítica pelos gregos antigos, ver, em particular, Karl R. Popper, *The Open Society and Its Enemies* (Londres e Princeton, 1947 e edições posteriores), *passim*.

12. Cf. já em A. L. C. Destutt de Tracy, *A Treatise on Political Economy* (Georgetown, 1817), p. 6 e segs.: "A sociedade é pura e simplesmente uma série contínua de trocas. (...) *O comércio envolve o conjunto da sociedade*". Antes que o termo "sociedade" entrasse em uso geral, o termo "economia" costumava ser usado onde atualmente chamaríamos de "sociedade". Cf., por exemplo, John Wilkins, *Essay toward a Real Character and a Philosophical Language* (Londres, 1668), como citado por H. R. Robbins, *A Short History of Linguistics* (Londres, 1967), p. 114—15, que parece empregar o termo "econômico" como equivalente de "interpessoal". Naquela época, a palavra "economia" parece também ter sido usada para se referir ao que chamamos aqui de ordem espontânea, como mostram expressões frequentemente recorrentes como "economia da criação" e outras do gênero.

13. As principais objeções à abordagem "alocacional" ou ao "economicismo" de grande parte da teoria econômica atual, com base em pontos de vista muito diferentes, provêm, por um lado, de J. M. Buchanan, reafirmadas mais recentemente no ensaio "Is Economics the Science of Choice", em E. Streissler (ed.), *Roads to Freedom* (Londres, 1969), e, por outro, de G. Myrdal, sobretudo em *The Political Element in the Development of Economic Theory* (Londres, 1953) e *Beyond the Welfare State* (Yale, 1960). Cf. também Hans Peter, *Freiheit der Wirtschaft* (Colônia, 1953); Gerhard Weisser, "Die Überwindung des Ökonomismus in der Wirtschaftswissenschaft", em *Grundfragen der Wirtschaftsordnung* (Berlim, 1954); e Hans Albert, *Ökonomische Theorie und Politische Ideologie* (Göttingen, 1954).

    O que muitas vezes é designado de forma inexata, mas talvez de modo conveniente, como "fins econômicos" são os meios mais gerais, porém indiferenciados, como o dinheiro ou o poder aquisitivo geral, que, ao longo do processo comum de ganhar a vida são os fins imediatos, mas cujo propósito específico para o qual será utilizado ainda não é conhecido. Quanto a que, em rigor, não existem fins econômicos, e para a exposição mais clara da economia considerada como uma teoria da escolha, ver L. C. Robbins, *The Nature and Significance of Economic Science* (Londres, 1930 e edições posteriores).

14. Ver também o Capítulo 7 acima.

15. Uma questão que nunca é demais enfatizar, uma vez que costuma ser tão incompreendida, sobretudo por socialistas, é que o conhecimento tecnológico nos informa apenas sobre que técnicas estão disponíveis, mas não sobre qual é a mais econômica ou eficiente. Ao contrário de uma crença muito difundida, não existe um ideal puramente técnico — em geral, concepção resultante da falsa ideia de que só um fator uniforme, especificamente a energia, é mesmo escasso. Por isso, a técnica de produzir algo nos Estados Unidos pode ser extremamente antieconômica na Índia, por exemplo.

16. W. S. Jevons, *The Theory of Political Economy* (Londres, 1871), p. 159.

17. Grande parte do conhecimento dos indivíduos que pode ser bastante útil na produção de adaptações específicas não é um conhecimento pronto que eles possam listar e registrar previamente para o uso de um órgão de planejamento central quando surgir a ocasião; eles terão pouco conhecimento prévio do proveito que poderiam tirar, por exemplo, de o magnésio ter ficado muito mais barato do que o alumínio, ou o náilon do que o cânhamo, ou um tipo de plástico do que outro; o que eles possuem é a capacidade de descobrir o que é exigido por uma dada situação, muitas vezes um conhecimento de determinadas circunstâncias que antes não sabiam que poderia vir a ser útil.

18. Eclesiastes 9:11.

19. Suponho que também fosse essa ignorância que Cícero tinha em mente quando sustentou que nem a natureza nem a vontade, e sim a fraqueza intelectual era a mãe da justiça. Ver *De Re Publica*, 3, 13: "(...) *iustitiae non natura nec voluntas sed imbecillitas mater est*". Isso pelo menos parece ser o que Cícero quer dizer quando, em muitas outras passagens, ele fala de "*humani generis imbecillitas*".

20. Cf. a passagem de David Hume citada anteriormente, no Capítulo 7, nota 12.

21. A distinção apresentada por Wilhelm Röpke, *Die Gesellschaftskrise der Gegenwart* (5a ed., Erlenbach-Zurique, 1948), p. 259, entre atos de interferência que se "adaptam" e aqueles que não se "adaptam" com a ordem de mercado (ou, como outros autores alemães expressaram, são ou não *systemgerecht*) visa a mesma distinção, mas eu preferiria não considerar medidas "adaptativas" como "interferência".

22. Cf. L. von Mises, *Kritik des Interventionismus* (Jena, 1929), p. 5 e segs.:

    > *Nicht unter den Begriff des Eingriffes fallen Handlungen der Obrigkeit, die mit den Mitteln des Marktes arbeiten, d.h.solche, die Nachfrage oder Angebot durch Veränderungen der Marktfaktoren zu beeinflussen suchen. (...) Der Eingriff ist ein von einer gesellschaftlichen Gewalt ausgehender isolierter Befehl, der die Eigentümer der Produktionsmittel und die Unternehmer zwingt, die Produktionsmittel anders zu verwenden als sie es sonst tun würden.*

DIREITO, LEGISLAÇÃO E LIBERDADE

23. Então, as probabilidades de qualquer pessoa escolhida aleatoriamente obter determinada renda seriam representadas por uma curvatura gaussiana, isto é, uma superfície tridimensional em que uma das coordenadas representaria a probabilidade de essa pessoa pertencer a uma classe com uma determinada distribuição de probabilidades de expectativas de uma certa renda (disposta de acordo com o valor da mediana), enquanto a segunda coordenada representaria a distribuição de probabilidades de rendas específicas para essa classe. Isso mostraria, por exemplo, que uma pessoa cuja posição na curvatura lhe daria maior *probabilidade de* obter determinada renda do que outra pessoa poderia, de fato, obter muito menos do que esta.

24. As probabilidades de todos serão as maiores possíveis se agirmos com base em princípios que resultarão na elevação do nível geral de rendas sem atentarmos para os consequentes deslocamentos de determinados indivíduos ou grupos de uma posição na escala para outra. (Os deslocamentos ocorrerão necessariamente ao longo desse processo e devem ocorrer para possibilitar a elevação do nível médio.) Não é fácil ilustrar isso por meio das estatísticas disponíveis relativas às mudanças na distribuição de renda durante períodos de progresso econômico acelerado. Porém, no único país onde informações razoavelmente adequadas desse tipo estão disponíveis, os Estados Unidos, aparentemente uma pessoa que em 1940 pertencia ao grupo cujas rendas individuais eram maiores do que as de cinquenta por cento da população, mas menores do que as de quarenta por cento da população, mesmo que tivesse, em 1960, descido para o grupo de trinta a quarenta por cento, ainda teria usufruído de uma renda absoluta maior do que em 1940.

25. Pode ser útil ao leitor se eu ilustrar a afirmação genérica apresentada no texto com um relato da experiência pessoal que me levou a enxergar o problema dessa maneira. Como morador de Londres no verão de 1940, ficou bastante claro para mim que uma pessoa numa posição estabelecida assume forçosamente uma atitude diferente daquela que deveria assumir ao considerar o problema geral, quando pareceu muito provável que eu e todos os recursos com os quais eu poderia prover à subsistência da minha família seríamos logo destruídos pelo bombardeio inimigo. Foi nessa época, quando estávamos todos preparados para algo muito pior do que acabou acontecendo, que recebi ofertas de diversos países neutros para entregar os meus filhos, então pequenos, para alguma família desconhecida com a qual eles presumivelmente ficariam se eu não sobrevivesse à guerra. Assim, tive que considerar a relativa atratividade das ordens sociais tão diferentes quanto as dos Estados Unidos, da Argentina e da Suécia, partindo do pressuposto de que as condições em que os meus filhos seriam criados naqueles países seriam determinadas mais ou menos pelo acaso. Isso me levou, como uma especulação abstrata que talvez nunca pudesse ter feito, a me dar conta de que, no que dizia respeito aos meus filhos, as preferências racionais deveriam ser orientadas por considerações um tanto diferentes daquelas que determinariam uma escolha semelhante para mim mesmo, que já ocupava uma posição estabelecida e acreditava (talvez erroneamente) que esta valeria mais num país europeu do que nos Estados Unidos. Dessa maneira, enquanto a escolha para mim teria sido influenciada pelas considerações das probabilidades relativas a um homem de quarenta e poucos anos com conhecimento profissional e gostos formados, uma certa reputação e com vínculos com categorias com inclinações específicas, a escolha para os meus filhos deveria ser feita levando em consideração o ambiente específico em que o acaso tenderia a inseri-los em um desses países. Então, em consideração aos meus filhos, que ainda tinham que desenvolver as suas personalidades, senti que a própria ausência nos Estados Unidos das distinções sociais acentuadas que me favoreceriam no Velho Mundo deveria me fazer decidir por eles em favor do primeiro. (Eu deveria talvez acrescentar que isso foi baseado na suposição tácita de que os meus filhos seriam ali entregues a uma família branca, e não a uma família negra.)

Capítulo 11

* José Ortega y Gasset, *The Revolt of the Masses* (Londres, 1932), p. 83.

1. Por incrível que pareça, isso é o que afirma um pensador tão arguto como Michael Polanyi a respeito do planejamento central em *The Logic of Liberty* (Londres, 1951), p. 111: "Como o planejamento central pode, se é absolutamente incapaz de realizações, ser um perigo para a liberdade como é amplamente considerado?". Talvez seja impossível realizar o pretendido pelos planejadores, e mesmo assim a tentativa de fazer isso causa danos graves.

2. Cf. Peter Laslett, *The World we Have Lost* (Londres e Nova York, 1965).

3. Ver W. H. Whyte, *The Organization Man* (Nova York, 1957).

4. Ver Martin Bullinger, *Oeffentliches Recht und Privatrecht* (Stuttgart, 1968).

5. Neste contexto, voltamos à expressão "norma abstrata" para enfatizar que as normas de conduta justa não se referem a propósitos específicos e que a ordem resultante é o que Sir Karl Popper chamou de uma "sociedade abstrata".

6. Cf. Adam Smith, *Wealth of Nation*, ed. Cannan, vol. XI, p. 43:

> A iniciativa natural de todo indivíduo para melhorar a sua própria condição, na qual se permitiu se manifestar com liberdade e segurança, é um princípio tão poderoso que é capaz por si mesmo e sem nenhum auxílio não só de conduzir a sociedade à riqueza e à prosperidade como também de superar uma centena de obstáculos impertinentes com que a insensatez das leis humanas com frequência dificulta as suas atividades; ainda que o efeito desses obstáculos seja sempre, em maior ou menor grau, usurpar a sua liberdade ou reduzir a sua segurança.

NOTAS

7. C. Perelman, *Justice* (Nova York, 1967), p. 20: "Uma forma de comportamento ou um juízo humano só pode ser considerado justo se puder ser submetido a normas ou critérios".
8. Como frequentemente se ignora que esse era tanto o objetivo como a realização do liberalismo clássico, duas afirmações de meados do século XIX merecem ser mencionadas. N. W. Senior (citado por L. C. Robbins, *The Theory of Economic Policy*, Londres, 1952, p. 140) escreveu em 1848:

> Proclamar que nenhum homem, independentemente dos seus vícios ou mesmo dos seus crimes, morrerá de fome ou frio é uma promessa que, no estágio de civilização da Inglaterra ou da França, pode ser cumprida não só com segurança, mas com proveito, porque o dom da mera subsistência pode ser submetido a condições que ninguém aceitará voluntariamente.

> No mesmo ano, Moritz Mohl, jurista alemão especializado em direito constitucional, pôde sustentar como delegado da Assembleia Constitucional alemã em Frankfurt (*Stenographischer Bericht über die Verhandlungen der Deutschen konstituierenden Nationalversammlung zu Frankfurt a.M.*, ed., Franz Wigard, Leipzig, 1949, vol. VII, p. 5109) que:

> (...) *es gibt in Deutschland, meines Wissens, nicht einen einzigen Staat, in welchem nicht positive, ganz bestimmte Gesetze bestänen, welche verhindern, dass jemand verhungere. In allen deutschen Gesetzgebungen, die mir bekannt sind, ist die Gemeinde gehalten, den, der sich nicht selbst erhalten kann, zu erhalten.*

9. Cf. Franz Beyerle, "Der andere Zugang zum Naturrecht", *Deutsche Rechtswissenschaft*, 1939, p. 20:

> *Zeitlos und unbekümmert um die eigene Umwelt hat sie [die Pandektenlehre] keine einzige soziale Krise ihrer Zeit erkannt und geistig aufgefangen. Weder die rasch fortschreitende Entwurzelung des Bauerntums, die schon nach den napoleonischen Kriegen einsetzte, noch das Absinken der handwerklichen Existenzen nach der Jahrhundertmitte, noch endlich die Verelendung der Lohnarbeiterschaft.*

> Pelo número de vezes que essa afirmação de um eminente professor de direito privado foi citada na literatura alemã atual, parece expressar uma visão amplamente aceita.

10. J.-J. Rousseau percebeu claramente que aquilo que na sua acepção de "vontade geral" pode ser justo para um determinado grupo pode não ser para uma sociedade mais abrangente. Cf. *The Political Writings of J.-J. Rousseau*, ed. E. E. Vaughan (Cambridge, 1915), vol. I, p. 243: "*Pour les membres de l'association, c'est une volonté générale; pour la grande société, c'est une volonté particulière, qui très souvent se trouve droite au premier égard, et vicieuse au second*". Porém, para a interpretação positivista de justiça, que a identifica com as prescrições de alguma autoridade legítima, passa-se inevitavelmente a considerar, como afirma, por exemplo, E. Forsthoff, *Lehrbuch des Verwaltungsrechts* (8a ed., Munique, 1961, vol. I, p. 66) que "qualquer questão de uma ordem justa é uma questão de direito". Porém, essa "orientação sobre a ideia de justiça", como esse ponto de vista foi curiosamente chamado, sem dúvida não é suficiente para transformar uma prescrição numa norma de conduta justa a menos que a frase signifique que a norma não apenas satisfaz a reivindicação de alguém por tratamento justo, mas também satisfaz a prova kantiana de aplicabilidade universal.
11. Esta é a tese principal de Carl Schmitt, *Der Begriff des Politischen* (Berlim, 1932). Cf. o comentário a respeito dela por J. Huizinga, citado na nota 19 do Volume I da presente obra.
12. Ver a nota 15 do Capítulo 9 acima.
13. O preconceito construtivista que ainda faz tantos socialistas zombarem do "milagre" de que a busca desenfreada dos indivíduos pelos seus próprios interesses produza uma ordem benéfica é, evidentemente, apenas o reverso daquele dogmatismo que se contrapunha a Darwin com base em que a existência de ordem na natureza orgânica era prova de desígnio inteligente.
14. Cf. H. B. Acton, *The Morals of Markets* (Londres, 1971).
15. Cf. Bertrand de Jouvenel, *Sovereignty* (Londres e Chicago, 1957), p. 136:

> Assim, somos levados a três conclusões. A primeira é que a pequena sociedade, como o meio em que o homem é renovado inicialmente, exerce nele uma atração infinita; a segunda é que ele, sem dúvida, vai até ela para renovar as suas forças; mas a terceira é que qualquer tentativa de enxertar as mesmas características numa grande sociedade é utópica e conduz à tirania.

> Ao que o autor acrescenta, em nota de rodapé:

> A esse respeito, Rousseau (*Rousseau Juge de Jean-Jaques*, Terceiro Diálogo) manifestou uma sabedoria que os seus discípulos não perceberam: "O seu objetivo não podia ser levar de volta países populosos e grandes Estados à sua primitiva simplicidade, mas somente restringir, se possível, o progresso daqueles que tinham sido preservados, por causa da sua pequenez e conjuntura, da mesma corrida impetuosa rumo à perfeição social e à deterioração da espécie".

16. Cf. Richard Cornuelle, *Reclaiming the American Dream* (Nova York, 1965).

TAMBÉM DE F. A. HAYEK:

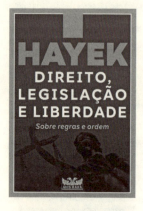
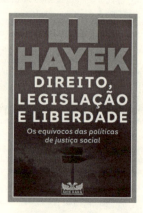

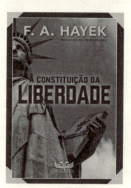
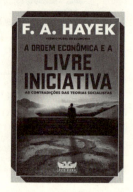